Wolfgang Sachs

DIE LIEBE
ZUM AUTOMOBIL

Ein Rückblick
in die
Geschichte unserer Wünsche

Rowohlt

Redaktion Ingke Brodersen
Schutzumschlag- und Einbandgestaltung
Manfred Waller
(Benz-Anzeige von 1913 in «Elegante Welt»,
koloriert von Georg Meyer. Kunstbibliothek Berlin/
Bildarchiv Preußischer Kulturbesitz)

1. Auflage September 1984
Copyright © 1984 by Rowohlt Verlag GmbH
Reinbek bei Hamburg
Alle Rechte vorbehalten
Satz Sabon Lasercomp, LibroSatz, Kriftel
Gesamtherstellung Clausen & Bosse, Leck
Printed in Germany
ISBN 3 498 06166 6

INHALT

ENTZAUBERUNG

AUSSICHTEN

VORWORT

An Klageschriften gegen das Auto besteht kein Mangel. Daher ist in diesem Buch von Stickoxyden und Dezibeln, Waldsterben, Lungenkrebs und Unfalltod nur am Rande die Rede. Doch die Anklage scheint die Anhängerschaft nicht groß zu beunruhigen. Das Problem liegt darin, daß das Auto kein Problem ist. Warum, so frage ich mich, ist die Treue zum Automobil so unangefochten, obwohl jedermann ahnt, daß das Auto seine Zukunft hinter sich hat.

Liebe, so scheint es auch hier, gehorcht selten der Vernunft. Auf dem Spiel stehen unsere Bedürfnisse und Vorlieben – und die zeigen sich erstaunlich resistent gegen die Argumentations- und Rechenkunststücke der Autokritiker. Deshalb möchte ich die Technikentwicklung als Mentalitätsgeschichte studieren, um zu ermessen, welchen Spielraum unsere Bedürfnisse für eine ökologische Zukunft lassen.

Das Auto, so zeigt sich, ist weit mehr als ein bloßes Transportmittel; eingehüllt ist es vielmehr in Gefühle und Wünsche, die es zum kulturellen Symbol erheben. Um nachzuvollziehen, in welchen Schüben das Automobil unsere Wunschwelt besetzt hat, ist von der Verachtung für das unreparierbare Pferd, von der Gefallsucht der Damen, der Großmannssucht des Führers, dem Wunder vor der Tür und dem Begehren nach Aufstieg zu erzählen. Eine Technikgeschichte, die Autotyp an Autotyp reiht und das hohe Lied der zunehmenden Vollendung singt, bleibt blind gegenüber den Bedürfnissen und Bedeutungen, die sich um die Geräte legen, und kann nicht ermessen, daß jede Technologie ihre historische Zeit hat, innerhalb derer sie aufsteigt und auch wieder vergeht. Daher lädt dieses Buch auf eine Reise zu den Anfängen unserer Auto-Bedürfnisse ein, dorthin, wo der Stolz der Ungebundenheit zum erstenmal die Brust weitete, wo die Geschwindigkeitsliebe geboren wurde, wo das Komfortgefühl sich einnistete, oder wo das Auto mit der Uhr sich zur «Zeitsparmaschine» verband. Doch von heute aus gesehen bietet sich keine Triumphgeschichte dar, kein Platz für Fahnen und Fanfaren, die Geschichte des Automobils kann schließlich auch als Lehrstück vom Verwelken eines historischen Projekts gelesen werden. Die Wünsche, sie altern in unseren Tagen, Überdruß mit der Motorisierung macht sich breit und Gegenbilder tauchen auf: es geht die Neigung zum Fahrrad um und auch die Idee von einer gemächlichen Gesellschaft fällt auf fruchtbaren Boden. Überdies zieht heute eher der Kleincomputer als der Verbrennungsmotor die Begeisterung auf sich. Ist der Chip nicht für unsere Kinder, was der Motor für unsere Großväter war? So scheint heute, fast 100 Jahre nachdem Carl Benz durch die Straßen von Mannheim ratterte, ein Nachruf anzustehen, ein Nachruf auf die Begeisterungsgeschichte des Automobils.

Für Anregung und Ansporn, für Kritik und Unterstützung bedanke ich mich bei Ingke Brodersen, Bernhard Fliß, Christian Holz, Helmut Holzapfel, Ivan Illich, Ursula Juch-Neubauer, Jobst Kraus, Jean Robert, Klaus Traube, Otto Ullrich und Thomas Weymar. Besonders habe ich von den jahrelangen Gesprächen mit meinen Freunden und Kollegen von der Projektgruppe «Energie und Gesellschaft» an der TU Berlin profitiert. Deren Studie «Szenario Auto 2000. Wege zu einem ökologisch und sozial verträglichen Autoverkehr» kann als das verkehrsplanerische Gegenstück zu dieser Kulturgeschichte gelesen werden.

Berlin, im Mai 1984
Wolfgang Sachs

STATIONEN

BENZ

«Wenn einst in späterer Zeit ein Kulturhistoriker für die Epoche vom Anfang des neunzehnten bis hinaus über den Beginn des zwanzigsten Jahrhunderts die charakteristischste Bezeichnung sucht, so würde er sie am treffendsten als die Epoche der großen Verkehrserrungenschaften, der großen Fortschritte der Fahrzeugtechnik, bezeichnen. Am Anfang dieser Epoche steht die Erfindung der Eisenbahn, des eisernen Dampfrosses, das zum ersten Mal seit Bestehen der Kulturgeschichte das Pferd in seiner dominierenden Rolle als wichtigstes Fahr- und Beförderungsmittel im Landverkehr enthob . . .; und am Ende derselben Epoche beginnt das Automobil seinen Siegeslauf . . . So scheint das Automobil zu vollenden, was die Eisenbahn begann, scheint das Zeitalter des Pferdes zu Ende zu gehen, beendet durch die Gewalt der mechanischen Naturkraft, die fortan die treibenden Elemente des Fahr- und Verkehrswesens zu werden bestimmt sind.»[1]

Theo Wolff, Vom Ochsenwagen zum Automobil, 1909

VERGNÜGUNGEN FÜR REICHE
(1890–1914)

Der nüchterne Nachrichtenton verbarg nur schwer das Erstaunen, als am 11. März 1893 die *Vorarlberger Landeszeitung* das erste Auftauchen eines «Patent-Motorwagen Benz» in den Straßen von Bregenz notiert: «Eine Droschke mit Benzinbetrieb ist seit einigen Tagen hier und befindet sich im Privatbesitz des Herrn Eugen v. Zardetti. Das Gefährt ist in der Konstruktion einer eleganten Chaise gleich; der Wagen ruht jedoch vorn nur auf einem Rad, welches wie beim Veloziped behufs Direktion des Fahrzeuges nach links und rechts drehbar ist. Die Zündung des Bezinmotors wird durch Elektrizität bewirkt. Die Fortbewegung des Wagens ist eine gleichmäßige, ruhige und kann zu sehr großer Schnelligkeit gesteigert werden. Diese Neuheit übt einen eigentümlichen Reiz aus: Pferde unnötig, kein Scheuwerden der Rosse, kein Geschirr etc., Vorteile, die noch sehr ins Gewicht fallen werden, wenn solche Fahrzeuge erst billiger sind.»[2] In der skeptischen Verwunderung des frühen Betrachters blitzt ein Gedanke auf, der auch für die folgenden Generationen zu einem guten Teil das «Wesen» des Automobils ausmachen wird: die Befreiung der Geschwindigkeit aus den Fesseln der körperlichen Natur. Denn ganz ohne Pferde rollt die Kutsche dahin, darin liegt der «eigentümliche Reiz», den diese Neuheit ausübt. Auf den Straßen waren bisher das Pferd und die Kutsche die vornehmsten Transportmittel, Fahrräder waren vereinzelt zu sehen, doch die Mehrheit hatte sich für gewöhnlich mit «Schusters Rappen» zu begnügen. Pferd und Kutsche hatten dafür gesorgt, daß die Vornehmeren vom Dreck der Straße geschützt, über die Menge erhoben und von fremden Kräften gezogen ihren Geschäften nachgehen konnten. Hat es Sinn, die Pferde abzuhalftern und auf den Motorwagen umzusteigen? So fragte man sich in diesen Kreisen.

Sie brauchten einer Antwort aus berufenem Munde nicht lange zu

Der erste Automobilprospekt aus dem Jahre 1888

entraten. Baudry de Saunier, eine auch in Deutschland anerkannte Autorität des Automobilismus, machte im ersten populären Automobilbuch, einer Übersetzung aus dem Französischen, 1902 kurzen Prozeß: «... läßt sich jedoch mit Bestimmtheit sagen, daß das Pferd – ein schwacher, leicht zerbrechlicher, unausbesserbarer, gefährlicher, kostspieliger und schmutziger Motor – . . . zum Verschwinden bestimmt ist.»³ Genüßlich zählte er die Schwächen der organischen Natur des Pferdes auf. Nicht nur daß es träge und erschöpflich in seiner Leistungskraft sei, nein, darüber hinaus ließe es sich nicht reparieren, denn «seine Knochen sind nicht zu löten, und wenn die Köpfe seiner vorderen Kolbenstangen, seine Knie, aufgeschlagen sind, kann man dieselben nicht einmal oberflächlich mit irgendeinem Email wieder instand setzen.» Dabei ist der «Hafermotor» auch noch anfäl-

---

[Hygienisches.] Das Fahren im M. bewirkt wie jede mechanische Gymnastik eine regere Tätigkeit des gesamten Organismus, besitzt aber den sonstigen gymnastischen Methoden gegenüber bemerkenswerte Vorzüge. Der Zimmergymnastik gegenüber kommt insbes. der frische Luftstrom in Betracht, der in angenehmer Weise Haut- und Lungentätigkeit anregt und damit eine höchst vorteilhafte Entlastung der innern, mit Blut vielfach übersättigten Organe herbeiführt. Das Reiten erscheint vielen Leuten zu scharf, das Fahren im gewöhnlichen Wagen ohne Luftreifen als zu hart; demgegenüber besteht das Fahren im M. in einem sanften und leichten Dahinschweben, das sich in gleich angenehmer Weise fühlbar macht, wie etwa das Kahnfahren auf stillem Wasser. Die harten Stöße der Straße werden bei der tiefen Schwerpunktlage des Fahrzeuges durch die Pneumatiks und Federn fast vollständig aufgenommen, so daß sich nach einer langen Fahrt nicht etwa wie beim Ausstieg aus einer gewöhnlichen Droschke oder einem Eisenbahnwagen das Gefühl der Ungelenkigkeit und Steifigkeit einstellt, sondern das einer angenehmen Ermüdung, wie sie sich etwa nach einer luftigen Klettertour durch gesteigertes Schlaf- und Hungergefühl bemerkbar macht. Mit der wohltuenden Ausspannung durch die landschaftliche Szenerie und der Entlastung der inneren Organe geht Hand in Hand eine höchst vorteilhafte Einwirkung auf die Nerven; allerdings sind hierbei einige Vorbedingungen zu erfüllen: nicht langsam dahinbummeln, aber auch nicht rasen, sondern ein Mitteltempo, und zwar systematisch morgens und mittags, im Sommer und Winter bei jedem Wetter, wenn nötig mit Brille, Lederhandschuhen, Pelz etc. ausgerüstet. Infolge der wohltuenden Wirkung auf die Nerven finden wir gerade unter den Gehirnarbeitern enthusiastische Anhänger des Motorwagens.

Aus dem Artikel «Motorwagen» in Meyers Großes Konversationslexikon, 6. Aufl. Bd. 14, 1909

lig: «Wenn der Hafer, mit dem er gespeist wird, Staub enthält, leiden seine Luftzufuhrrohre sofort Schaden und er hustet; ist das Wasser, das er ansaugt, zu kalt, so ziehen sich seine Ablaßhähne zusammen und verwickeln sich oft auf die schrecklichste Art.» Dem Pferd wird seine Lebendigkeit zum Verhängnis; ein Motor schlafft weder ab noch kränkelt er, wie er auch nicht dampfende Ballen hinterläßt oder gar unversehens durchgeht. Und zu guter Letzt «besitzt der Hafermotor einen Fehler, welchen die Vernunft vom ökonomischen Gesichtspunkte aus als geradezu ungeheuerlich bezeichnen muß: denjenigen zu consumiren, selbst wenn er keinerlei Arbeit producirt». Mit Wehmut zwar, aber in der Wahrnehmung der Zeit ist das Urteil gesprochen: das Pferd ist hinfällig, hingegen der Motor unermüdlich.

Herren über Raum und Zeit

Allerdings, diese Überlegenheit des Motors konnte man oft nur ahnen, nicht auf sie zählen. Um ein «Autler» zu sein, wie man die rasanten Sport- und Vergnügungsfahrer aus den Städten nannte, war nicht nur Geld vonnöten, sondern auch Muskeln und Mut. Waren doch zu Anfang die Automobile noch ungezähmten Tieren gleich, mit plötzlichen Launen und gefährlichen Reaktionen. Es brauchte schon eine starke Faust, um mit Hilfe einer – gefährlich zurückschlagenden – Kurbel, den Eingeweiden des Monstrums einen Ton zu entlocken, bis es anfing zu brüllen, zu erzittern und stinkende Dämpfe auszuspeien. Autofahren war noch ein Abenteuer, das vor allem das Vergnügen verschaffte, die Angst erfolgreich zu überwinden. Aber dann der Lohn der Angst: die atemberaubende Geschwindigkeit. Über das Land zu jagen, mit Geschick und Ausdauer das Steuer geistesgegenwärtig zu führen und die Gaffer am Straßenrand hinter sich zu lassen, wer konnte da noch sagen, daß das Glück auf dem Rücken der Pferde lag? Der Automobilfahrer der Zeit war in erster Linie Sportsmann, der die Technik unter seine Zügel nahm; deshalb waren es Rennen, welche das Auto zum Tagesgespräch machten. Beginnend mit dem Rennen Paris-Bordeaux-Paris im Jahre 1895 reihten sich in den ersten beiden Jahrzehnten jedes Jahr Fernfahrten, Rennen und Rallyes aneinander. Auch wenn 1898 bei der ersten deutschen Wettfahrt Berlin-

16

«Ein Daimler ist ein gutes Thier,
zieht wie ein Ochs, du siehst's allhier.
Er frißt nicht, wenn im Stall er steht,
er sauft nur, wenn die Arbeit geht.
Er drischt und sägt und pumpt dir auch,
wenn's Moos dir fehlt, was oft der Brauch.
Er kriegt nicht Maul-, nicht Klauenseuch,
er macht dir keinen dummen Streich.
Er nimmt im Zorn dich nicht aufs Horn,
verzehrt dir nicht dein gutes Korn.
Drum kaufe nur ein solches Thier,
dann bist versorgt du für und für.»

Reklamevers auf dem Cannstätter Volksfest 1897. Dem Tier wird seine Lebendigkeit zum Verhängnis, das Motorfahrzeug sticht durch seine mechanische Botmäßigkeit ab.

Potsdam-Berlin der Sieger auf einen Schnitt von nicht mehr als 25,6 km/h kam, demonstrierten die Rennen – für eine Gesellschaft, die auf Geschwindigkeit Wert legt – die Überlegenheit und wachsende Zuverlässigkeit der «Wagen ohne Pferde». Eine Zeit sich steigernder Schnelligkeit brach an (innerhalb eines knappen Jahrzehnts von 25 km/h auf 100 km/h), aufregend für diejenigen, welche sie sich zunutze machen konnten, bedrohlich für jene, welche das Nachsehen hatten.

Mechanische Geschwindigkeit und Macht hoben in der frühen Wahrnehmung das Automobil vom Pferdezeitalter ab, während es die Erfahrung selbstbeweglicher Individualität in Kontrast zum Eisenbahnzeitalter setzte. Pferd und Kutsche, die herkömmlichen Insignien privilegierter Stellung, hatten nämlich im Laufe des 19. Jahrhunderts an Würde verloren: wenn die Eisenbahn eine Kutsche überholte, lachte das Volk hämisch aus den Zugfenstern. Da mußten sich auch die besseren Herrschaften auf die Eisenbahn begeben: sie waren notgedrungen zu Insassen eines Massentransportmittels geworden. Die Eisenbahn war ihrer technischen Eigenart und Organisation nach ein gänzlich unfeudales Verkehrsmittel; was vormals die Kutsche an Freiheit und Prestige verliehen hatte, war nun unter die Räder der nach Fahrplan und Schiene dahinrasenden Dampflokomotive geraten.

Von der motorisierten Kutsche ...

«Die Freiheit wurde der Schnelligkeit geopfert. Das Eisenbahnbillet», so beklagt sich Otto Julius Bierbaum im Jahre 1902, «wurde nicht nur mit Geld, sondern auch mit der Aufgabe des Selbstbestimmungsrechtes für eine gewisse Zeit bezahlt. Wer sich in ein Eisenbahncoupé begibt, begibt sich auf eine Weile seiner Freiheit. Jede Fahrt auf der Eisenbahn ist ein Gefangenentransport; die Wärter nennt man Schaffner, was sie aber nicht immer veranlaßt höflich zu sein; die Gefängnisordnung nennt sich Eisenbahnreglement . . .; da das Einzellensystem zu kostspielig ist, werden die Gefangenen ... in mehr oder minder großen Mengen zusammen transportiert, wobei allerdings auf die Portemonnaieleistung einige Rücksicht genommen wird.»[4] Bierbaum kann sich erlauben, starke Worte zu wählen; das zeigt, wie sehr die vornehme Welt von der Eisenbahn in ihrer Selbstachtung getroffen war. Was die kleinen Leute als demokratische Errungenschaft begrüßten, darüber rümpften die Bessergestellten die Nase; denn die Eisenbahn – wie zur selben Zeit übrigens auch das Warenhaus – ging über die Standesunterschiede hinweg und entzog dem kultivierten Lebensstil die Basis. Wo jedermann, ob reich ob arm, zum Transportgut geschrumpft ist, da finden Standesdünkel keine Nahrung mehr; das Zeitalter der Equipagen schien vorüber.

Vor diesem Hintergrund wuchs dem Automobil eine, man kann fast sagen, restaurative Bedeutung zu. Die Ideale der Kutschenzeit konnten wiedererstehen ohne die Schwächen der Pferdekraft; diese Mischung aus Restauration und Fortschritt öffnete den Geldbeutel der Wohlbetuchten. Im ersten deutschsprachigen Buch über eine Automobilreise bringt der Dichter Otto Julius Bierbaum – der Carl Benz der Auto-Interpretation – diese Erfahrung in Worte: «Der Sinn des

18

... zur Limousine

Automobils ist Freiheit, Besonnenheit, Selbstzucht, Behagen. In ihm lebt die Reisekutsche mit all ihrer Fülle von Poesie wieder auf, nur unendlich bereichert um köstliche Möglichkeiten des intensiveren und gleichzeitig erweiterten Genusses.»[5]

Kein versäumter Zug, kein überfülltes Abteil, keine vorgeschriebene Strecke mehr, so daß die *Allgemeine Automobil-Zeitung* 1906 in philosophischer Tonlage feststellen kann: «Das Automobil, es will dem Menschen die Herrschaft über Raum und Zeit erobern, und zwar vermöge der Schnelligkeit der Fortbewegung. Der ganze ungeheure Apparat der Eisenbahn, Schienennetz, Bahnhöfe, Signalstationen, Überwachungsdienst und Verwaltungsdienst fällt hier weg, und verhältnismäßig frei waltet der Mensch über Raum und Zeit.»[6] Die Vorzüge der Kutsche mit denen der Eisenbahn zu verbinden, kraft des Motors nicht mehr an die erschöpfliche Natur der Pferde gebunden zu sein, aber dennoch wie in der Kutsche selbstbeweglich zu bleiben, darin wurde der Sinn der Automobile, jener «motorisierten Kutschen» gesehen.

Kein Wunder daher, daß die erste Generation der Motorwagen eher Pferdekutschen mit aufgesetztem Motor ähnelte. Die Pferde schienen einfach ausgespannt, an Stelle der Deichsel war eine drehbare Achse eingebaut, der Motor war in den «Kofferraum» verfrachtet und trieb über Riemen oder Kette die Hinterachse an, wie auch der Kutscher zum Chauffeur umgeschult wurde und nunmehr statt mit den Zügeln mit der Lenksäule hantierte. So konnte schon vom Erscheinungsbild her der Symbolgehalt der Kutsche sich auf den Motorwagen vererben, auch wenn sich zunächst eher wohlhabende Erfinder und Technikenthusiasten an die noch unheimlichen Gefährte wagten.

19

In ihrem Design begannen sich die Automobile erst nach der Jahrhundertwende langsam vom Vorbild der Kutschen zu lösen. Der Motor wanderte nach vorne und wurde mit einem Blechgehäuse verkleidet, die Sitze waren nicht mehr vis-à-vis angeordnet, der Radstand verlängerte sich und ein Karosserieumbau umfaßte bis zur Höhe der Gürtellinie Motor-, Chauffeur- und Fahrgastraum. Aber noch waren die ästhetischen Ansprüche Bierbaums nicht erfüllt, der in seiner ‹Automobilreise› den Konstrukteuren folgende Sätze ans Herz legt: «Die Ästhetik des Automobils steckt noch im Anfangsstadium. Man kann sagen: seine Schönheit leidet augenblicklich daran, daß seine Konstrukteure das Pferd noch nicht völlig vergessen haben – nämlich das Pferd vor dem Wagen . . . Sie sehen aus, wie Zugwagen ohne Zugtiere. Ein Laufwagen soll aber Selbstgefühl genug haben, auszusehen wie eine Maschine. Und die kann schön sein. Ich will nicht sagen: schön wie ein Pferd. So was Schönes bringt nur der liebe Gott fertig . . . Organisch aus dem Mechanismus und Chassis heraus muß das wachsen, und dennoch bis in die kleinste Biegung ästhetisch empfunden, aber auch praktisch und bequem sein.»[7] Fast eine Vorausschau auf das Design der zwanziger Jahre, wo man, beeinflußt vom Deutschen Werkbund, die Schönheit in der technischen Form suchte.

Vorerst hingegen spiegelte sich im Design, daß sich Aristokraten und Großbürgertum den Motorwagen aneigneten, um in der Schnelligkeit und Macht der Wagen ihre soziale Überlegenheit auszustellen. Schließlich war es immer schon ein Zeichen von Macht, einen ausgedehnteren Raum zu beherrschen und den anderen das Nachsehen zu geben. Zudem bietet sich das Transportgerät vor jedem anderen Objekt an, als Statussymbol zu dienen, denn es verlangt ja von der Sache her nach Öffentlichkeit: gefahren wird auf der Straße unter den Augen aller Leute. Eine lange Motorhaube brachte neben maschineller Kraft auch soziale Macht zum Ausdruck, und Limousinen mit geschlossenen Aufbauten, welche gegen 1910 zunehmend auftauchten, erinnerten an Equipagen, wo die Diener im Regen sitzen, während die Herrschaften es bequem und behaglich haben. Jenseits aller funktionellen Erfordernisse unterstrich das Design diese soziale Bedeutung des Automobils: um die Wagen als «fahrbare Tempel des Geldes» vorzuführen, rückten Front- und Heckpartie in den Mittelpunkt einer ästhetischen Gestaltung, in der die technische Gestalt der

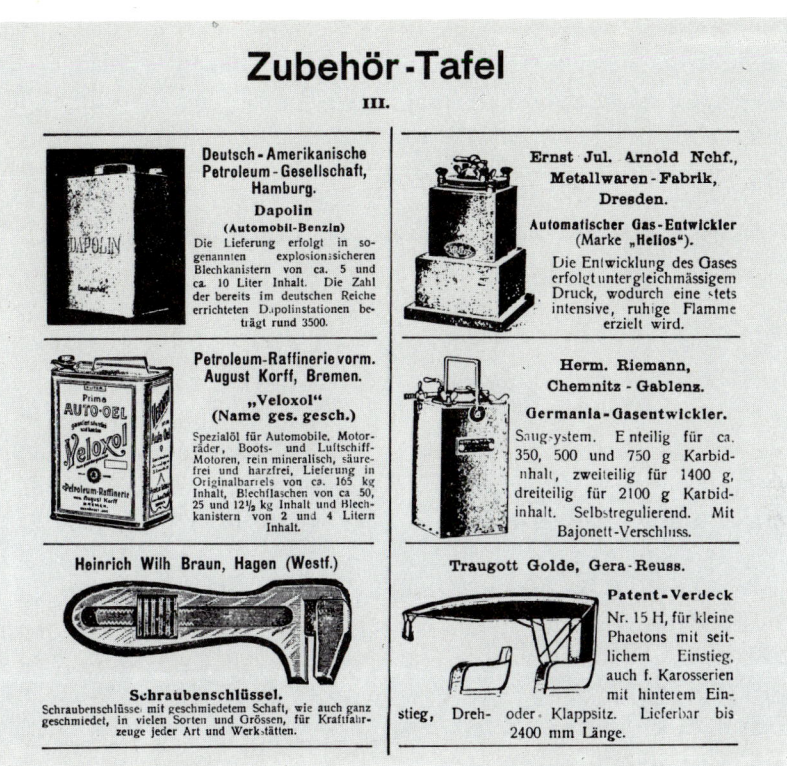

Zubehör-Tafel

III.

Deutsch-Amerikanische Petroleum-Gesellschaft, Hamburg.

Dapolin

(Automobil-Benzin)

Die Lieferung erfolgt in sogenannten explosionssicheren Blechkanistern von ca. 5 und ca. 10 Liter Inhalt. Die Zahl der bereits im deutschen Reiche errichteten Dapolinstationen beträgt rund 3500.

Petroleum-Raffinerie vorm. August Korff, Bremen.

„Veloxol"
(Name ges. gesch.)

Spezialöl für Automobile, Motorräder, Boots- und Luftschiff-Motoren, rein mineralisch, säurefrei und harzfrei, Lieferung in Originalbarrels von ca. 165 kg Inhalt, Blechflaschen von ca. 50, 25 und 12½ kg Inhalt und Blechkanistern von 2 und 4 Litern Inhalt.

Heinrich Wilh Braun, Hagen (Westf.)

Schraubenschlüssel.

Schraubenschlüssel mit geschmiedetem Schaft, wie auch ganz geschmiedet, in vielen Sorten und Grössen, für Kraftfahrzeuge jeder Art und Werkstätten.

Ernst Jul. Arnold Nchf., Metallwaren-Fabrik, Dresden.

Automatischer Gas-Entwickler (Marke „Helios").

Die Entwicklung des Gases erfolgt unter gleichmässigem Druck, wodurch eine stets intensive, ruhige Flamme erzielt wird.

Herm. Riemann, Chemnitz - Gablenz.

Germania-Gasentwickler.

Saug-ystem. Einteilig für ca. 350, 500 und 750 g Karbidnhalt, zweiteilig für 1400 g, dreiteilig für 2100 g Karbidinhalt. Selbstregulierend. Mit Bajonett-Verschluss.

Traugott Golde, Gera-Reuss.

Patent-Verdeck

Nr. 15 H, für kleine Phaetons mit seitlichem Einstieg, auch f. Karosserien mit hinterem Einstieg, Dreh- oder Klappsitz. Lieferbar bis 2400 mm Länge.

Automobile durch Rückgriff auf Kunst- und Architekturmotive überformt wurde (J. Petsch). Tempelmotive standen Pate für Kühlerfronten und gaben der Schauseite des Kühlers die Bedeutung einer Fassade. Wie in der klassizistischen Architektur prägten exakte Geometrie und die Spannung zwischen horizontalen und vertikalen Linien auch die Karosseriegestaltung, und die Vorliebe des Jugendstils für ornamentale und geschwungene Formen sprach aus der Linienführung mancher Aufbauten. Solche Formensprache, dem Fahrzeug mehr zugefügt als aus ihm erwachsen, drückte in hergebrachten Motiven eine Botschaft aus, die aus der konstruktiven Form allein noch nicht hervorging: das Auto ist eine Luxusware.

Die oberen Zehntausend reihten damit das Auto in den Kreis ihrer Repräsentationsgegenstände ein wie umgekehrt jene Kunst am Wagen ihren Besitzern die Weihen des vornehmen Standes verlieh. Das Automobil brachte zunächst noch keine Revolution in der Mobilität, sondern zuerst eine Revolution in den vorherrschenden Prestigesymbolen. In dieser Eigenschaft kam es den Ärzten und Anwälten, den Unternehmern und Großbürgern entgegen, die damit ihren hervorgehobenen Stand demonstrieren konnten, obwohl sie nicht von adeli-

Automobilklub – «Erlauben Sie, Kommerzienrat Fränkel, vierzig Pferdekräfte.» – «Angenehm, Graf Dohna, 60 PS.»
Karikatur von Bruno Paul im «Simplicissimus» 1903

gem Geblüt waren. Gerade um die Jahrhundertwende gewannen diese bürgerlichen Gruppen besonders in den Städten an Gewicht, während der Landadel zunehmend an gesellschaftlicher Macht verlor. Für jene «Neureichen» kam das Automobil gerade recht, um sich als die

Herren der neuen heraufbrechenden Zeit in Szene zu setzen; es war das aufsteigende finanzkräftige Bürgertum in den Städten, welches im Auto seine Interessen und Ideale aufgehoben sah. Weil sie demonstrieren wollten, daß sie mit diesen Interessen und Idealen jetzt das Sagen in der Gesellschaft hatten, legten sich die Bürgerlichen aristokratische Symbolik zu, um ihrem Anspruch durch die richtigen Insignien Nachdruck und Legitimität zu verleihen. Die Herren über Raum und Zeit verlangten, auch die neuen Herren der sozialen Ordnung zu sein und umgekehrt: die neuen Herren der sozialen Ordnung dokumentierten ihren Anspruch durch ihre neue Macht über Raum und Zeit.

Wem gehört die Straße?

«Nie in meinem Leben bin ich so viel verflucht worden, wie während meiner Automobilreise im Jahre 1902. Alle deutschen Dialekte von Berlin an über Dresden, Wien, München bis Bozen waren daran beteiligt und alle Mundarten des Italienischen von Trient bis nach Sorrent – gar nicht zu rechnen die stummen Flüche, als da sind: Fäusteschütteln, Zungeherausstrecken, die Hinterfront zeigen und anderes mehr.»[8]

So vergnüglich die Automobilreise des Herrn Bierbaum mit Gattin war, er kann doch nicht ihre Schattenseiten verschweigen: was des einen Genuß, ist des anderen Verdruß. Flüche und Fäusteschütteln, Steinewerfen, Schmähschriften und Parlamentseingaben begleiteten den Weg der Motorwagen quer durch das erste Jahrzehnt dieses Jahrhunderts. Die verlockende Herrschaft über Raum und Zeit mußte gegen den Zorn des Volkes durchgesetzt werden.

Der Grund ist einfach. Ein Automobil genügt sich nicht selbst; es braucht vielmehr Straßen, um ausgefahren zu werden. Ein Gemeinplatz zwar, aber ein folgenreicher. Denn darin liegt begründet, daß es das Gesicht unserer Gesellschaft verändert hat: während andere Geräte wie Schreibmaschine oder Staubsauger über die vier Wände ihres Besitzers hinaus keine Ansprüche erheben, verlangt das Auto, daß Straßen freie Fahrt bieten und auch Menschen ohne Auto sich autogerecht verhalten. So war das Auto von Anbeginn nicht nur ein technisches Problem, sondern ebenfalls ein Straßenproblem und ein

Sehr geehrter Herr Polizeipräsident,
Gestern abend um sechs Uhr bin ich auf der ru̥e de Courcelles mit meiner Frau und meinen Kindern fast von einem Herrn, der auf einem Automobil mit der Geschwindigkeit einer Lokomotive dahinraste, überfahren worden.

Ihn festzuhalten war natürlich unmöglich. Der Polizist, an den ich mich wandte, um ihn zu fragen, ob dieser Herr in der Nachbarschaft wohnt und ob wir eine Chance hätten, ihn wiederzufinden, gab mir zur Antwort: «O Gott, mein Herr, wir sind ohnmächtig gegenüber diesen Leuten. Sie wissen genau, daß sie sich durch Flucht entziehen können.»

Sehr geehrter Herr Polizeipräsident, es ist erforderlich, daß Sie schon morgen und nicht erst in sechs Monaten diese Raser verpflichten, eine sichtbare Nummer zu tragen, mit deren Hilfe man sie nach ihrer Flucht wieder auffinden kann.

In der Zwischenzeit gehöre ich zu den Leuten, die der Auffassung sind, daß es auf den Pariser Straßen keine Sicherheit mehr gibt. Und da Ihre Polizisten sich für ohnmächtig erklären, habe ich die Ehre, Ihnen zu erklären, daß ich von heute ab mit einem Revolver in der Tasche ausgehen und auf den nächsten verrückten Hund schießen werde, der mit seinem Automobil die Flucht ergreift, nachdem er drauf und dran war, mich und die Meinen zu überfahren.

Offener Brief an den Polizeipräsidenten, erschienen in «Le Journal» 1896

Verhaltensproblem; eine Automobilgeschichte müßte gleichermaßen eine Umwelt- und Verhaltensgeschichte sein.

Die Eroberung der Straßen jedoch konnte nicht ohne Proteste ablaufen; schließlich waren sie bevölkert von Fußgängern, Pferdefuhrwerken, spielenden Kindern und allerlei Federvieh. Der Lärm von Protesten drang sogar bis in die abgeklärte Welt von Parlamenten, wie etwa die Automobil-Interpellation im preußischen Landtag vom Januar 1908 bezeugt. Zu ihrer Begründung führte der Abgeordnete Graf Cramer folgendes aus: Seine Freunde wollten dem Automobilismus nichts in den Weg legen. Wohl aber müsse dem Umfang der wilden Autler Einhalt getan werden. «In den letzten 6 Monaten sind 2920 Automobilunfälle bei uns vorgekommen und 33 Menschen getötet worden. *(Hört, hört!)* Und zwar waren es durchweg Luxusautomobile, die diese Unfälle verursachten, Sport- und Vergnügungswagen. Die Automobilisten legten oft eine beispiellose Roheit an den Tag *(sehr richtig!)*, wenn sie so dahinsausen. Diese Herren schätzen den

Seite 6 | **Allgemeine Automobil-Zeitung.** | 3. Juni 1900.

Automobilistenfang in Paris.

Herr Lépine, der gestrenge Polizeipräfect von Paris, hat bekanntlich in neuester Zeit ein Corps radfahrender Polizeiorgane organisirt, welches den Zweck hat, auf schnellfahrende Automobilisten Jagd zu machen. Nach „La Vie au Grand Air" bringen wir die vom Momentphotographen festgehaltene, sozusagen actenmäßige Darstellung solch' eines Automobilistenfanges.

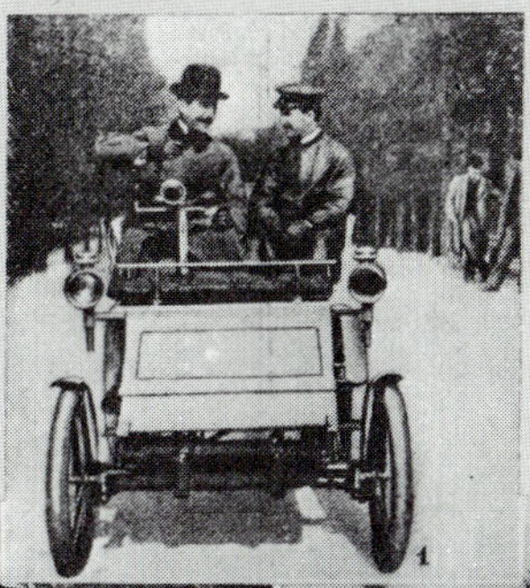

Bild 1. Herr X und sein Mechaniker in einer einsamen Allee des Bois. Kein Wunder, daß ihn der Schnelligkeitsteufel ein wenig in Versuchung führt. Und Herr X legt los ein wenig mehr als 20 Kilometer in der Stunde.

Bild 2 Zwei radfahrende Polizisten liegen auf der Lauer.

Der Automobilist, in seiner Ahnungslosigkeit, läßt sein Vehikel wie einen „geölten" Blitz daherrasen.

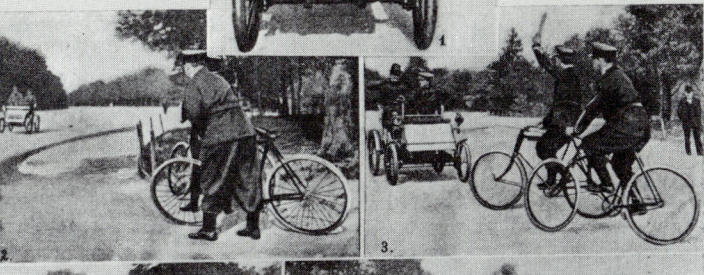

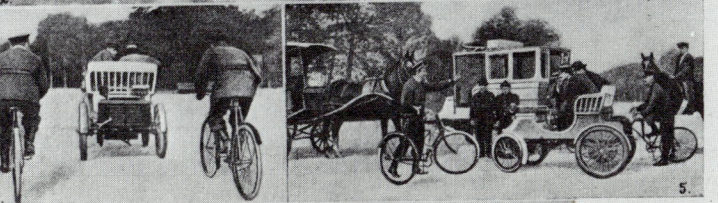

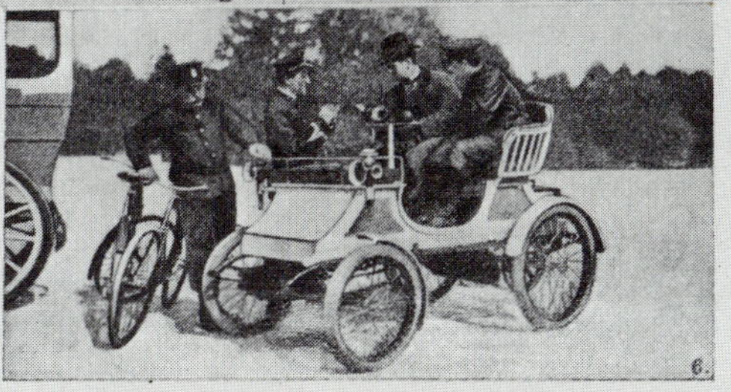

Bild 3. Doch das Verhängniß radelt noch schneller, als der Automobilist in seinem Schnelligkeitswahnsinn fährt. Schon sind die Polizisten auf ihren Rädern, brechen aus dem Versteck hervor, und einer der Häscher erhebt seinen weißen Stab: „Halt!"

Bild 4. Herr X reißt natürlich aus, die Polizisten ihm auf ihren Rädern nach.

Bild 5. Doch — o Automobilistenpech! — dem Ausreißer haben sich in der Form von etlichen Wagen einige Hindernisse in den Weg gestellt — er muß Halt machen, die Polizisten „umringen" ihn.

Bild 6. Der Tragödie vorletzter Act: „Ihr Name? Ihre Adresse? Ihr Erlaubnißschein?"

Dieser Tragödie letzter Act spielt vor Gericht. Sind auch die radelnden Polizisten in Paris so liebenswürdig, sich dem Momentphotographen einer Zeitung zur Fixirung auf einem Bilde frei nach der Natur zu stellen, so geht die Liebenswürdigkeit der Gerichtsfunctionäre denn doch nicht so weit. Deshalb ist der Tragöde letzter Act im Bilde nicht festgehalten.

Aus: Allgemeine Automobil-Zeitung 22/1900

Wert ihrer Zeit denn zu hoch ein. Gerade die Landwege sind besonders gefährdet, und die Landbevölkerung ist über die Autler in höchstem Maße verbittert, zumal da diese sich, wenn sie etwas angerichtet haben, durch die Flucht der Verantwortung zu entziehen belieben.»[9]

Gerade Vertreter der Konservativen geißelten das Auto und meinten damit das auftrumpfende Bürgertum; allerdings konnten sie sich auf eine verbreitete Wut gegen die Überheblichkeit der Städter berufen. Besonders gereizt war die Bevölkerung auf dem Land, die sich von dahinrasenden Städtern mit einem Teppich an Geknatter, Gestank und Staub überzogen sah, ganz zu schweigen von dem Dauerproblem der scheuenden Pferde, die, von den fremden Motorungetümen erschreckt, oftmals durchgingen und Fuhrwerke umrissen, unter denen neben der Kartoffelladung oft auch Menschen begraben wurden. Und erst recht natürlich bei Dunkelheit! Geblendet von den Scheinwerfern, nahm so manches Pferd Reißaus; Hühner blieben, weil im Dunkeln nicht sichtbar, auf der Strecke; und Menschen sprangen, vor der dahinbrausenden Macht flüchtend, in den Straßengraben. Wie sehr die Fahrer hinter der Windschutzscheibe in ihrer Arroganz sich auch noch an den Schäden weideten, läßt die Tagebuchnotiz von der ersten Reise des Rudolf Diesel im Jahre 1905 erkennen: «Nein, was machten wir bei unserem Abschied aus Italien für einen Staub! So etwas habe ich in meinem ganzen Leben nicht wieder erlebt. Mehliger Kalkstaub lag fünf Zentimeter dick auf der Straße. Darauf jagte Georg, was der Wagen hergab, durch das Tal der Piave, und hinter uns breitete sich ein ungeheurer Kegel aus. Dieser weiße Kegel hob sich und breitete sich endlos aus. Das ganze Tal der Piave war dick eingenebelt, bis hoch zur Bergflanke lag eine weiße Wolke über dem Tale. Wir entsetzten die Fußgänger wie mit einem Gasangriff, ihre Gesichter verzerrten sich, und wir ließen sie zurück in einer formlos gewordenen Welt, in der weithin Feld und Baum unter einer trockenen Puderschicht alle Farbe verloren hatten.»[10] Kein Wunder, daß bei dieser selbstgerechten Überheblichkeit der Volkszorn kochte, zumal für Straßen- und Flurschäden selbstverständlich die Dorfbewohner aufzukommen hatten. Und ebenfalls kein Wunder, daß dieser Zorn mit Klassenhaß durchmischt war, da es ja diese neureichen Städter waren, die Land- und Dorfstraßen unter ihre Kühlerhauben nahmen, hurtig davonfuhren, und die Bauern mit der Bescherung zurückließen.

Neben den Bauern und den ländlichen Autoritäten opponierte nur noch die Branche der Pferdehalter, Kutschenbauer und Fuhrwerksbesitzer aus naheliegenden Wirtschaftsinteressen gegen die Verbreitung des Automobils. Nur vereinzelt kam eine grundsätzlich gezielte Fortschrittskritik zur Sprache. Im Jahre 1912 veröffentlichte ein Herr Dr. Michael Freiherr von Pidoll in Wien einen «Protest und Weckruf», wo er das Recht der Allgemeinheit auf die Straße reklamierte: «Die angebliche ‹Straßenunfähigkeit› des Publikums datiert erst von dem Aufkommen des Automobilismus. Steht denn die ganze Bevölkerung im Dienste des letzteren? . . . Woher nimmt der Automobilist das Recht, die Straße, wie er sich rühmt, ‹zu beherrschen›, die doch keineswegs ihm, sondern der gesamten Bevölkerung gehört, diese auf Schritt und Tritt zu behindern und ihr ein Verhalten zu diktieren, das er nur auf den eigenen, privaten Wegen fordern dürfte? Die öffentliche Straße ist nun einmal nicht für den Expreßverkehr bestimmt, sie gehört zum Milieu der Stadt . . . Sollen etwa die öffentlichen Straßen ‹menschenrein› gehalten werden?»[11]

Nicht allein auf der Straße. Foto von Jacques H. Lartique 1908

Das Vorbeifahren der Automobile bei scheuenden Pferden.
Neue Entscheidungen des Reichsgerichts.

In den Kreisen der Automobilisten ist es üblich, bei scheuenden Pferden so schnell wie möglich vorbeizukommen zu suchen, um die für die Tiere erschreckenden Motorgeräusche des Anhaltens zu vermeiden. Dieser Standpunkt wird aber bei irgend welchen Unfällen im Weiterfahren – auch eines bereits zum Stehen gebrachten Automobils – von den Gerichten nicht gebilligt.

Als am 17. November 1902 der Majoratsherr v. G. in L. (Westpreußen) auf der Chaussee von Neuenburg nach Schwetz eine genommene Anhöhe hinunterfuhr, kam ihm das Fuhrwerk des Schmiedemeisters K. aus Neuendorf entgegen, das außer dem K. noch dessen Tochter und einen Sarg mit einer Leiche trug. Als G. sah, daß das Pferd scheute, hielt er das Automobil infolge Warnung seines Chauffeurs: «Langsam, langsam, Herr Baron, das Pferd scheut» an. Auch das Fuhrwerk des K. war zum Halten gekommen und standen sich beide Fahrzeuge in einer Entfernung von etwa 3 bis 4 Metern gegenüber. G. glaubte jetzt, mit seinem Automobil gut vorbeizukommen und fuhr weiter. Hierbei fuhr er mit den Hinterrädern des Fahrzeugs den Wagen, den das Pferd inzwischen rückwärts drängend in die Mitte der Straße geschoben hatte, an, und wurde der Lenker des Wagens dabei herabgeworfen und am Handgelenk verletzt. Gestützt auf § 823 I B.G.B. machte er

nun Schadenansprüche gegen den Automobilisten im Wege der Klage geltend.

Das Landgericht Graudenz ging davon aus, daß die hier in Betracht kommende Momente der Fahrlässigkeit seitens des Beklagten gegeben seien. Einmal sei er in zu schnellem Tempo gefahren und hätte dann, als er das Automobil zum Halten gebracht hatte, nicht weiterfahren dürfen, ehe er sicher war, daß der Wagen gut vorbeikomme. In dem Urteil heißt es: «Es wäre daher ein leichtes gewesen, wenn der Chauffeur herabsprang, das den Wagen zurückdrängende Pferd am Kopfe nahm und somit das Gefährt sicher an dem haltenden Automobil vorbeiführte. Das mußte der Beklagte, der Gutsbesitzer und Kavallerieoffizier ist, erkennen. Mag es weiter auch richtig sein, daß der Beklagte hoffen durfte, an dem Wagen des Klägers vorbeizukommen, so mußte er sich aber auch sagen, daß dies ebensogut nicht der Fall sein konnte. Er durfte sein Verhalten nicht so einrichten, als müsse seine Schätzung notwendig richtig sein, während er doch erkennen mußte, daß sie auch leicht falsch sein könnte. (Vergl. Entsch. d. R. G. Bd. 56 S. 154 ff. Juristische Wochenschrift 1905.)» Das Gericht nimmt an, daß der starke Zusammenstoß mit dem Wagen auf ein Verschulden des Beklagten zurückzuführen sei, im anderen Falle hätte er sein Kraftfahrzeug im letzten Augenblick noch anhalten können. Das geltend gemachte eigene Verschulden des Klägers, wegen nicht sachgemäßer Behandlung des Pferdes, das er inzwischen zum Weitergehen hätte antreiben sollen, wurde verneint. Und somit kam das Landgericht zu einer V e r u r t e i l u n g des Beklagten.

Diese Entscheidung wurde auf die B e r u f u n g des Beklagten vom Oberlandesgericht Marienwerder gebilligt. Das Oberlandesgericht nimmt noch an, daß der Beklagte auch gegen die §§ 29 Absatz 2, 31 Absatz 1, und 32 der Polizeiverordnung des Oberpräsidenten von Westpreußen verstoßen habe, da er angesichts des scheuenden Pferdes mit seinem Kraftwagen nicht oder doch nicht solange angehalten hatte, wie es die Vermeidung eines Unfalles und die Beseitigung der Gefahr erforderte. Die Entschuldigung des Beklagten, daß er weitergefahren sei, um dem Pferde die beunruhigenden Geräusche des Motors zu ersparen, wurde durch ein Sachverständigengutachten damit abgetan, daß er in kürzester Zeit und mit leichter Mühe die Geräusche des Motors abstellen konnte.

Zu dem fahrlässigen Verschulden des Beklagten gemäß § 823 Absatz I B.G.B. führt das Oberlandesgericht noch aus: «Tatsächlich ist der Zusammenstoß ... schließlich dadurch zustande gekommen, daß das scheuende Pferd zurückwich und dabei den Wagen hinter ihm quer in die Chaussee hineinschob, daß das in Bewegung befindliche Automobil nicht daran vorüber konnte, ohne auf den Wagen zu stoßen oder ihn doch, wie der Sachverständige V. annimmt, zu streifen. Daß der Beklagte, wie beide Sachverständige annehmen, auf das Zurückweichen des Pferdes und das Querstellen des Wagens nicht vorbereitet war, daß er diese Möglichkeit also nicht ins Auge gefaßt hatte, sondern in der Erwartung weitergefahren ist, er werde an dem Gefährt des Klägers glücklich vorbeikommen, ergibt eben einen Mangel in der durch die im Verkehr erforderliche Sorgfalt gebotenen Überlegung. Hatte er aber jene Möglichkeit erkannt, so offenbarte sich darin, daß er trotzdem weiterfuhr, ein noch größerer Mangel in der durch solche Sorgfalt gebotenen Vorsicht. Der Umstand, daß das Automobil entgegen der Annahme des Landgerichts hinten nicht breiter ist, als vorn, begründet keine abweichende Beurteilung. Daß das Pferd und das Gefährt des Klägers an dem haltenden Automobil des Beklagten wenigstens dann hätte vorübergeführt werden können, wenn das das Pferd beunruhigende Geräusch des Automobils abgestellt wurde, erscheint nicht zweifelhaft und ist nach der Überzeugung des Senats auch vom Beklagten nicht verkannt worden. Infolgedessen wurde die Berufung des Klägers zurückgewiesen.

Aus: Allgemeine Automobil-Zeitung 1906, Nr. 46

Pidoll ist einer der ganz wenigen Autoren dieser Zeit, die scharfsichtig die weitreichenden sozialen Folgewirkungen des Automobils erkannt haben: die Monopolisierung von immer mehr Straßen und Flächen für die Bedürfnisse des Autos, indem geselliges Leben vertrieben und nicht-motorisierte Verkehrsteilnehmer an den Rand gedrängt wurden. Weil er die Straße als einen gemeinen Raum ansah, der für jedermann – wie vormals die Almende – zugänglich sein sollte, sei es zum Spazieren, Spielen, Fenstergucken oder Fahren, war ihm klar, daß mit dem Auto eine Ausgrenzung von Flächen und eine Austreibung von vielfältigem Leben drohte. Sollen die «Herren über Raum und Zeit» ihr Tempo genießen und dabei das Recht der Allgemeinheit auf den Gemeingebrauch der Straßen beschneiden dürfen? Der Freiherr setzt ein Nein: «Die Anschauung, daß Bestimmung und Funktion der öffentlichen Wege und Straßen gänzlich im Verkehr aufgehe ... ist unrichtig und ungerechtfertigt. Insbesondere die Straßen und Plätze der Großstädte und Städte sind keineswegs bloß Verkehrslinien wie etwa die Eisenbahngeleise. Sie gehören vielmehr zur Gesamtanlage der Stadt, sie sind die Ansiedlungsstätte ihrer Bevölkerung, sie bilden die Umgebung der Häuser, das Milieu, in welchem sich das persönliche, soziale und wirtschaftliche Leben der Bevölkerung zum nicht geringen Teil abspielt, und dienen überdies dem für die Bewohner der Großstadt unentbehrlichen Bedürfnisse, sich frei zu ergehen ... Der Automobilverkehr in seiner heutigen Gestalt involviert, wie wir gesehen haben, eine konstante Gefährdung, Störung und Indienststellung der Passanten, respektive der anderen Fuhrwerke, sowie einen schweren Eingriff in die einer höheren Kultur entsprechenden Ansiedlungsverhältnisse der Bewohner. Es ist mit dem Rechte des Gemeingebrauchs der Nichtautomobilisten, der großen Mehrheit der Bevölkerung, rechtlich und tatsächlich unvereinbar.»[12]

Das Recht auf die Straße, das Recht der Allgemeinheit, unbelästigt und ungefährdet zu bleiben, darüber machte man sich nicht nur in Deutschland Sorgen, sondern auch im automobilfreudigen Frankreich ebenso wie in den USA, dem Musterland der Motorisierung. Nie allerdings war so etwas wie eine systematische Abwägung der Vor- und Nachteile dieser neuen Technik von politischer Seite zu beobachten; die Macht des Faktischen ließ auf die Dauer den Protest leiser werden und zur Nörgelei verkommen, auch wenn sich noch 1911 eine so angesehene Zeitung wie *The Economist* zu der zweifelnden Frage aufraffte: «Ist der Verlust an Annehmlichkeit und Komfort, ist die Belästigung der Öffentlichkeit durch das Vergnügen zu rechtfertigen, welches vergleichsweise wenige Individuen genießen?»[14]

Das Automobil-Verbot in Graubünden 1900–1925

Als Hort der Rückständigkeit erschien den Automobilisten jener Zeit der Schweizer Kanton Graubünden. Diese sturen Schweizer wollten doch tatsächlich den Fortschritt aussperren und vom Autoverkehr nichts wissen! Gift und Galle füllten da die Spalten der europäischen Automobilpresse und auch zum Boykott der Schweiz wurde aufgerufen.

In der Tat war die «Automobilfrage» in Graubünden 25 Jahre hindurch ein politischer Zankapfel. Nachdem sich Beschwerden über durchgegangene Pferde, in den Straßengraben getriebene Bauern und verunglückte Reisende gehäuft hatten, beschloß der Kleine Rat am 17.8.1900: «Das Fahren mit Automobilen auf sämtlichen Straßen des Kantons Graubünden ist verboten.»[13] Die Regierung ahnte wohl nicht, was sie anrichtete, indem sie mit dem Verbot den Zunder für einen immer wieder auflodernden Streit legte, einem Streit mit ewig langen Debatten, nicht endenden Gesuchen um Fahrtbewilligungen, einer Flut von Flugblättern, Kampfschriften und, sage und schreibe, zehn Volksabstimmungen, bis das Auto 1925 endgültig in Graubünden seinen Einzug hielt.

Die *Zürcher Post* gab sich in einem Kommentar abgewogen: «Das Verbot wird Aufsehen erregen, vielleicht den Spott über den Versuch herausfordern, den Verkehr mit Polizeigewalt zu unterbinden. Man wird indessen, um gerecht zu sein, die besonderen Verhältnisse des Bündnerlandes berücksichtigen müssen ... Die Straßen sind im allgemeinen schmal und führen häufig an Abgründen vorbei. Das Erschrecken eines Pferdes genügt, um eine Katastrophe herbeizuführen. Wären alle Führer von Automobilen vernünftig genug, vorsichtig und würden sie in einem den Straßenverhältnissen angepaßten Tempo fahren, so wäre die Gefahr nicht groß und man müßte darauf rechnen, daß sich der Verkehr bald an die neuen Vehikel gewöhnen würde, wie es in Paris, selbst in den belebtesten Straßen, längst der Fall ist. Aber der Automobilsport steht noch in seinen Flegeljahren und es wird darauf los gerast ohne

31

Bündner Volk, wach auf!

Vor neun Jahren hast du dich mit gewaltiger Wucht geweigert, dein freies Alpenland zum Tummelplatz des Autos erniedrigen zu lassen, und jetzt sollst du erklären, dass du damals geirrt habest. Im nächsten Sommer soll das **Auto** auf deinen Strassen fahren. Willst du das? Wir hoffen:

Nein!

Das Arztauto, das Krankenauto, das Feuerwehrauto, das Postauto mag kommen, wir begrüssen es.

Das Lastauto soll Gegenden, deren Straßen dafür geeignet sind, gestattet werden; aber es **darf keine Konkurrenz für die notleidende Rhätische Bahn** werden. Der Transport der Waren mit dem Auto statt mit der Bahn vermindert die Einnahmen der Bahn; um dies zu erkennen, braucht es kein Gutachten. Soll dann das Volk für die verminderten Einnahmen der Bahn auf dem Steuerwege aufkommen?

Nein!

Viele unserer Strassen sind für einen Autoverkehr von irgendwelcher Bedeutung zu schmal und vor allem zu leicht gebaut, so dass der Strassenkörper im Frühling und bei Regenwetter rasch aufgerissen und beschädigt wird. Das erhöht die Unterhaltungskosten. Unsere Gemeinden aber haben jetzt schon genug Lasten zu tragen: darum sollen die Lastautos auf den Strassen, die für sie zu schwach gebaut sind, nicht verkehren dürfen, und die unnützen Luxusautos sollen unserm Lande fernbleiben. Oder willst du, Bündnervolk, auf deinen Strassen Frondienste leisten für die, die dann mit hochmütiger Verachtung in ihren Kraftwagen an dir vorübersausen? Wir denken:

Nein!

Die Hotelerie nennt das Reiseauto oder richtiger gesagt das Luxusauto ihre Rettung. Auch wir bedauern, hier Stellung gegen die vermeintlichen Interessen der Hotelerie nehmen zu müssen. Aber das Unterland sagt uns, dass alle Liegenschaften und Gebäulichkeiten an den Autostrassen stark entwertet werden. Sollen alle die vielen kleinen Anwohner an unsern Strassen dieses Opfer bringen zugunsten der Hotelerie? Soll der Kleine leiden, damit der Grosse **vielleicht** wieder zu seiner Sache kommt? Willst du das, Bündnervolk? Wir hoffen:

Nein!

Ein kleiner Riss soll heute entstehen in dem Damm, der uns schützt. Aber das soll nur der Anfang sein. Heute sollen es ein paar Strassen sein, morgen sollen es alle sein. Man will uns teilen, um uns um so leichter zu besiegen. **Drum Bündnervolk, wach auf; keiner bleibe daheim; jeder stimme wuchtig**

Nein!

Das Komitee der Kreisversammlung V Dörfer.

Aufruf vor der Volksabstimmung in Graubünden 1920

Bauer, kannst du mehr Steuern bezahlen? Nein!

Fixbesoldete, könnt Ihr mehr Steuern entrichten? Nein!

Handwerker, so zahl du mehr Steuern! Nein, ich kann nicht!

Hotelier, dann musst du dran glauben! Gern! Wenn Ihr mir die Möglichkeit gebt, mehr zu verdienen!

Sorgt, dass mehr Verkehr ins Land kommt, dass ich dadurch meine Zinsen zahlen, meine Angestellten recht entlöhnen, Gewerbe und Handel beschäftigen kann, dann kann ich mehr Steuern abliefern!

Mehr Verkehr bringt das Auto, darum ein kräftiges

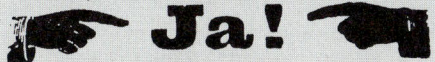

Ja!

dem provisorischen Automobilgesetz!

Aufruf der Gegner des Auto-Verbots
zur Volksabstimmung 1923

Rücksicht auf Menschen, denen ihr Leben und Gesundheit auch etwas wert ist. Es scheint, daß die bündnerische Polizei Ausschreitungen solcher Fahrer gegenüber ohnmächtig war, so daß sich die Regierung entschloß, kurzerhand den Autoverkehr zu verbieten.» Drastische Töne hingegen schlug das *Bündner Tagblatt* an: «... schließlich wohnen in Bünden noch Bauern, Hirten, Viehbesitzer und Händler, die sich von den Stinkkarren kaum werden über den Straßenrand hinausdrücken lassen. Oder sollten sie zur Selbsthilfe greifen? (Wir würden ihnen dies sofort anraten, und wenn es mit Gewalt sein müßte. Red.)»

Allerdings ward damit noch nicht über allen Gipfeln Ruh. Ein Gedrängel um Ausnahmegenehmigungen setzte ein, bis das Verbot durchlöchert war wie der einheimische Käse. Dies rief das erzürnte Volk auf den Plan und im Zeichen eidgenössischen Freiheitsbewußtseins wurde per Unterschrifteninitiative 1910 eine Volksabstimmung erzwungen. Der Zorn gegen die «gefährlichen Spielzeuge müßiger Sportsleute» hallte durch die Täler, während der

Regierung nichts anderes blieb, als auf besonnene Weitsicht zu pochen und zu mahnen, dem «Rad der Zeit nicht in die Speichen zu fallen». Vor der Abstimmung steht in der *Neuen Bündner Zeitung* zu lesen: «Es treten zwei Fronten im Kampfe hervor: Der Volkswille und der Regierungswille. Das Volk will das Auto nicht, die Regierung, oder ein Teil davon will es aber unter allen Umständen hereinlassen ... Wenn man zum Beispiel sieht, wie sich unser sonst sehr geschätzter Departementschef des Inneren so verbissen, bockbeinig gegen den Volkswillen wehrt, so undemokratisch seinen eigenen Willen in den Vordergrund und in den Mittelpunkt der Frage stellt, so müssen wir uns doch fragen: Leben wir in unserer alten bündnerischen Demokratie oder sind wir kleinen und großen Königen auf Gnade und Ungnade ausgeliefert?» Auch Verseschmiede liehen dem Volk ihre Stimme:

> Das alte stolze Bündnerrecht
> Des freien Wegs auch für den Knecht
> Will Herrenlust Euch rauben.
> Ob Herrenlust, ob Bauernrecht
> Soll gelten für ein ganz Geschlecht
> Gilt's morgen zu entscheiden.
> Drum auf ihr Bauern überall,
> Zur Urne eilt mit lautem Schall
> Der Freiheit Gut zu wahren.

Und geeilt sind offenbar die Bauern: das Automobilverbot wurde mit 11 977 gegen 3453 Stimmen eindrucksvoll bestätigt.

Im folgenden Jahrzehnt schien der Wind sich langsam zu drehen; von Seiten der Autofreunde wurde die «Vernunft» angerufen, da ja Graubünden schließlich keine «chinesische Mauer» um sich aufbauen könne und überhaupt die Fahrzeuge technisch ausgereifter wie auch die Fahrer verantwortungsvoller würden. Überdies fürchtete die Hotellerie um ihre bestzahlenden Gäste und auch Post und Feuerwehr unterstrichen den Nutzen des Autos für das Gemeinwohl. Nichtsdestoweniger waren die Vorbehalte gegen die «Schmarotzer in ihren Luxus-Automobilen» noch so festsitzend, daß sogar zwischen 1920 und 1924 noch mehrere Abstimmungen verloren gingen. Erst als 1922 die Zentralmacht in Bern das Recht an sich zog, Straßen für den Durchgangsverkehr zu öffnen, ist eine so entscheidende Bresche geschlagen, daß 1925 mit der knappen Mehrheit von 11 318 gegen 10 271 dem Auto freie Fahrt wenigstens auf den Hauptstraßen eingeräumt wurde.

Gemeindekanzlei
gegen Auto

Am 12. Juli 1923 kam ein Schreiben aus der Gemeindekanzlei Domat/Ems an das Bau- und Forstdepartement in Chur mit folgendem Inhalt:

«Mit Gegenwärtigem sehen wir uns gezwungen, Ihrem hohen Departement gegen Übertretung im Automobilverkehr Klage einzureichen.

1. Den 6. ds. fuhr ein Auto um 11.30 Uhr hier durch. Die Nummer konnte nicht abgenommen werden.

2. Den 7. ds. 12.20 Uhr hatten wir das gleiche Vergnügen, Auto Nr. 2277 A. Es kam von Splügen. Wir erlauben uns die Frage, ob die so sorgfältig ausgearbeitete Vorlage keine Vorkehrung vorgesehen hat, um solche «Irrfahrten» zu verhindern. Überhaupt ist es uns unbegreiflich, daß ein Auto von Splügen bis Chur auf einer gesperrten Straße fahren kann, ohne angehalten zu werden. Wir verlangen, daß der Besitzer des Autos ausfindig gemacht und zur Verantwortung gezogen werde. Über die Untersuchung wollen Sie uns dann gefälligst Bericht erstatten. Es liegt uns daran, und hoffentlich auch der hohen Regierung, daß den Übertretungen gleich am Anfang der Riegel gestoßen werde. Wir sind dies unserem Volke gegenüber schuldig.

3. Den Übertretungen wurde aber gestern die Krone aufgesetzt, indem zwischen 14 und 15 Uhr ein Auto von Chur kommend hier durchfuhr und in demselben ein Sekretär aus dem Regierungsgebäude saß. Der hätte m. E. wissen sollen, daß die Straße gesperrt sei. Wollen Sie uns zu Händen des Volkes berichten, in welcher Mission der betreffende Herr per Auto gefahren ist. Wollte er vielleicht eine Lustreise ins automobilfreundliche Oberland unternehmen?

4. Beklagt man sich hier allgemein über das Telephonmotorrad, das fast täglich hier durchfährt. Unseres Wissens sind die Motorräder in Graubünden verboten.

Mit vorzüglicher Hochachtung.»
«Per Gemeindevorstand Ems: A. F.»

Der Keim künftiger Größe

Nach all den jahrelangen Debatten, was vom Automobil, dieser neuesten Kreatur des technischen Fortschritts zu halten sei, wurde es Zeit, daß die staatliche Autorität Recht und Ordnung in die unübersichtlichen Verhältnisse zu bringen suchte. Auf der großen politischen Bühne gerieten die Dinge in Bewegung, als der Deutsche Reichstag sich von 1906 bis 1909 mühte, die Vorlage eines Automobil-Haftpflichtgesetzes durch die gewundenen Beratungsgänge zu schleusen. Angesichts von Unfällen und allerlei Unmut sahen sich die Volksvertreter zum Handeln veranlaßt: Wie denn war der offensichtliche Schaden vom deutschen Volke abzuwenden? War es nicht recht und billig, die Autofahrer zu verpflichten, für allfällige Schäden geradezustehen? Gefordert und gefeilscht wurde da, Redegefechte lieferten sich Populisten und Lobbyisten. Hart stießen sich die Interessen im Versammlungsraum: hie aufgebrachte Konservative, die sich auf die Seite des Volkes schlugen und forderten, bis zum Beweis des Gegenteils grundsätzlich dem Autofahrer die Schuld anzulasten, dort in der Defensive die Automobilvereine, welche finanzielle Strangulierung befürchteten und darauf drängten, auf gesetzliche Regelungen überhaupt zu verzichten. Nur die Sozialdemokraten schienen keine rechte Meinung zur Bedeutung des Automobils zu haben; ihre Sorge galt in erster Linie einer Arbeitszeitregelung für Chauffeure.

Im Gewoge des Für und Wider tauchte bald immer gebieterischer ein Argument auf, dem jene, welche sich um die Zustände auf den Straßen sorgten, nicht viel entgegenzusetzen hatten. Während sie noch über umgestürzte Fuhrwerke und ruhegestörte Anwohner Klage führten, wechselten ihre Kontrahenten die Tonart und schlugen die Nationalhymne an: das Wohl der deutschen Industrie steht auf dem Spiel, wer kann da beiseite stehen! Damit war die Diskussion plötzlich in eine andere Dimension gerückt, eine Dimension freilich, die nichts mehr damit zu tun hatte, die Vor- und Nachteile des Autofahrens abzuwägen. Bereitwillig öffnete die *Allgemeine Automobil-Zeitung* ihre Spalten dem Plädoyer des Maschinenfabrikanten Nacke aus Sachsen: «Ich nahm den Automobilbau hauptsächlich aus zwei Gründen auf, erstens aus rein technischem Interesse, zweitens um das meinige beizutragen zur Schaffung einer deutschen Automobilindu-

strie, um unseren deutschen Maschinenbauern eine Quelle für lohnen-
den Verdienst zu eröffnen und unserem Vaterland und unserem nationalen Erwerbsleben die Gelder erhalten zu helfen, welche namentlich
für den Ankauf französischer Automobile ins Ausland wandern ...
Ist es da nicht ein himmelschreiendes Unrecht, eine solche mühsam für

ihre Erhaltung kämpfende Industrie durch eine hohe Automobilsteuer
zu verkrüppeln, bloß, weil das Reich Geld braucht und ein automo-
bilfeindlicher Reichstag wahrscheinlich eine solche Steuer glatt bewil-
ligen wird. Halbwilde Länder geben neuen Industriezweigen Steuer-
befreiung auf Jahre hinaus und im hochzivilisierten Deutschland
kümmert man sich so wenig um die Lage einer neuen Industrie, daß
man dieselbe durch Steuern, welche den Absatz treffen, erdrückt,
noch ehe sie sich hat entwickeln können.»[15]

Ob Steuer, ob Haftpflicht, die Versuche, den sozialen Schäden des Automobils entgegenzuwirken, stießen auf ein Gesellschaftsbild, für das alle Eigenschaften des Automobils gleichgültig waren außer einer: eine gewinnträchtige Ware zu sein, deren Märkte die nationale Industrie keinem anderen Land überlassen durfte. Nur so ließe sich eine Auszehrung vermeiden und das Geld im Lande halten, jenes Geld, das letztendlich, indem es Konsumkraft wie Investitionskraft nährt, den produktiven Apparat der Nation expandieren macht. Erst seit wenigen Jahrzehnten sah man die Größe der Nation mit ihrem industriellen Apparat wachsen; der Großmachtanspruch gründet sich nicht mehr, wie zu vorausgegangenen Epochen, auf «Gottesgnadentum», «vernunftgemäße Staatsordnung» oder «Handelsfleiß», sondern auf die Überlegenheit im Ausstoß massenproduzierter Güter.

Im Verlaufe des 15. Jahrhunderts hatte die «normativ» geordnete Gesellschaft Alteuropas einer «funktionell» geordneten Gesellschaft Platz gemacht, die ihre Werte, ihre Klassen und ihre Produktionsformen nach ihrem Beitrag zum Güterausstoß privilegiert. So wuchsen überall in Europa Fabrikanlagen und Konzerne empor, erschien 1904 der erste wissenschaftliche Aufsatz über das Problem des Wachstums, engagierten sich Banken in Investitionskapital, und wurde sich das Zeitalter seiner besonderen Herkunft im Begriff von der «Industriellen Revolution» gewahr. War da nicht ein Nörgler, wer sich der

───────────────────────────

Welche Leute sind es aber, die nach der Staatshilfe schreien, die den Gesetzgeber gegen die Automobilisten anrufen? Das sind dieselben Menschen, die vor einem halben Jahrhundert keine Gasbeleuchtung wollten, die an den Preußenkönig eine Eingabe machten, damit keine Eisenbahn von Berlin nach Potsdam gebaut werden sollte. Es wird stets derartige Menschen geben, die es nicht einsehen wollen, daß das Bessere der Feind des Guten ist. Denselben Menschen ist heute das Automobil die Personifizierung der Fortschrittsidee überhaupt, und weil sie diese überall bekämpfen, so müssen sie auch gegen das benzingefüllte Ungeheuer eifern. Diese Leute schreien nach dem Staatsknüppel, wie sie bei anderen Gelegenheiten am liebsten nach der Staatskrippe schrieen.

Aus: Allgemeine Automobil-Zeitung 1906, Nr. 16

───────────────────────────

aufkeimenden Automobilindustrie in den Weg stellte? Wer konnte sich noch über Verletzte und Verschwendung, über Raserei und Ruhestörung aufhalten, wenn das höhere Wohl der Nation auf dem Spiele stand? «Die junge Automobilindustrie», stellt 1908 die *Frankfurter Zeitung* fest, «verträgt heute noch keinerlei Experimente, geschweige denn irgendwelche Kraftproben. Gerade weil sie den Keim künftiger Größe in sich birgt, sollte sie von Staats wegen gehütet und geschützt werden, da sie unzweifelhaft berufen ist, im volkswirtschaftlichen Leben unseres Volkes eine bedeutende Rolle zu spielen . . . Sie steht noch nicht auf jener geordneten Basis, die notwendig ist, um in der Welt als erfolgreicher Konkurrent auftreten zu können. Sie muß erst im eigenen Lande Wurzeln schlagen, es muß ihr das eigene Land die Bedingungen der Rentabilität bieten, damit sie sich vom sichern, heimatlichen Herde aus über andere Märkte ausbreiten kann.»[16]

Die Größe der Nation verlangte, sich an die Spitze des Fortschritts zu stellen, die Kosten im Alltag, so sahen es die Industrienationalisten, seien gegenüber den Verheißungen der Zukunft zu vernachlässigen. Die Wilhelminische Ära war – entgegen ihrem Ruf – voll von Modernisierungsfreude, jagte doch eine neue Technologie die andere. Technische Wunderstückchen wurden zum Tagesgespräch und wagemutige Ingenieure zu Leitbildern, allenthalben stellten sich Verbesserungen ein und ein Ende schien nicht absehbar; es war die klassische Zeit des Fortschritts. Wer um Geld nicht verlegen war, konnte sich in den 90er Jahren elektrisches Licht zulegen, auf dem Fahrrad neue Beweglichkeit genießen, seine Briefe auf der Schreibmaschine schreiben und den ersten Filmbildwerfer bewundern. Und einige Jahre später konnte er sich einer Freudschen Analyse unterziehen, in einem Flugzeug reisen und die Prinzipien einer Düsenmaschine oder sogar der Raumschiffahrt studieren. Das 20. Jahrhundert war im tatsächlichen Sinne mit der Jahrhundertwende eröffnet.

Besonders die aufsteigenden Klassen der Wirtschaftsbürger, Techniker und Angestellte sahen sich als die Hoffnungsträger der Geschichte. Der Fortschritt, dem zu dienen ihre Mission war, entfaltete sich in ihren Augen naturwüchsig und zielgerichtet wie eine Blume. Und die Geschichte, genauer: die allerjüngste Geschichte, erschien ihnen als eine Aufwärtsbewegung, deren Richtung der himmelwärts weisende Eiffel-Turm angab: höher, schneller und weiter. In solches Licht getaucht, kam ihnen das Automobil als «die Personifizierung (!) der Fortschrittsidee überhaupt» vor, die es gegen die «Rückwärtsgewandten» und «Philister» durchzusetzen galt. Wer da unverständig bliebe, der würde schon durch die Macht des Faktischen zu seinem Glück gezwungen, wie Baudry de Saunier bereits zur Jahrhundertwende unterstrich: «Der mechanische Wagen ist nun einmal da, und welchen Verfolgungen immer man ihn auch aussetzen sollte, wird man ihn doch nie mehr umbringen können, weil er einer logischen Folgerung des wissenschaftlichen Fortschritts und den Bedürfnissen unserer Zeit entspricht. Sich gegen ihn auflehnen zu wollen, ist ebenso töricht, wie gegen die Zeit, das Alter, die Arbeit des menschlichen Gehirns, die ewige Bewegung, gegen alle Kräfte der Natur, die auf uns einwirken, und welche unsere schlechte Laune niemals ändern kann, zu kämpfen.»[17] Das Glück, es wird letztendlich im Laufe des Fortschritts zwangsvollstreckt; wer den materiellen Fortschritt bremst, nimmt den ideellen Rückschritt in Kauf. So gesehen, kommt dem industriellen Apparat der Gesellschaft eine historische Würde zu; er sichert der Nation, gegen den lauernden Widerstreit des Auslands, den Vorzugsplatz an der Sonne der Zukunft.

Womit sich die Automobilkritiker in den damaligen Debatten konfrontiert sahen, könnte man den Dreisatz des konkurrenzgetriebenen Fortschrittsvollzugs nennen: (a) die technische Entwicklung, sie läßt sich sowieso nicht aufhalten, (b) wenn schon, dann muß Deutschland sich an ihre Spitze setzen, so daß (c) wir also aufgerufen sind, das Automobil mitsamt seiner Industrie mit allen staatlichen Mitteln zu unterstützen. Vor soviel nationalem Verantwortungsbewußtsein wurden die Kritiker kleinlaut und sahen ihre Fragen, ob man das Automobil denn überhaupt bräuchte und ob seine Vorteile seine Nachteile aufwögen, seltsam belanglos werden. Erörterungen über den Gebrauchswert des neuen Produkts blieben auf der Strecke; der lange Schatten des Weltmarkts legte sich auf die Debatten um den Sinn der Motorisierung auf den heimatlichen Straßen.

Der Umbau des Verhaltens

Belästigung hin, Gefährlichkeit her, vor dem Gebot der industriellen Stärke mußten die Vorsichtigen und Abwägenden als Feinde der Nation wie auch als Feinde des Fortschritts erscheinen. Um eine Antwort allerdings auf ihre Argumente waren die Sachzwangstrategen nicht verlegen: da der Motorwagen nun mal nicht zu stoppen sei, müßten Fahrer, Fußgänger und Fuhrwerker, so wurde in vielen Reden gefordert, zu richtigem Verhalten auf den Straßen erzogen werden. Auf dem Außerordentlichen Automobiltag in Berlin 1908 legte der Hauptredner klar, worum es aus der Sicht der Automobilisten nur gehen könne: «Eine Besserung kann durch kein Haftpflichtgesetz herbeigeführt werden, sondern lediglich durch Selbsterziehung des Publikums, durch Aufklärung darüber, daß der Kraftwagen kein unnützes feindliches Sportvehikel ist, sondern daß er schon heute ein anerkannt hochwichtiges Beförderungsmittel für Personen und Lasten darstellt und nie verschwinden wird . . . Das Erschrecken und das darauffolgende kopflose Benehmen des Passanten führt zu manchem Recontre. Die meisten Leute können sich, wenn sie das Warnsignal hören, nicht beherrschen und statt stehen zu bleiben, fangen sie erst recht an zu laufen . . . Das Publikum gewöhnt sich langsam daran, ehe es den Fahrdamm überschreitet, nach rechts und links Ausschau zu halten. Allerdings kommen auch hier Unfälle vor. Es ist aber sonderbar, daß die Menschen immer die Schuld an dem Schreck oder Unfall, den sie erleiden, auf andere Menschen abwälzen wollen und den Automobilfahrer, der zufällig auch dabei ist, beschimpfen; sie sollten sich lieber an die eigene Nase fassen und sich sagen: du hast eine Dummheit begangen, weil du über die Straße gegangen bist, ohne dich umzusehen.»[18] Schließlich könne, so sagt der Redner an anderer Stelle[19], das Publikum sich nicht auf der Straße benehmen, als ob es in seinem Salon spazieren oder im Schlafzimmer zu Bett ginge!

Die Unvermeidlichkeit des Autos unterstellt, begann sich herauszubilden, was man den Verkehrserziehungs-Diskurs bezeichnen könnte: Fahrer müssen «geeignet» sein, Passanten sollen sich «richtig» und nicht «falsch» verhalten, Kutscher oder Radfahrer müssen «Rücksicht» nehmen, und alle miteinander sind im Hinblick auf die neu erforderliche Disziplin als erziehungsbedürftig zu betrachten. Nur so

41

Der heutige Automobilismus

Wie es in Wirklichkeit zugeht, kann man nebst eigenen Beobachtungen aus den Automobilkatastrophen und deren Begleitumständen, sowie aus den betreffenden Gerichtsverhandlungen entnehmen.

Die schauerliche Chronik dieser Unglücksfälle läßt sich ja nicht erschöpfen. Sind doch in W i e n a l l e i n i m e r s t e n H a l b j a h r 1 9 1 2 4 3 8 A u t o - m o b i l u n f ä l l e vorgekommen, wobei 1 6 M e n s c h e n g e t ö t e t wurden und v o n E n d e M a i b i s E n d e S e p t e m b e r 1 9 1 2 , a l s o i n v i e r M o n a t e n , s i e b e n K i n d e r auf den Straßen Wiens durch Automobile g e t ö t e t worden! S c h r e i t d a s B l u t d i e s e r O p f e r n i c h t z u m H i m - m e l ? Zahlreiche Automobilunfälle gelangen infolge der bekannten Vertu- schungskünste gar nicht oder nicht in entsprechender Darstellung zur allge- meinen Kenntnis. Was sie charakterisiert, ist, daß die Wucht und Schnelligkeit der Automobile stets besonders schwere Verletzungen bedingt. Von den Automobilkatastrophen im Inland, respektive im Ausland sei in dem folgen- den eine Anzahl – 60, respektive 20, und zwar mit wenigen Ausnahmen bloß aus den Jahren 1911 und 1912 – mit tunlichster Kürze angeführt.

Ein Toter, zwei Schwerverletzte. Am Pfingstsonntag 1909 nachmittags geriet ein Automobil, welches dessen Besitzer selbst lenkte, nachdem es «in rasen- dem Tempo» den Markt Öd in Niederösterreich passiert hatte, beim Nehmen einer Kurve in den Straßengraben und fuhr mit solcher Gewalt an zwei Birnbäume an, daß der Chauffeur nach rückwärts geschleudert wurde, unter das sich aufbäumende Automobil geriet und schwer verletzt liegen blieb. Er starb nach 20 Minuten. Von den übrigen Insassen des Automobils erlitt einer schwere innere Verletzungen (Lungenblutungen), ein anderer brach den Arm. Das Automobil war streckenweise mit einer Geschwindigkeit von 100 Kilo- meter in der Stunde gefahren und legte die 125 Kilometer lange Strecke Wien–Amstetten in 1¾ Stunden zurück. Hiezu sei bemerkt, daß der Orient- expreßzug von Wien nach Amstetten 2 Stunden 2 Minuten, also um 17 Minuten mehr Zeit braucht. (Morgenblatt vom 1. Juni 1909.)

Zwei Tote, zwei lebensgefährlich Verletzte. Ein Chauffeur fährt mit drei Kellnerin- nen und einem Mechaniker auf der Franz Karl-Straße an der Grenze des Wiener Gemeindegebietes. Das Automobil fuhr plötzlich an die Straßenbar- riere. Die mehr als armdicken Bohlen der Barriere wurden an zwei Stellen gebrochen, das Erdreich tief aufgewühlt, das Automobil zertrümmert.

Ein Toter. Ein Automobil fährt auf der Schönbrunner Hofallee in Neu-Erlaa behufs Ausprobierung. Es fährt an einen Baum und geht in Trümmer. Ein Fahrgast wurde getötet. (Morgenblatt vom 19. April 1912.) Man weiß, welche Tempi beim «Ausprobieren» der Automobile, und zwar auf öffentlicher Straße, genommen werden.

42

Drei schwer Verletzte. Ein Student fährt (am 16. Dezember 1910) mit zwei Damen und einem Herrn von Wien zum Semmering. In der Neunkirchner Allee schaltet er eine Geschwindigkeit von über 60 Kilometer in der Stunde ein. Der Wagen begann zu schleudern und wurde plötzlich, nachdem er eben an dem auf der Straße stehenden zweiten Wegeinräumerhaus vorbeigefahren war, in einem großen Bogen geworfen, so daß er auf das Bankett kam. Dort grub sich das rechte Hinterrad tief in den Erdboden und riß diesen auf. Fast gleichzeitig überschlug sich das Automobil z w e i m a l   i n   s e i n e r   L ä n g s -a c h s e. Der Wagen blieb dann beschädigt am Straßenrande, an einen Baum gelehnt, stehen. Die Insassen des Automobils, die herausgeschleudert wurden, lagen verletzt am Straßenrande.

Eine Dame lag wochenlang bewußtlos darnieder und mußte noch im April 1912 im Rollwagen geführt werden, da ihr ein Fuß vollständig plattgedrückt wurde. Die zweite Dame war zwar leichter verletzt, jedoch erst nach Jahresfrist wieder berufsfähig. Der Passagier (ein Chauffeur von Beruf) erlitt schwere Verletzungen und lag über ein Jahr darnieder; er ging noch im April 1912 auf Krücken. Bei der betreffenden Gerichtsverhandlung erklärte sich der Wagenlenker für nicht schuldig. Er sei nicht schnell gefahren; die Straße sei sehr kotig gewesen und das Automobil in der Neunkirchner Allee infolge des schlüpfrigen Straßenzustandes ins Schleudern gekommen. Bei einem derartigen Schleudern sei das Automobil an einen Baum angeworfen worden, wobei es sich überschlug und so den Unfall herbeiführte. Nach der Aussage des verunglückten Passagiers ist jedoch das Automobil bis Traiskirchen im Tempo von 60, später von ungefähr 70 Kilometer per Stunde gefahren! Noch vor dem Unglücke ist das Automobil zweimal auf die entgegengesetzte Seite geschleudert worden. (Morgenblatt vom 26. April und vom 4. Juli 1912, Gerichtsverhandlung.)

Ein Toter. Auf dem Rennweg in Wien wurde ein 26jähriger Mann von einem Automobil niedergestoßen und überfahren. Er erlitt zahlreiche Frakturen des Schädels und starb nach einigen Minuten. (Morgenblatt vom 1. Mai 1912.)

Bei der betreffenden Gerichtsverhandlung (vgl. Morgenblatt vom 27. Juli 1912) wurde der Chauffeur zu zwei Monaten strengen Arrests verurteilt, und zwar mit der Begründung, er sei nach der bestimmten Angabe von Zeugen sehr rasch gefahren und habe kein Signal gegeben. An der betreffenden Stelle herrsche großer Verkehr und es sei zweifellos, daß er die nötige Vorsicht außer acht gelassen habe.

Zwei getötete Frauen. Am Pfingstmontag 1912 fährt ein Automobil auf der Praterstraße in Wien. «Das Tempo war sehr schnell.» Beim Karltheater wollte eine Frau in Begleitung eines jungen Mädchens die Straße übersetzen. Sie konnten nicht mehr ausweichen, wurden von dem Automobil erfaßt und zu Boden geworfen. Das Automobil war ihnen über den Leib gegangen und hielt nun an. Erregte Rufe wurden gegen den Chauffeur laut. Eine große Blutlache bedeckte den Boden. Die Frau hatte einen Bruch des Schädelgrundes und linksseitige Rippenbrüche, das Mädchen innere Verletzungen mit Blutungen

erlitten. Die Frau starb auf dem Wege ins Rudolfsspital, das Mädchen ist bald
nach der Übernahme verschieden. Ein Zeuge des Unfalles sah, wie die beiden
Frauen einander hin und her zogen, sichtlich verwirrt und unentschlossen,
wohin sie sich retten sollten. Es war sehr starke Wagenfahrt, besonders auch
Automobilverkehr nach beiden Richtungen. Die jüngere riß plötzlich ihre
Begleiterin nach der Mitte der Fahrbahn und direkt in ein von ihnen überse-
henes Automobil. Nach der Aussage des Zeugen ist derselbe schon zweimal
Augenzeuge von Eisenbahnunfällen gewesen; doch sei der Anblick nicht so
gräßlich, so schrecklich und mitleiderweckend gewesen, wie bei diesem Auto-
mobilunglück. Der Chauffeur wurde auf dem Unfallorte verhaftet. (Abend-
blatt vom 28. Mai 1912.)

Soll man etwa den beiden armen Opfern die Schuld beimessen und damit
gewissermaßen statuieren, daß auf Angst und Hilflosigkeit auf der Straße die
Todesstrafe gesetzt sei? Muß sich nicht vielmehr, wenn man in ein G e w ü h l
v o n M e n s c h e n u n d W a g e n, wie es in einer so frequenten Straße wie der
P r a t e r s t r a ß e an einem P f i n g s t f e i e r t a g e bestimmt vorauszusehen ist,
E x p r e ß f a h r z e u g e h i n e i n s t ü r m e n l ä ß t, die Wahrscheinlichkeit einer Automobilkatastrophe zur Gewißheit steigern?»

Aus: M. Freiherr von Pidoll: Der heutige Automobilismus.
Ein Protest und Weckruf. Wien 1912.

könne eine «Ordnung» auf den öffentlichen Wegen dergestalt einkeh-
ren, daß die Gefahren des Kraftwagens kleingehalten werden. «Ein
großer Teil der Unglücksfälle kommt nämlich dadurch zustande, daß
der übrige Straßenverkehr durchaus nicht gewillt ist, den durch das
Erscheinen der Kraftwagen geänderten Verhältnissen Rechnung zu
tragen und sich ihnen anzupassen.» – «Unglaublich», so empört sich
ein Arzt in einem Aufsatz, «unglaublich ist die Sorglosigkeit, mit der
das Publikum noch immer die belebtesten Straßen kreuzt und viele
Eltern ihre Kinder die Straße als Tummelplatz für deren Spiele benutzen lassen, als wenn es so etwas wie Straßenbahnen oder Automobile
gar nicht gäbe.»[20] Bevor noch daran gedacht wird, den Straßenraum
zur Verkehrsstrecke umzubauen, wird der Umbau des Verhaltens
wichtig: Aufmerksamkeitstraining und Selbstkontrolle müßten jedermann zur zweiten Natur werden, gleichsam eine Schutzhülle an
Voraussicht und Reflexbildung sei zur Sicherheit vonnöten. «Es muß
in die Gewohnheiten der gesamten Bevölkerung übergehen, da, wo

Gehwege vorhanden sind, den Fahrdamm so wenig als möglich zu betreten, beim Betreten des Fahrdamms sich umzusehen, rechts zu gehen und rechts zu fahren; auch wenn die ganze Straße frei ist, auf der Straße nicht herumzustehen ... Eine gewisse Verkehrsschulung der Bevölkerung ist ein dringendes Bedürfnis.»[21] In die alltäglichen Wahrnehmungen, in die Rinde der Gewohnheit, muß die Achtung vor dem Auto eingebrannt sein, ein kleines Stückchen Zivilisationsprozeß nur, und der Fortschritt kann auch hierzulande heimisch werden und der deutschen Wirtschaft eine starke Zukunft bescheren.

AUTO FÜR WENIGE – AUTO FÜR ALLE?
(1920–1933)

Charleston tanzten die jungen Damen des Bürgertums, kurz waren die Röcke und rhythmisch die neue Freiheit in den Ballsälen am Kurfürstendamm; die Beine in den Bauch standen sich die Frauen der Arbeiter, lang waren die Schlangen vor den Geschäften und hungrig die Mäuler im Wedding. Die zwanziger Jahre, die goldenen, sie lebten von der Armut der Mehrheit. Gegensätzliche Welten auch beim Automobil: Bugatti und Citroën, Cadillac und Model T, Mercedes und Dixi, Limousinen für die da oben und Kleinstwagen für die weiter unten. Das Autofahren, bleibt es eine exklusive Spielerei oder können sich die Massen motorisieren?

Schönheit durch Sachlichkeit

Nach 1924, als die Inflation überwunden war und es für einige Jahre wieder aufwärts ging, sahen sich auch neue Käuferschichten vom Automobil angezogen. Besonders Gruppen, die jüngst arriviert waren, wie leitende Angestellte, Ingenieure oder Ärzte und Rechtsanwälte legten Wert darauf, ein Auto, dieses Symbol der Modernität, zu erwerben, um mangelndes Standesbewußtsein wenigstens mit Fortschrittsbewußtsein wettzumachen und so ihren Anspruch auf Spitzenstellungen zu unterstreichen. Selbst jene gutbetuchten Kreise, die vor dem Krieg diesem Teufelswagen noch nicht über den Weg getraut hatten, gaben ihre Reserve auf und fügten sich dem Zug der neuen Zeit. Hatte man 1924 erst 130 346 Automobile gezählt, stieg der Bestand bis 1932 auf 489 270 an, statistisch waren damit für gerade etwa 1% der Bevölkerung Autos verfügbar. Beileibe kein Massenmarkt, aber dennoch wuchs das Auto aus seiner Rolle als Sportgerät für Technikbegeisterte heraus und wurde zum repräsentativen Ge-

Aus: Die Dame, November 1928

brauchsgut. Am Design ist diese Entwicklungslinie ablesbar. Da
wurde es dringend, daß die Hersteller ihren Erfindergeist auf die
Bedienungsfreundlichkeit der Fahrzeuge konzentrierten, weil jene

47

Symbol von Macht und Modernität. Aus: Elegante Welt 23/1925

Abenteuerlustigen, die sich von platzenden Reifen und gerissenen Bremszügen herausgefordert fühlten, immer weniger wurden. «Mehr Rücksicht auf die Herrenfahrer» wird im ersten Heft der Zeitschrift

Der Deutsche Automobilbesitzer gefordert; denn «der Automobilverkehr nimmt in Deutschland mit jedem Monat zu und mit dieser Zunahme wächst auch die Zahl der Herrenfahrer, die ihren Wagen selbst steuern und zum Teil sogar auch pflegen wollen ... Denn es ist eine alte Erfahrung, daß man nie mehr gern im Hinterteil des Wagens sitzt, wenn man einmal selbst am Steuer gesessen hat ... Mit Recht dringt das Automobil allmählich auch in weitere Volksschichten ein, so daß sich heute auch solche Leute einen Wagen leisten können, die nicht in reichem Maße mit Glücksgütern gesegnet sind ... Wird Wirtschaft, Handel und Technik dem Herrenfahrer gerecht? Die Automobilindustrie hat sich zuerst des Herrenfahrers angenommen. Sie hat Wagentypen geschaffen, die leicht zu steuern, elegant im Aussehen und anspruchslos in der Pflege sind. Man kann von einem Herrenfahrer nicht verlangen, daß er über seinen Wagen genauso gut Bescheid weiß, wie ein Berufsfahrer, der gelernter Schlosser ist ...»[22]

Will ein technisches Produkt zur Massenware werden, muß es sich vom Spezialisten-Spielzeug zu einem, um im heutigen Verkaufsjargon zu reden, nutzerfreundlichen Gerät mausern, das einigermaßen überraschungsfrei funktioniert, weil im technischen Design eingebaut ist, wofür früher der Nutzer Sorge tragen mußte. Dementsprechend löste im Automobil der zwanziger Jahre die Batteriezündung die Magnetzündung ab, hydraulische Vierradbremsen traten an die Stelle der Seilzugbremse und elektrische Scheinwerfer an die von Karbidlampen. Auch Scheibenwischer und Rückspiegel erleichterten nun das Fahren. Überdies hatte das durch die Starrachse verursachte Flattern der Lenkräder mit der Einzelradaufhängung ein Ende, wie auch die «schwebende» Motorenaufhängung dem Fahrkomfort zugute kam. Und während zu Beginn des Jahrzehnts der offene Tourenwagen, getragen von einem mit Blech verkleideten Holzrahmen, noch viel zu sehen war, bestimmte die Limousine mit geschlossenem Fahrgastraum, stabilisiert durch einen Stahlrahmen, an seinem Ende das Bild.

Geradezu zum Symbol der Zeit ist jenes «eckige» Styling geworden, das die horizontalen Linien, wie sie durch die lange Motorhaube, die durchlaufende Gürtellinie und das hochliegende Dach hervortreten, gegen die vertikalen Linien setzt, wie sie im aufgerichteten Kühler und im kastenförmigen Aufbau ins Auge fallen. Wer einen Audi

49

«Zwickau» auf der Straße entlangrollen sah, der war unwillkürlich von den ausgewogenen Proportionen, von der kubisch geschlossenen Form beeindruckt. Ein solcher Wagen war repräsentativ, nicht nur für den Besitzer, sondern auch für den Geist der Modernität, der die Visionen der technisch-künstlerischen Elite dieser Epoche prägte: Schönheit in konsequenter Sachlichkeit zu suchen. Da war kein Zierat mehr zugefügt, kein Dekor mehr aufgesetzt; vielmehr sollte die funktionelle Gestalt selbst vollendete Kunst ausdrücken, sogar so weit, daß eine Limousine, nach einem Wort von Le Corbusier, im Rang dem Parthenon ebenbürtig sein konnte. Bislang galt als schön, was «nutzlos» war; nunmehr kann auch eine Leuchte oder eine Lokomotive als schön empfunden werden, sofern die Form unverfälscht die Funktion zum Ausdruck bringt: je funktionsstrenger die Maschine, desto formschöner ihre Ästhetik.

Das Automobil der zwanziger Jahre spiegelt in seinen glatten Flächen und geometrischen Formen jenes Gesellschaftsprojekt, das von Muthesius bis Gropius der gestalterischen Elite vorschwebte: allenthalben der technischen Norm in ihrer Reinheit zum Durchbruch zu verhelfen, die Schönheit und Rationalität gleichermaßen verbürgt. Sie hofften, die Gesellschaft reformerisch durchzulüften, wenn sie den dekorativ geschnitzten Stuhl durch den Stahlrohrsessel ersetzten, die unübersichtliche Wohnküche in eine nach Bewegungsabläufen geplante Kleinküche umwandelten oder die zusammengeballten Städte durch weiträumige Trennung von Arbeiten und Wohnen zu entzerren suchten. Sachlichkeit war Trumph, um den Spießern und Reaktionären, die noch im Mief der Kaiserzeit festsaßen und von Knebelbart und Spitzhelm träumten, die Stirn zu bieten. Und Sachlichkeit stand obenan, um den Klassenkämpfern auf beiden Seiten der Barrikade zu zeigen, daß das zerrissene Land durch planvolle Ordnung versöhnt werden könnte. Damit verkündet das Auto in seinem Design die Hoffnung der Zeit, nämlich die technische Zivilisation vom Himmel der Denker auf die Erde des Alltags zu bringen und die Vernunft endlich im stickigen Deutschland heimisch werden zu lassen. Keine Frage, daß diese dem Auto eingelassene Botschaft ihre Resonanz bei den bürgerlichen Schichten fand, die gerne, nach dem Zusammenbruch der Monarchie, als Bannerträger der Moderne ihre Vormachtstellung begründen wollten. Aus dem Geist der Technik wollten sie die

Gesellschaft umbauen; das Auto verkörperte dieses Projekt. Gegen Offiziere und Agrarier beanspruchten sie den Vorrang; das Auto unterstrich ihre Überlegenheit. Was sich in ihm verkapselte, entsprach ihrer Selbstdarstellung; ein Auto zu besitzen machte handgreiflich, wofür man stand, wonach man strebte und – wie man seinen Rang einschätzte.

Die Welt der Damen und der Geist der Verschwendung

Von oben her ist das Automobil in die Gesellschaft hineingewachsen. Es waren zunächst die Oberschichten, welche sich an ihren Gefährten ergötzten; erst im Laufe der Jahrzehnte wandert das Auto die Leiter der gesellschaftlichen Hierarchie hinab, bis um 1970 mehr als die Hälfte der Arbeiterhaushalte schließlich die Vergnügungen probieren konnten, die ihnen die Oberklassen seit 50 Jahren so sichtbar vorgemacht hatten. Dementsprechend hat sich auch die Automobilflotte nicht vom Motorrad über den Volks-Wagen zum Repräsentationsgefährt erweitert, sondern umgekehrt: am Anfang war der Luxuswagen, dem sich erst im Laufe der Zeit allerlei Mittelklasse- und Kleinwagen zugesellten. So war auch nicht der Massenkonsum, sondern der Luxuskonsum der Geburtshelfer der Automobilindustrie; denn bis in die dreißiger Jahre hinein produzierte sie vor allem für Kunden, deren erster Blick nicht dem Preis, sondern der Schönheit und Leistungsstärke des Wagens galt. Kaum ein Privatmann kam auf die Idee, sich ein Auto zuzulegen, weil es nützlich oder gar notwendig gewesen wäre, im Gegenteil, ein Auto wurde gekauft, um jenseits des Alltags einen genußvollen Lebensstil zu kultivieren. So ein Hispano-Suiza strahlte Eleganz und Kraft aus, er war gefragt als Genußmittel und nicht als Transportmittel! Auch wenn schon manch ein «Laubfrosch» um die Ecke knatterte, so waren es doch die großen Wagen mit ihren wohlbetuchten Besitzern, die den Glanz des Autofahrens schufen und für die Massen zum Leitbild wurden. Was aber brachte jene Herrschaften dazu, jenseits aller Nutzenerwägungen ihr Geld für diesen Luxus auszugeben? Wie wurde das Autofahren zur Sache des verfeinerten Geschmacks?

Ankunft in der Welt des kultivierten Genusses. Plakat 1924

Einen ersten Fingerzeig gibt ein Artikel mit dem Titel «Welchen Wagen fahren Sie?» in der *Eleganten Welt* von 1926: «Wer erinnert sich nicht an die immer wiederkehrenden Fragen aus jenen Zeiten, die besonders bei den Damen glossiert wurden, als die Frau in ‹Haus und Küche› dominierte und sich alle Gespräche um die Dienstboten drehten! Dann begann die Modelinie der Grundzug des Lebens zu werden.

Man sprach nur von Schneiderinnen und von Toiletten, oder auch vom Bubikopf . . . Und jetzt erst ist eine neue Frage dazugekommen. Wenn sich zwei Damen treffen, so absolvieren sie natürlich die letztgenannten Gebiete auf das Genaueste, aber dabei bleibt es nicht. Während man mit einer Bekannten den morgendlichen Gang zur Stadt macht, des ‹Shoppings› wegen oder vielleicht auch nur, um ein Pfündchen abzunehmen, plätschert angenehm das Gespräch dahin. Plötzlich gleitet leise ein entzückend karossierter Zweisitzer vorbei. Wie ein Hauch jagt das Gefährt vorüber, und man sieht nur noch einen kleinen bordeauxroten Hut über dem Steuerrad aufragen, und der Netzhaut wird nichts weiter vermittelt als ein großes Reserverad in Glanzleder gehüllt, das noch einen Augenblick den verschwindenden Wagen als äußerst elegant kennzeichnet.»[23]

Das Auto war zum Gesprächsstoff der besseren Kreise geworden. Nachdem deren Konsumgeschmack sich seit langem an Kleidermoden, Essensstil und Salonausstattungen verfeinert hatte, wurde nun ein neues Produkt, das Automobil, in den Luxuskonsum, in eine Kultur des Genusses eingemeindet, die in erster Linie von der Gesellschaft der Damen lebendig gehalten wurde. «Zur Zeit der Chauffeure und der offenen Wagen», so macht sich ein französischer Autor klar, «haben die Frauen das Automobil nicht geliebt, oder es war wenigstens keine ehrliche Liebe . . . Heute ist das keinesfalls mehr so. Seit das schöne Geschlecht es sich durch einen Einstieg von der Seite in den komfortablen Karossen mit Wetterschutz, Polstern und Federung bequem machen kann, ohne sich weder die Haare noch die Aufmachung in Unordnung zu bringen, seitdem lieben die Frauen das Automobil . . . Das Auto ist für sie etwas, das glänzt, viel Geld kostet und deshalb sehr chic ist. Es erlaubt ihnen einen neuen Luxus, ein neuartiges Mittel, um ein bißchen den Neid der Freundinnen zu erregen, die sich nichts anderes als die Metro oder die Droschke leisten können. Für die Fabrikanten ist entscheidend, daß sie, die Frauen, die Herren der Schöpfung veranlassen, zahlreiche Wagen zu kaufen . . .»[24]

Erst die enge Assoziation von Dame und Automobil ebnet den Weg, um Autofahren als Konsummodell zu verankern. Zu keiner Zeit begegnen einem so viele Plakate und Werbeanzeigen, die Frauen, oder besser: Damen, zusammen mit Automobilen darstellen. Damit wurde das Automobil allmählich mit der Gefühlswelt des Konsums umklei-

Dame mit Auto.
Titelblatt v. G. Lepape für die Zeitschrift Vogue 1930

det; denn es war die Figur der Dame, welche den Bereich des privaten Genusses verkörperte. Im Laufe des 19. Jahrhunderts hatte sich die Sphäre der Frau der Sphäre des Mannes entgegengesetzt; die Trennung von häuslicher und beruflicher Welt hatte sich auch in einer Polarisierung der Gefühlswelten niedergeschlagen. Der Mann, selbstredend hatte er mit Pflichtbewußtsein, Leistung und Sparsamkeit zu tun, doch im Gegenzug entwickelte die (bürgerliche) Frau ein Bewußtsein von Geschmack, Muße und Lebensstil. Das Interieur des bürgerlichen Salons mit seinen Tapeten und Teppichen, seinen Sofas und Stores, legt davon Zeugnis ab wie vor allem natürlich die Borten und

54

Rüschen, der Samt und Satin der Kleidermoden. Konsum spielt sich in erster Linie im privaten Bereich ab, in dem die Frau die Maßstäbe setzte. Schließlich nährte sich die aufsteigende Wirtschaftsgesellschaft aus zwei kulturellen Unterströmen: dem protestantischen Geist, um mit Max Weber zu sprechen, der mit Sparsamkeit und Leistungsantrieb die Produktion voranbrachte, und dem Geist der Verschwendung, der mit Sinnenfreude und Eitelkeit zum Konsum anreizte. Nicht nur Unternehmergeist und Fabrikdisziplin, sondern auch Verschwendung und Kauffreude mußten sich durchsetzen, um aus selbstgenügsamen Bürgern wahre Konsumenten zu formen. Um die Dame des 19. Jahrhunderts kristallisierten sich in diesem Prozeß die Werte des Konsums; nicht umsonst nannte Émile Zola in seinem Roman das erste Warenhaus in Paris das «Paradies der Damen». Oder um den Sarkasmus Schopenhauers zu zitieren: «Die Weiber denken in ihrem Herzen, die Bestimmung der Männer sei, Geld zu verdienen, die ihrige hingegen, es durchzubringen.» Die Welt der Damen verkörperte die Werte des Konsums, die Welt der Jugend verkörperte das Neue; deshalb waren es junge Frauen, die auf frühen Werbebildern zum Kauf eines neuen Konsumguts – sei es das Fahrrad, die Zigarette oder eben das Auto – aufforderten. Die Industrie kam als Erfüllerin femininer Werte daher, um das Familienleben – die Sphäre des Konsums – ökonomisieren zu können. Daher präsentierte sich in den zwanziger Jahren das Automobil mit Hilfe der Damen als glänzendes Konsumgut den staunenden Massen.

«Zwei Pfund Blech und ein Pfund Lack . . .»

Das Automobil eroberte zwar die Phantasie der Menschen, überstieg aber bei weitem die Realität der Geldbeutel. 25 Jahre hatte es gedauert, bis das Automobil wenigstens in der Einbildungskraft zum Massenartikel geworden war: vom «Sportsvergnügen für Reiche» zum «Auto für alle». In diesem Jahrzehnt setzte sich das Auto in den Sehnsüchten fest; seine maschinelle Schönheit schien ein Vorschein der Zukunft zu sein. Aber nach wie vor waren Staub und Lärm alles, was der Mann auf der Straße vom Automobil hatte; die Faszination indessen begann bei vielen den Ärger zu überlagern. Den Zuschauern hingen die Trauben nicht mehr zu hoch, sie wollten selbst zu Akteuren werden. Warum sollte nicht für alle billig sein, was den Reichen recht war? Mit ihrem demonstrativen Besitz zeigten sie doch vor aller Augen, daß Geld und nicht mehr Geburtsstand die Grundlage war, sich soziales Ansehen zu verschaffen. Vorbei waren die Zeiten, daß in die Wiege gelegt war, was einer im Leben darstellte; hatte dann nicht jedermann ein Recht, es den oberen Zehntausend gleichzutun?

Über den großen Teich nach Amerika wanderte der Blick, wo 1923 die Jahresproduktion schon mehr als 3 Millionen Fahrzeuge erreicht hatte, und ließ Zukunftsbilder aufkommen, welche die bisherigen Vorstellungen vom Auto sprengten: «Mit dem Auto wird es werden wie mit dem Pferd, der Eisenbahn und dem Fahrrad. Nicht der große Wagen, der noch lange Zeit, wenn nicht für immer, einer kleinen privilegierten Minderheit gehören wird, sondern der mittlere Wagen und vor allem der Kleinwagen . . . Der Tag wird kommen – schneller als viele denken –, wo jeder unter dem Erdgeschoß seines Hauses einen Platz in der Garage, die in Zukunft bereitgestellt werden wird, haben wird; wo das Auto – wer weiß? – im Mietpreis inbegriffen ist wie der andere ‹moderne Komfort›; wo man das Auto, das heißt die Geschwindigkeit, zu Hause hat, ganz wie man heute dort – zur Verblüffung unserer Väter, wenn sie es sähen – Wasser, Gas, Strom, Badezimmer und Zentralheizung zur Verfügung hat.»[25] Eine neue Beziehung zum Auto kündet sich in diesem Text von 1923 an: kein bestauntes Luxusgut mehr, sondern zur Grundausstattung des modernen Menschen gehörend. Obgleich in Deutschland erst 130 000 Fahrzeuge auf den Straßen waren, formte sich die Vorstellung einer künftigen Vollmotorisierung, wo jedermann in seiner Garage bedienungsleicht Geschwindigkeit parken würde. Die neue Gesellschaft dachte man sich demokratisch, wo im Prinzip jedermann an Besitz kommen konnte, ohne von Sitte oder Geburtsrechten eingeschränkt zu sein, so daß für die vorausschauenden Köpfe die Motorisierung nur als Massenmotorisierung in Frage kam. Konservativ gestimmte Personen hingegen witterten in dieser der Technisierung anhaftenden Tendenz «Gleichmacherei» und «Nivellierung», weil sie die standesbewußte Lebensführung, die nur wenigen vorbehalten war, über Bord gehen sahen.

Noch allerdings fehlte dieser Utopie von der motorisierten Gleichheit der ökonomische Boden: weder waren die Wagen billig und massenweise herstellbar, noch hatte das kauflustige Publikum genügend Geld in der Tasche. Aber die Lösung zu diesem Dilemma war jenseits des Atlantiks schon sichtbar: Henry Ford, das neue Idol, schien dem amerikanischen Traum wirkliches Leben einzuhauchen. 1913/14 hatte er in Detroit das Fließband zusammen mit dem 8 Stunden/5 Dollar-Arbeitstag eingeführt, um mit der Serienproduktion den Ausstoß und mit den höheren Löhnen die Kaufkraft zu erhöhen. Nicht überraschend also, daß Fords Autobiographie im Berlin von 1925 zu einem Bestseller wurde, der neue Horizonte öffnete; denn Ford sah im Arbeiter auch den Konsumenten, der mit höherem Lohn in die Lage versetzt werden mußte, die am Fließband produzierten Autos auch zu kaufen. Mit der industriellen Massenfabrikation war auch ein neues gesellschaftliches Projekt verknüpft: die Konsumgesellschaft. Kaum jemand in Europa hatte dies so klar gesehen und danach gehandelt wie André Citroën, der seit 1922 – dem Vorbild von Ford's Model T folgend – seine kleine «Citron» in großen Stückzahlen herausbrachte: «Schnell, gut und ökonomisch zu produzieren wird zu einer Notwendigkeit, wenn man den Preis herabsetzen und die hergestellten Güter in die Reichweite der größtmöglichen Zahl von Konsumenten bringen will.»[26]

In Deutschland konnte man dergleichen Vorbilder nur mit neidischen Augen betrachten. Die Industrie war kriegsgeschwächt und in viele Firmen zersplittert, die Kunden waren knapp bei Kasse und konnten schon die hohen Kraftfahrzeugsteuern und Benzinpreise nicht bezahlen, und der heimische Absatz geriet in rechte Bedrängnis, als nach 1926, mit herabgesetzten Zollsätzen, die ausländischen Wagen hereinfluteten. Manche Anläufe wurden im Verlauf des Jahrzehnts unternommen, um auch dem deutschen Publikum einen Kleinwagen, ein «richtiges» Auto zu erschwinglichem Preis, anzubieten, auch allerlei kuriose Kleinstmobile erschienen auf dem Markt, langfristiger Erfolg jedoch war keinem Hersteller vergönnt. 1924 führte Opel die Bandfertigung ein und baute beinahe millimetergenau die «Citron» nach, ohne Lizenz zwar, aber mit grüner Lackierung, die ihm den Namen «Laubfrosch» einbrachte. Über den kleinen Hanomag amüsierte man sich: «Zwei Pfund Blech und ein Pfund Lack, fertig ist der Hanomag», und nannte ihn «Kommißbrot», weil sein

Die Unternehmer verlangen eine unerhört starke Erhöhung des Zolls auf ausländische Wagen. Diese Verteuerung geht natürlich auf Kosten der deutschen Automobilkäufer – unzähligen Deutschen wird die Möglichkeit zerschlagen, sich einen Wagen zuzulegen . . . Mehr als am Unternehmertum liegt der Arbeiterschaft an der Belebung der Automobilindustrie. Denn je mehr Kraftwagen in Betrieb kommen, desto mehr gibt es Beschäftigungsmöglichkeiten für Qualifizierte als Wagenführer und Reparateure, und für ungelernte Kräfte als Schuppenwärter, Straßenbauer und dergleichen. Durch das Erzeugnis eines eigentlichen Kraftwagenherstellers erhalten weitere drei, vier Leute Stellung und Brot. Mithin bedeutet die Vermehrung der Kraftwagen ein deutliches Plus für die Arbeiterschaft und damit für die ganze Wirtschaft. Dieses zu sehr gewünschte Plus wird um so schneller kommen, je billiger die Wagen sind, weil sie dadurch in die niedrigen Einkommensschichten dringen.

Diese Umstände lassen es der Arbeiterschaft weniger wichtig erscheinen, woher die Wagen kommen, Hauptsache aber ist für sie, daß viel wohlfeile Wagen überhaupt kommen . . .

Nicht anders wird es in Europa sein. Auch hier wird Ford mit Lohnerhöhung beginnen müssen – oder er wird nicht sein. Mit der wachsenden Kaufkraft der Masse kommt alles andere wie von selbst. Und sind erst mal die Automobilfahrer zu einer Masse geworden, werden sogar die Zöpfe unserer Gesetzgeber zu schrumpfen anfangen.

Der Kraftwagen, diese lustige, schnurrende und verteufelt flitzende Fabrik auf Rädern hat in kurzen Jahrzehnten unser ganzes öffentliches und gesellschaftliches Leben gründlich gewandelt und hat die Menschen beweglicher, die Wege kürzer, die nutzbare Landfläche weiter gemacht, außerdem den technischen Apparat wie die Arbeitsweisen der Industrie gewaltig umgewälzt. Jetzt wird in Europa die Umwälzung noch weitergehen, und zwar auf dem Gebiet der Lohnpolitik, und diese wird eine Einkommenssteigerung der Masse und ihren sozialen Aufstieg bringen . . . Auch der neueste Wandel wird nicht zum Schaden gereichen. Im Gegenteil, das revolutionäre Automobil wird der Sache der revolutionären Arbeiterklasse dienen.

Die «Metallarbeiter»-Zeitung Nr. 10/1930

Blech vorne und hinten rund war und auch noch über die Räder ragte. Auch der BMW-Dixi ab 1928 mit schmalem Fahrgestell und hoher Karosse, er schwankte eher als daß er fuhr und konnte mit seinen 60 km/h kaum einen Motorradfahrer zum Umsteigen verleiten. Weder konstruktiv noch wirtschaftlich war das Problem des Kleinwagens gelöst, als die Weltwirtschaftskrise hereinbrach, so daß L. Betz 1931 in seiner Polemik gegen die deutsche Autoindustrie nochmals das unein-

Aus: Elegante Welt 13/1925

gelöste Programm formulieren konnte: «Nicht aus dem Motorradbau und nicht aus dem Großpersonenautobau kann ein Volksauto entwickelt werden, sondern nur aus sich selbst heraus. Wir haben hier ein Fahrzeug, das frei sein muß von Tradition und Kompromiß, das nur ein Vorbild haben kann: den Ford. Nicht den Ford als heutige Kon-

Aus: Berliner Illustrirte Zeitung 37/1926

struktion, sondern als Idee. So wenig der verkleinerte Personenwagen als Grundlage geeignet ist, so wenig ist das vergrößerte Motorrad die Entwicklungsbasis. Das eine würde zu schwer und zu teuer in der Herstellung, das andere unrationell im Verkehr und unbrauchbar für seinen Zweck sein ... Keinen hüpfenden Laubfrosch, sondern einen genau für die Straße errechneten Wagen, der ein Maximum an Komfort, aber ein Minimum an Luxus aufweist.«[27]

Die Vision des durchlässigen Raumes

Die Massenmotorisierung stand Anfang der dreißiger Jahre auf der Tagesordnung, doch nicht nur die Volksautos fehlten, sondern auch die Straßen waren in ihrem Zustand nicht dazu angetan, ein Volk auf Rädern aufzunehmen. Auch diese räumliche Seite der Motorisierung rückte in den zwanziger Jahren ins Bewußtsein; schließlich braucht der Autofahrer ein durchlässiges Straßennetz wie der Fisch das Wasser. Während sich zaghaft Ansätze einer Infrastruktur entwickelten – in Hamburg 1923 die erste Zapfsäule, in Berlin 1928 die ersten Lichtsignalampeln und 1929 das erste Parkhaus –, war der Zustand der Landstraßen nur jämmerlich zu nennen: eng, kurvig, staubig und natürlich zu wenige. Gerade mit einem schnelleren Auto konnte da einem schon der Spaß vergehen. Den alten Landstraßen lag eine andere Raumvorstellung zugrunde. Sie waren Verbindungslinien für benachbarte Orte, nicht Durchgangsstrecken für ferne Ziele. Kleinteilig geplant, für langsame Geschwindigkeiten ausgelegt, um Bäche wie Hügel sich schlingend und mitten auf dem Marktplatz mündend, solche Straßen waren für Fahrräder und Pferdekarren zu gebrauchen, doch der raumdurchdringenden Macht des Autos nicht gewachsen. Das Automobil operiert nach einem anderen Entfernungsmaßstab, seine Vorteile kommen auf langen Strecken nur zur Geltung, wenn der Raum durchlässig ist und das Tempo nicht durch Kurven, Fuhrwerke oder Schotterbelag beeinträchtigt wird. Im Gegenteil, Städte und Landschaften sollten sich den schnellen Straßen fügen; erst jetzt, in den zwanziger Jahren, tauchen Vorstellungen von einer verkehrsbestimmten Raumordnung auf. H. Kluge forderte 1928 bei seiner Antrittsrede als Rektor der Universität Karlsruhe freie Bahn in deutschen Landen: «... wo auch bei uns in Deutschland ... von einer befriedigenden Abwicklung des Verkehrs nicht die Rede sein kann, und wo nicht nur ein ungünstiger Einfluß auf die Schnelligkeit, sondern auch schon auf die weitere Verbreitung des Kraftwagens bemerkbar wird. Wenn zu einer solchen aber das Bedürfnis vorliegt, so muß im wörtlichen Sinne freie Bahn geschaffen werden, soll nicht die Stadt, soll nicht das Land in seiner Entwicklung gegenüber anderen zurückbleiben. Die großen und selbst die mittelgroßen Städte werden über kurz oder lang durchgreifende Straßenumbauten, Durchbrüche, Über- und

Unterführungen auszuführen ... haben. Und doch werden diese, da die vorhandene Stadt nur im Verlauf von Jahrzehnten dem neuen Verkehrsmittel angepaßt werden kann, nicht rechtzeitig eine genügende Lösung bringen; es muß vielmehr mit der Bildung neuer Verkehrszentren gerechnet werden, nicht nur infolge der Vergrößerung der Einwohnerzahlen, sondern auch wegen der ungenügenden Verkehrsmöglichkeiten im alten Zentrum.«[28]

Die Professoren in Talar und Barett lauschten nicht mehr zeitphilosophischen Gedankenflügen, wie sonst oft zu Rektoratsreden üblich, sondern großflächige Entwürfe zu einer automobilen Raumordnung waren festsaalfähig geworden. Der Karlsruher Rektor verkündete, was zunehmend die Köpfe der technischen Elite beherrschte: die altmodische Kleinwinkligkeit der Gesellschaft zu begradigen und die Oberfläche des Landes von einem nationalen Blickwinkel aus mit Straßenlinien zu durchziehen.

Den angemessenen Blickwinkel gewann Le Corbusier, als er vom Flugzeug aus auf das Straßenwirrwarr von São Paulo hinunterschaute und in ihm die Vision einer neuen Ordnung aufstieg. Er schrieb 1930 in einem Vortrag: «. . . haben wir festgestellt, welch eine beträchtliche Zeit man braucht, um von einem Punkt zum anderen zu kommen: Tälchen, Windungen, Abhänge usw. Auf dem Boden genossen wir dann ein ständiges Auf und Ab, Buckel und Vertiefungen, und gerieten außer Atem in diesem Gewirr von Straßen, die vergeblich geradeaus zu laufen versuchten ... Wie, wenn man folgendes machte: wenn man von Hügel zu Hügel, von Gipfel zu Gipfel eine horizontale Verbindung herstellte, die die übrigen Hauptpunkte berührte? Diese im rechten Winkel zueinander verlaufenden horizontalen Verbindungswege sind die großen Zufahrts-und Durchfahrts-Autobahnen der Stadt. Ihr überfliegt nicht die Stadt mit euren Autos, aber ihr ‹überrollt› sie. Diese Autobahnen, die ich euch vorschlage, sind riesige Viadukte.«[29] Das Volksauto und die Autobahn, diese beiden Grundpfeiler einer Gesellschaft auf Rädern, waren zu Beginn der dreißiger Jahre vorgedacht und die Ideen drängten auf Realisierung. Sie sollte bald kommen, doch nicht unter demokratischem Vorzeichen.

DIE MOTORISIERTE
VOLKSGEMEINSCHAFT
(1933–1945)

Diktaturen leben nicht nur von der Gewalt, sondern auch aus der Begeisterung; die leuchtenden Augen des Herrn Biedermann gehören ebenso ins Bild wie die Gestapo im Morgengrauen. Eine Begeisterungsgeschichte des deutschen Faschismus ist indes noch nicht geschrieben. Wer immer sich daranmachte, am Stammtisch zu lauschen und jene Zustimmung von unten inmitten der Unterdrückung von oben sichtbar zu machen, der müßte der Motorisierungspolitik der Nationalsozialisten ein eigenes Kapitel einräumen. Adolf Hitler war der erste deutsche Reichskanzler, der die jährliche Internationale Automobilausstellung in Berlin mit einem Besuch beehrte – und er kam wahrlich nicht mit leeren Händen, als er zur Eröffnung am 11. 2. 1933, keine zwei Wochen nach seiner Ernennung, vor die Festgäste trat: «Der Kraftwagen ist neben dem Flugzeug zum genialsten Verkehrsmittel des Menschen geworden. Es kann der Stolz des deutschen Volkes sein zu wissen, daß es an der Entwicklung und am Ausbau dieses großartigen Instruments mit den größten Anteil genommen hat. Wenn ich heute die Ehre besitze, im Auftrage des Herrn Reichspräsidenten zu Ihnen, meine Herren, und vor dieser Industrie zu sprechen, dann möchte ich nicht versäumen, Ihnen meine Auffassung über das mitzuteilen, was in meinen Augen in der Zukunft zur Förderung dieser wohl wichtigsten Industrie zu geschehen hat: 1. Herausnahme der staatlichen Interessenvertretung des Kraftwagenverkehrs aus dem Rahmen des bisherigen Verkehrs. 2. Allmähliche steuerliche Entlastung. 3. Inangriffnahme und Durchführung eines großzügigen Straßenbauplanes. 4. Förderung der sportlichen Veranstaltungen. So wie das Pferdefuhrwerk einst sich seine Wege schuf, die Eisenbahn den dafür nötigen Schienenweg baute, muß der Kraftverkehr die für ihn erforderlichen Autostraßen erhalten. Wenn man früher die Lebenshöhe von Völkern oft nach der Kilometerzahl von Eisenbahnschienen zu messen versuchte, dann wird man in der Zukunft die Kilometerzahl der für den Kraftverkehr geeigneten Straßen anzulegen haben.»[30]

Um ein Programm ging es hier, nicht um Artigkeiten; nicht umsonst hieß die Ausstellung «Der Wille zur Motorisierung». Da horchten die Autoindustriellen auf, sollten doch die nachfragehemmenden Steuern auf Hubraum und Kraftstoff fallen; die Straßenbauer witterten Morgenluft, weil endlich jemand ihren Plänen zur Erschließung Deutschlands zum Durchbruch verhelfen wollte; den Arbeitslosen winkten harte Mark, die sie wieder zu Hause vorzeigen könnten; und das breite Publikum spürte, es sollte vorangehen, auch mit der schon lange erhofften Motorisierung Deutschlands. Hitler war der erste Regierungschef, der das deutsche Volk auf Rädern und die deutschen Lande mit Rollbahnen überzogen sehen wollte. In der Geschichte der Automobilisierung nimmt das Dritte Reich eine Schlüsselstellung ein: zum Programm wurde ein Projekt, das über Jahrzehnte Anziehungskraft gewonnen hatte, und als Programm sollte es überdauern, nachdem dieses Reich schon längst in Schutt und Asche versunken war.

Pyramiden des Reiches

23. September 1933: Südlich von Frankfurt tritt Adolf Hitler mit seinen blankgewichsten Schaftstiefeln an einen Erdhaufen und beginnt wie besessen zu schaufeln. Der erste Spatenstich zu diesem bislang größten Bauvorhaben Deutschlands war meisterlich inszeniert. «Das war kein symbolischer Spatenstich, das war richtige Erdarbeit», weiß die NS-Zeitschrift *Die Straße* zu berichten und registriert «die ersten Schweißtropfen» aus der Tolle des Führers. Über alle Volksempfänger wurde Hitlers Ausruf: «Fanget an! Deutsche Arbeiter ans Werk!» übertragen. Auf dieses Signal hin beginnen innerhalb eines Jahres 90 000 Arbeiter und Ingenieure deutschen Boden aufzuwühlen.

So zielstrebig, nämlich bereits drei Monate nachdem im «Reichsautobahngesetz» den Ländern die Zuständigkeiten genommen und auf Reichsebene konzentriert worden waren, konnten die Erdbewegungen nur beginnen, weil jahrelange Planungen bereitlagen, denen nun-

Titelblatt der Satzung des
HAFRABA e. V. 1929

Erster Spatenstich, 23. 9. 1933
Aus: Die Straße 1934, S. 259

mehr von den Nationalsozialisten in ihrem Sinne zum Durchbruch
verholfen wurde. Seit 1925 war der Gedanke einer «Nur-Autostraße»
von der HAFRABA (Verein zur Vorbereitung der Autostraße «Hanse-
städte-Frankfurt-Basel»), in Gang gebracht, damals in erster Linie von
der Bauwirtschaft propagiert und bis zu Netzplänen ausgearbeitet
worden, die das ganze Reich überspannten. «Die Haupterschwernisse
findet der Automobilverkehr auf den Landstraßen», hieß es damals in
einem Memorandum, «durch die Zumutung, sich in die Straßen mit
Pferdegespannen, mit Radfahrern und Fußgängern zu teilen ... Es
entspricht der Auffassung der modernen Verkehrstechniker, ein Netz
von besonderen Autobahnen anzulegen, das als Fernverkehrsstraßen-
netz dienen wird und das von dem Auto mit der größten Geschwindigkeit, für die es gebaut ist, bei größter Sicherheit und mit geringsten
Betriebskosten befahren werden kann.»[31] Ohne «freie Bahn» war das
Auto nur die Hälfte wert; es brauchte einen ganz neuen Straßentyp,
um den Raum durchlässig zu machen. Wirklich mutige Abhilfe
könnte da ausschließlich eine «Nur-Autostraße» bringen, die großzügig auf hohe Geschwindigkeiten ausgelegt ist, Verkehr und Gegenverkehr trennt, die verstopften Ortsdurchfahrten meidet und für den

Kraftverkehr reserviert bleibt. So jedenfalls dachten in den zwanziger Jahren die Planer in kühnem Entwurf, doch die Zeitgenossen waren noch nicht so recht im Glauben ans Auto verwurzelt und zeigten sich skeptisch. Ist das denn wirklich nötig? So hatte sich vor allem die Weimarer Regierung gefragt, aufs vorhandene Eisenbahnnetz verwiesen und ansonsten auf den Ausbau bestehender Straßen gesetzt. Auch von einem nennenswerten Auto-Fernverkehr war nicht so viel zu sehen gewesen, was ein Gegenmemorandum zu der Schlußfolgerung veranlaßt hatte: «Autostraßen ohne Autos und ohne eine breite, in einen Wohlstand hineinwachsende Mittelschicht sind genauso unproduktiv wie Kieshaufen.»[32] Also konnte von einer drängenden Nachfrage nach Autobahnen keine Rede sein und auch verkehrsökonomisch war eine neue Klasse von Straßen sinnlos; einzig und allein der auto-industrielle Komplex – Straßenplaner und die Bau- und Zementbranche eingeschlossen – hatten hartnäckig den Plan verfolgt, die Berge zu durchlöchern und die Täler zu überbrücken, um das Automobil der Gesellschaft einzubrennen.

Trotz aller lobbyistischer Winkelzüge war die Sache bis zum Vorabend der Machtergreifung unentschieden geblieben. Jetzt aber änderten sich die Zeiten. Hitler betrachtete das Großvorhaben Autobahnbau als eine Schlüsselinvestition, welche, zusammen mit der Förderung des Autoabsatzes, der deutschen Wirtschaft einen Schub nach vorne geben sollte. Arbeitsplätze ließen sich da vorzeigen, die Bauarbeiter hatten ebenso wieder zu tun wie die Stahlkocher, und für einen ganzen Kranz von Industrien konnte der Konjunkturmotor anspringen. Mit einigem Erfolg: fast eine Million Arbeitsplätze (davon ca. 120 000 direkt im Autobahnbau) gingen auf Impulse durch die Motorisierungspolitik zurück. Im Vordergrund stand dabei der Produktionswert der Motorisierung, «rollende Räder auf den Landstraßen sind rollende Räder in den Werkstätten», während direkte militärische Planungen bis 1937 eine geringe Rolle spielten.

Die verkehrstechnischen Entwürfe aus den zwanziger Jahren stellten jedoch nur das Gerüst dar, um das sich wie ein Mantel das nationalsozialistische Gesellschaftsbild legte. Rührte doch gerade die Faszinationskraft der braunen Bewegung daher, daß sie jene technische Umwälzung, welche gleich einem janusköpfigen Gespenst die Weimarer Zeit in Unruhe und Beklemmung versetzt hatte, in eine

Aus: *Die Straße 1936, S. 664*

Vision völkischer Grandiosität einzubetten suchte. Vorbei die Entlassungen und Erniedrigungen, keine Finanzgeier und keine Aussauger mehr; die Kälte des industrialistischen Fortschritts schien in die Wärme der völkischen Weltanschauung getaucht. Unter dem Titel «Reichsautobahn – Ausdruck unserer Zeit» steht in *Die Straße* zu lesen: «Der Widerspruch, der zwischen der technischen Entwicklung des Motors und den infolge der ungenügenden Betreuung in den letzten Jahrzehnten sehr begrenzten Gegebenheiten der Straße bestanden hatte, wird nun beiseite geräumt. Die Straßen des Führers werden sich zu großen Schlagadern des Verkehrs entwickeln, die nicht nur dazu beitragen, das deutsche Volk politisch und wirtschaftlich zu einer stärkeren Einheit zu verschmelzen, sondern auch die letzten Reste partikularistischen Denkens zu beseitigen.»[33]

Dem Automobil, dem lange gebremsten, wurde endlich freie Bahn geschaffen, damit der Verkehr, ungehindert von Engpässen, durch den Raum zwischen Maas und Memel pulsieren konnte und auch den letzten Winkel an den «Blutkreislauf» des nationalen Lebens anschließen. Die hellen Bänder der Autobahn, wie «Schlagadern» den Leib der

Nicht Straßen, sondern Kunstwerke

Am 23. Juni wird das Gesetz über den Bau von Reichsautobahnen verkündet. Staunend empfängt es die Welt. Es stellt die großartigste Straßenplanung aller Zeiten dar – in der Geschichte gab es kein Vorbild für dieses Wollen; alle bekannten Straßenbauten der Römer und der Germanen, der alten Zeit, alle Wegbauten der Moderne, Napoleons und wer immer als Vorbild hätte dienen mögen, verblassen gegenüber der Gewalt und Weite dieses Planes. Nicht nur in der Geschichte des Kraftwagens, des Verkehrs überhaupt, auch in der Geschichte des Straßenbaus wird an diesem 23. Juni 1933 ein neues Kapitel aufgeschlagen.

7000 Kilometer Reichsautobahnen sollen gebaut werden, zu keinem anderen Zwecke, als dem Verkehr mit dem Kraftwagen zu dienen. Sie sollen vollkommen kreuzungsfrei sein, gefahrenfrei, ohne Gegenverkehr, ungeheure Schlagadern des Verkehrs, die das ganze Land durchdringen, die entferntesten Städte auf bisher nie gekannte Art einander nähernd, eine Schnelligkeit der Fahrt erlaubend, die niemals zu erhoffen gewagt worden war. Nichts soll sie beengen noch aufhalten in ihrem Schwung, der von Horizont zu Horizont zieht, keine Bahnschranke und keine Kreuzung, keine entgegenkommenden Wagen und kein motorfremder Verkehr; keine winkligen Ortsdurchfahrten werden ihren glatten Ablauf zerstören und mit Gefahrenpunkten sie übersäen; makellos und gewaltig wie die nationalsozialistische Revolution selbst durchziehen sie das Land.

Aber sie sollen noch mehr sein als die großzügigsten, besten, gefahrlosesten, schnellsten, modernsten Verkehrsstraßen der Erde – sie sollen auch der Welt schönste Straßen sein, der edelste Schmuck der edlen deutschen Landschaften, die in dieser Fassung funkeln sollen wie ein Stein im kunstvoll gefertigten Ring. Nicht Zerstörung der Natur sollen sie sein, Häßlichkeiten entarteter Technik, sondern der Landschaft höchste Krönung, eine Krönung, die sie immer dann empfängt, wenn menschlicher Geist ihrer natürlichen Schönheit sich, sie steigernd, vermählt.

Nicht Straßen also sollen entstehen, sondern Kunstwerke. So wie einst Tempel entstanden und keine Hütten, Dome und keine Bethäuser, Pyramiden und keine Grabsteine. So will es der Führer.

Zum erstenmale in der Geschichte der Menschheit erhebt er die Straße aus den Bereichen des naturhaften Pfades und des künstlichen Wegebaus in die edleren Sphären der Kunst.

Aus: W. Bade: Das Auto erobert die Welt. Berlin 1938, S. 316 f.

Das Idealbild der Autobahn. Die Aufnahme am Irschenberg bedient sich in ihrem Bildaufbau kompositorischer Elemente, die aus der Geschichte der europäischen Landschaftsmalerei bekannt sind.

Nation durchziehend, sie verbinden Nord und Süd und Ost und West, indem sie, getrieben vom Herzschlag des Zentrums, gemeinsames Denken, Fühlen und Tun in Form von Nachrichten und Gütern zirkulieren lassen. «Ein Volk, ein Reich, ein Führer», das ergab sich nicht von selbst, sondern entlegene Orte oder widerständige Gruppen mußten in die Einheit gezwungen werden; die «Volksgemeinschaft» war nur zu bauen, wenn der Gesellschaftskörper von querliegenden Interessen (Gewerkschaften), gegenläufigen Absichten (Kommunisten) und unzugänglichen Milieus (konservative Lebenswelten) gereinigt war. Die eigensinnigen Unterschiede einzuebnen, dieses Geschäft sollte die «Gleichschaltung» besorgen; die Autobahnen aber waren der räumliche Ausdruck dieses Unterfangens. «Das deutsche Volk zur Einheit zu verschmelzen», in dieser Formel verdichtet sich jene soziale Vision, die im Autobahnnetz zu Beton gerinnen sollte: die Vision von der durchgängigen Gesellschaft, die von einem einheitlichen Lebensrhythmus durchpulst ist und der sich kein lokales Selbstbewußtsein und keine kulturellen Sonderwelten mehr entgegenstellen. Diese Vision war (und ist) im höchsten Grade modern, man lasse sich nicht von der Blut und Boden-Rhetorik täuschen! Denn die Metapher der «Zirkulation» war seit dem 19. Jahrhundert im Schwange, wenn es darum ging, das Innenleben der Gesellschaft auf den Pulsschlag der Moderne umzupolen: Geld, Waren und Nachrichten, sie dringen vor, indem sie «zirkulieren», wie auch schon der Baron Haussmann seine Boulevards durch das alte Paris schlug, um es der Zirkulation von Luft, Wasser und Waren zu öffnen. Die Faschisten gaben dem nur einen völkischen Sinn, was andernorts im Namen des «Marktes» oder des «Plans» durchgezogen wurde; ob Befehl, ob Ware oder Norm, in allen diesen Spielarten kann der Industrialismus nur voll wirksam werden, wenn er sich zugleich eine durchgängige Gesellschaft schafft.

Fern allerdings lag es den Nationalsozialisten, die Autobahnen in der Sprache des Liberalismus zu begründen und auf die freie Zirkulation von Gütern oder gar Gedanken abzustellen. Denn schließlich waren sie gerade gegen den «zersetzenden» Geist des Liberalismus angetreten und suchten, jene Bindungen, die der Fortschritt aufzulösen im Begriffe war, durch die totalitäre Bindung an die völkische Idee zu ersetzen. Besonders die Handwerker und kleinen Geschäftsleute, die braven Familienväter und ordnungsliebenden Feierabendpolitiker, kurz, jenes Kleinbürgertum, das wenigstens zu Beginn hinter der NSDAP stand, sie waren auf der einen Seite verwirrt und angeschlagen vom Zusammenbruch der alten Welt im Anprall der Industrialisierung und sehnten sich nach einem starken Staat, der ihnen die verlorene Sicherheit zurückgab. Da schlugen die Herzen höher, als die heisere Stimme des Führers den Aufbruch nach rückwärts versprach, zu Heimat, Vaterland und auserwählter Nation. Auf der anderen Seite waren jedoch die Versprechungen des Fortschritts, der sie bedrohte, in ihren Hoffnungen lebendig; wovon sie träumten, war ein Fortschritt in Harmonie und Ordnung, die Versöhnung von Reaktion und Moderne. Genau dies versprachen die Nationalsozialisten. Sie präsentierten das größte Bauvorhaben Deutschlands, 6500 km geplant, 3500 km realisiert, nicht nur als technische Spitzenleistung, sondern vor allem als kulturelle Großtat zum ewigen Ruhme der Nation. Dem Generalinspekteur für das deutsche Straßenwesen, Fritz Todt, ging förmlich der Mund über, als er die ersten 1000 km feierte: «Es ist wieder ein stolzes Bewußtsein, Straßenbauer zu sein ... Das Deutsche Reich erhält Straßen wie sie, seit es eine menschliche Kultur gibt, in dieser Größe und Schönheit noch nicht gebaut wurden ... Straßen sind nach Auffassung der nationalsozialistischen Technik Kunstwerke, ebenso wie die Bauten der Architektur ... Aus diesem Kulturwillen heraus ergibt sich auch unser Verhältnis der Landschaft gegenüber; daher Einpassung der Straße in die Landschaft, Achtung vor Baum und Strauch!»[34] Monumente für die Zukunft, Pyramiden des Reiches sollten die Straßen sein, keine seelenlosen Betonbänder! Überhöht sollte die deutsche Landschaft, die viel besungene, werden und nicht zerstört, nicht die Gerade sollte dominieren, sondern die sanfte Schwingung, nicht der Durchstich, sondern der Aussichtspunkt. Der Irschenberg auf der Autobahn München-Salzburg mag als Beispiel dienen: eine Steigung, von der Geographie her unnötig, aber hochgeführt, um wie von einer Aussichtskanzel den Blick auf die schmucken Hügel und Zwiebeltürme vor der Kulisse des ragenden Wendelsteins zu gewinnen! Nicht die kürzeste, sondern die edelste Verbindung zu schaffen, so hieß die Devise (ob das die Autofahrer trösten mag, die heute, alle Winter wieder, bei Glatteis an der Steigung hängen?). Das «Werk» der Autobahnen war gedacht zu versöhnen, was im Bewußtsein vieler Zeitgenossen zerrissen war: Technik und Kultur, Maschine und Walhall. Aus diesem Anspruch ist, in einem eher zurückgebliebenen Land, hervorgegangen, was später zum Vorbild selbst für fortgeschrittenere Länder wurde: das leistungsfähigste Fernstraßensystem dieser Zeit.

Fünf Mark die Woche mußt du sparen, willst du im eignen Wagen fahren

Kein einziger Volkswagen eines privaten Besitzers ist je über die Straßen des Dritten Reichs gerollt. Und doch stand dieses «Auto für alle» in lockender Verheißung am Horizont der nationalsozialistischen Zukunft, eine Zukunft, für die zu schaffen und zu leiden sich vielleicht zu lohnen schien, weil sie dereinst auch den kleinen Mann an den Segnungen der Technik teilhaben zu lassen versprach. Einstweilen allerdings waren lediglich große Worte wohlfeil zu haben, diese jedoch trafen so richtig ins Zentrum der Gefühlslagen, die sich um das Automobil im vergangenen Jahrzehnt aufgebaut hatten: «Solange das Automobil lediglich ein Verkehrsmittel für besonders bevorzugte Kreise bleibt», erklärte Hitler anläßlich der Berliner Automobilausstellung 1934, «ist es ein bitteres Gefühl, von vorneherein Millionen braver, fleißiger und tüchtiger Mitmenschen, denen das Leben ohnehin nur begrenzte Möglichkeiten einräumt, von der Benutzung eines Verkehrsmittels ausgeschlossen zu wissen, das ihnen vor allem an Sonn- und Feiertagen zur Quelle eines bisher unbekannten, freudigen Glücks würde ... Man muß dem Auto seinen ihm früher nun einmal angehängten klassenbetonenden und damit leider auch klassenspaltenden Charakter nehmen; es darf nicht länger Luxusmittel bleiben, sondern muß zum Gebrauchsmittel werden!»[35] Wie mußten solche Sätze all jenen in den Ohren geklungen haben, die seit langem immer wieder vergeblich ihr Geld gezählt hatten, ob es nicht wenigstens zu einem «Laubfrosch», gebraucht versteht sich, reichen würde! Mit einemmal war von höchster Stelle eine Perspektive eröffnet, die alle Hoffnungen sprudeln ließ, die sich in der Weimarer Zeit angestaut hatten: das Automobil, jenes Symbol für Modernität und Eleganz, in die Reichweite aller zu bringen; die Aussicht, vielleicht doch eines Tages einen Kleinwagen nach Hause fahren zu können; der neidische Blick nach Amerika, wo Ford dem Lande eine wahre Autoflut bescherte. Während in den zwanziger Jahren das Automobil sich die Sehnsüchte der Massen erobert und eine neuerliche, spannungsgeladene Distanz zwischen jenen da oben und jenen da unten aufgebaut hatte, gelobten jetzt die Nationalsozialisten, diese Distanz anzugleichen und auch dem deutschen Arbeiter zu einem fahrbaren Untersatz

330 000 sparten pro Woche 5 DM – ohne jemals ihren KdF-Wagen zu sehen

zu verhelfen. Wiederum dasselbe Motto: technischer Fortschritt ja, aber nicht nur für die oberen Zehntausend, diesen Protzen und Beutelschneidern, sondern für das bescheidene, aber rechtschaffene Glück der Menschen wie du und ich. Schmerzlich hatte der «brave, fleißige und tüchtige Mitmensch» bisher mitansehen müssen, wie andere in der Sonne des Fortschritts glänzten, während ihm all die Plackerei nur Margarine und eine feuchte Wohnung einbrachte. Den Aspirationen des Kleinbürgertums, ihnen verschaffte das Regime

BERLIN, JULI 1938
2.JAHRGANG HEFT 7

Motor Schau

PREIS RM 1.-

KLOKIEN

MOTORSCHAU VERLAG DR. GEORG ELSNER u.CO. BERLIN SW.68

Der Volksgenosse in Bewegung

Anerkennung, indem es das Automobil seines Luxuscharakters zu
entkleiden und auf ein solides Gebrauchsgut zu reduzieren versprach.

Auch war es für Hitler zwingend, das Volkswagenprojekt zu lancieren, da seine Förderung der klassischen Autoproduktion aus der Natur der Sache darauf hinausgelaufen wäre, die besser gestellten Kreise nur weiter zu motorisieren. «Volksfremd» wäre eine solche Entwicklung gewesen, schließlich war ja der «Volksgenosse» die Gallionsfigur der Bewegung; wie hätte ihm das Auto vorenthalten werden können? Außerdem kam ihm eine breite Modernisierung gerade recht, da sie die Massen auf ein neues, von ihm, dem Führer in seiner Genialität dem Volk geschenktes, Sozialmodell einschwor, das die überkommenen Loyalitäten zur Familie, zur Kirche, zum Herkunftsmilieu, zu all den alten Autoritäten lockerte und eine direkte Bindung zwischen ihm und dem Volksgenossen herstellte. Hitler brauchte die Modernität, so wenig er sie mochte. Als großer Schmelztiegel der Modernisierung hatte sich der Erste Weltkrieg erwiesen, seitdem ohnehin alles auf eine Massengesellschaft zulief, eine Gesellschaft, bei der die Menschen immer weniger so handeln, wie es sich für Kolpingsbrüder, Schmiedemeister oder Grafen von Staufenstein geziemte, sondern wie es ihre Interessen als Lohnempfänger und Konsumenten auf dem Markt nahelegten. Indem immer mehr Menschen auf dieselben Signale hörten, seien es die Preise, Rundfunknachrichten oder Werbeplakate, neigten sie auch dazu, in ihren Reaktionen gleichförmiger und berechenbarer zu werden, weil jene Großsignale das Wort des Vaters, des Pfarrers oder der Nachbarn abwerteten. Die Masse ist ein Ergebnis der Zentralisierung des sozialen Lebens. Das kam auch dem Faschismus höchst gelegen, ja er ist ohne diese Entwicklung wohl kaum denkbar, sollte doch das Führerprinzip die ganze Gesellschaft durchwalten, alle anderen Loyalitäten unterwerfend. Der «Volksgenosse» ist das Massenindividuum im faschistischen Kleid; daher haben die Nationalsozialisten diese Tendenzen zur Produktions- und Konsumgesellschaft verstärkt. Dem «Einbau aller Deutschen in den nationalen Produktionsprozeß» stand die Ausstattung der Volksgemeinschaft mit standardisierten Konsumgütern gegenüber, man denke an den Volksempfänger, den Wohnungsbau, den Massenurlaub und – den Volkswagen. Auch hier wieder: der Industrialismus, auf der Trennung von Produzenten und Konsumenten beruhend, bietet das Gerüst für das faschistische Gesellschaftsprojekt, und nicht nur dieses: wie für Lenin Sowjetmacht und Elektrifizierung den Kommunismus, so sollte für Hitler Volksgemeinschaft und Motorisierung den Nationalsozialismus ergeben.

Hitler, ein Bewunderer von Henry Ford, hatte selbst das Volkswagenprojekt im Kontext des (luxus-feindlichen) Massenkonsums gesehen, wie sein Hinweis auf den Erfolg des Volksempfängers zeigt: «Vor wenigen Monaten erst ist es der deutschen Industrie gelungen, durch die Fabrikation eines neuen Volksempfängers eine enorme Anzahl von Radioapparaten auf den Markt zu bringen und abzusetzen. Ich möchte es nun als bedeutende Aufgabe für die deutsche Kraftfahrzeugindustrie hinstellen, immer mehr den Wagen zu konstruieren, der ihr zwangsläufig eine Millionenschicht neuer Käufer erschließt . . .»[36]

Der Mann, der antrat, die Konstruktion zu liefern, er hatte auch in seiner Denkschrift auf den Volksempfänger verwiesen, nämlich Ferdinand Porsche. Seit den frühen zwanziger Jahren hatte Porsche, als Rennwagen-Konstrukteur schon zu Ruhm gekommen, mit dem Bau eines Kleinwagens geliebäugelt. Er hatte auf dem Reißbrett eine Reihe von Entwürfen ausprobiert, sich aber gegen das Desinteresse der Industrie nicht durchsetzen können. Nach seinem Bruch mit Daimler hatte er in Stuttgart ein eigenes Konstruktionsbüro aufgemacht und sich dermaßen in die Idee eines Volksautos vertieft, daß sogar die Russen auf seine Pläne aufmerksam wurden. Sie holten ihn zu einer Rundreise nach Rußland und boten ihm an, für das Sowjetvolk seine Pläne umzusetzen, was er jedoch, mehr aus persönlichen Gründen, ablehnte. Er, der Prototyp eines unpolitischen Fachmanns, sah endlich seine Zeit gekommen, als ihn Hitler, gegen den hinhaltenden Widerstand der Autoindustrie und unter Umgehung der einschlägigen Ressorts, aufforderte, jenen Wagen zu konstruieren, der ihm, Hitler, vorschwebte: ein Gefährt, sparsam im Verbrauch, mit vier Sitzen für die Familie, luftgekühlt wegen des Frosts, fähig zu 100 km/h Dauergeschwindigkeit auf der Autobahn, und vor allem im Preis nicht höher als 1000 Reichsmark liegend. Eine tüftelige, ja fast unmögliche Aufgabe, doch 1938 liefen die ersten 30 Versuchswagen und das Modell wurde noch im selben Jahr der gespannten Öffentlichkeit präsentiert.

«Einfach, bescheiden und zuverlässig», so war er denn auch, ganz auf die «Millionen braver, fleißiger und tüchtiger Mitmenschen» zugeschnitten. Das Auto hatte endgültig seinen Luxuscharakter abgestreift, nichts mehr wies auf eine Repräsentationskarosse hin, und doch war der KdF-Wagen, wie der Volkswagen noch hieß, in seinen konstruktiven Elementen ein vollwertiges Automobil in eigenem Recht, nicht ein bis zur Untauglichkeit abgemagerter Großwagen, wie noch die Kleinwagen der Weimarer Zeit. Verständlich, daß Wilfried Bade in seiner propagandistischen Automobilgeschichte jubilierte: «Bislang eroberte das Auto die Welt. Jetzt beginnt der Mensch, das Auto wahrhaft zu besitzen!»[37] Schon in seinem Erscheinungsbild drückte er aus, welche Idee in ihm eine materielle Form gewonnen hatte: der Volksgenosse in Bewegung. Sein solider Bau, sein karges Aussehen, seine Erdverbundenheit geben beredt Auskunft darüber, für wen er gedacht war. Keine langen Motorhauben, kein limousinenartiger Aufbau, kein hochliegender Fahrgastraum mehr, nein, eher stupsnasig sah er aus, eher zum Hinabsteigen als zum Hinaufsteigen, und geduckt lag er auf der Straße; wahrlich ein klassenloses, ein völkisches Fahrzeug. Auf der anderen Seite repräsentierte er in seinem Design mustergültig die dominierende Formensprache, ganz im Geiste der Zeit: die Stromlinie versinnbildlicht Geschwindigkeit, die Vorherrschaft der Diagonalen ließ ihn schon in Bewegung sein, bevor er noch fuhr. Die Stromlinienform prägt das Automobildesign der dreißiger Jahre: die Fahrzeuge lagen tiefer, die Dachlinie bemüht sich, unter dem Wind herzuschlupfen ebenso wie die abgeschrägte Front und das Fließheck. Die Karosserieteile waren in einem einheitlichen Blechkleid zusammengeführt, dessen glatte Flächen und sanfte Rundungen an den windschlüpfrigen Vogel oder den wasserschlüpfrigen Fisch erinnern. Man glaubt es den Fahrzeugen, daß sie die Luft durchschneiden und leichten Durchlaß versprechen; nicht umsonst standen ein Mercedes «Autobahnkurier» oder ein Adler «Autobahnwagen» für des Führers Straßen bereit. Die Stromlinie gestaltete den Repräsentations- wie den Kleinwagen dieser Zeit; so weit auch immer ihr Abstand untereinander: im Drang nach vorne waren sie geeint. Sogar über das Auto hinaus war die Stromlinie stilbildend: schnittig kamen Radios, Bügeleisen und selbst Bleistiftspitzer daher. Schließlich waren Carraciola und Rosemeyer, von Sieg zu Sieg eilend, die Heroen der Zeit und Hans Stuck mimte in einem Film mit dem Titel: «Mit Vollgas ins Glück».

Aktenvermerk [1]

über die Besprechung am 11. April 1934, betreffend Schaffung eines Volkswagens.

Vertreten waren die Reichskanzlei, das Reichsministerium für Volksaufklärung und Propaganda, das Reichswirtschaftsministerium und der Reichsverband der Automobilindustrie. Den Vorsitz führte Ministerialdirektor Dr.-Ing. e. h. Brandenburg.

Der Vorsitzende wies auf die Rede des Herrn Reichskanzlers anläßlich der Eröffnung der diesjährigen Internationalen Automobil- und Motorrad-Ausstellung hin. Der Führer habe der Automobilindustrie die Schaffung des Volkswagens als Ziel gesteckt. Um die gestellte Aufgabe zu lösen, müsse man sich zunächst über die Beschaffenheit des künftigen Volkswagens und die an ihn zu stellenden Anforderungen klar werden. Der Anschaffungspreis des Wagens dürfe 1000 RM und die Betriebskosten dürften 6 Rpf/km nicht übersteigen. Trotzdem müsse der Wagen betriebstüchtig sein und Raum für 3 erwachsene Personen und 1 Kind bieten.

Der Sachreferent des Reichsverkehrsministeriums erörterte hierauf die konstruktiven Möglichkeiten für den Bau eines solchen Wagens. Als eine greifbare Lösung erscheine die dreirädrige Bauart mit 2 Rädern vorn, 1 Rad hinten und Heckmotor. Als Vorteile seien hervorzuheben: symmetrischer Antrieb, gute Geländegängigkeit, geringerer Rollverlust gegenüber den vierrädrigen Wagen, kleines Gewicht, natürliche Stromlinienform.

Der Vertreter des Reichsverbandes der Automobilindustrie erklärte, daß die Industrie die Angelegenheit bereits aufgegriffen habe. Die Meinungen der Konstrukteure gingen jedoch sehr auseinander, so daß sich die Frage noch nicht abschließend beantworten lasse. Man dürfe auch das Risiko für die Industrie nicht verkennen. Völlig verfehlt sei es, der Industrie konstruktive Vorschriften zu geben. Die Lösung des Problems müsse vielmehr der Industrie überlassen bleiben. Auf Verlangen werde man der Regierung Vorschläge unterbreiten, und zwar könne dies innerhalb kürzester Frist – gewünschten Falls schon bis zum 15. Mai d. Js. – geschehen.

Der Vertreter der Reichskanzlei bestätigte die Ausführungen des Vorsitzenden. Die Industrie baue viel zu teure Wagen, die den Einkommensverhältnissen der breiten Volksschichten nicht entsprächen. Der Preis des Volkswagens dürfe nicht über 1000 RM liegen. Nötigenfalls könne das Risiko der Industrie durch reichsseitige Unterstützung vermindert werden.

Der Vertreter des Reichsministeriums für Volksaufklärung und Propaganda bezeichnete die Anregung des Reichsverkehrsministeriums zum Bau eines dreirädrigen Volkswagens als unbedingt wertvoll. Der Volkswagen

---

1 Verfaßt in der Reichskanzlei; weder signiert noch paraphiert.

müsse sich in der Anschaffung und im Betrieb billig stellen. Für einen solchen billigen Wagen würde auch eine Ausfuhrmöglichkeit bestehen.

Der Vertreter des Reichswirtschaftsministeriums erkannte das Risiko für die Industrie an. Die Industrie habe aber bisher keine hochwertigen Kleinfahrzeuge gebaut. Hier bestehe zweifellos eine Lücke. Nur auf dem Wege der Serienanfertigung könne der billige Volkswagen geschaffen werden.

Der Verbindungsoffizier im Reichsverkehrsministerium erläuterte die von seinem Standpunkt aus an einen Volkswagen zu stellenden Anforderungen.

Als Ergebnis der Besprechung würden folgende Bedingungen für die Beschaffenheit des Volkswagens festgelegt:

Sitzplätze für	5 erwachsene Personen und 1 Kind
Brennstoffverbrauch je 100 km	4 bis 5 Liter
Höchstgeschwindigkeit	80 km/h

Geländegängigkeit und Bodenfreiheit entsprechend einem starken Kraftrad mit Beiwagen.

●━━━━━━━━━━━━━━━━━━━━━━━━━━●●

Dieses Glück, es winkte, und mit fünf Mark die Woche war man dabei. Seit 1938 pries «Kraft durch Freude», die Freizeitorganisation für den deutschen Arbeiter, einen Sparvertrag an, mit dem, bei fleißigem Bekleben der Sparkarten mit Rabattmarken, nach vier Jahren und sieben Monaten das Anrecht auf einen Volkswagen erworben worden wäre. Worden wäre, denn jene 336 668 Sparer, die insgesamt 280 Millionen Reichsmark eingezahlt hatten, haben ihren Volkswagen niemals gesehen, obwohl 1939 sogar die riesige Autofabrik im heutigen Wolfsburg (Hitler 1937: «Es kann in Deutschland nur einen Volkswagen geben, nicht zehn!») fertig aus dem Boden gestampft war. Doch dort rollte ab 1940 der Kübelwagen, der militärische Bruder des Volkswagen, vom Band. Und nicht in Freizeitkleidung, sondern in Uniform machten sich die Deutschen nun auf den Weg in jene Länder, die sie eigentlich als Urlauber besuchen wollten. Ein Volk auf Achse – diese Vision hatte plötzlich militärische Züge angenommen. Aus der privaten Auto-Mobilisierung war die totale Mobilmachung geworden.

Die enttäuschten Sparer prozessierten noch bis 1961 gegen das VW-Werk.

WIR HABEN ES GESCHAFFT!
(1950–1960)

«Hätte man», schrieb 1960 Kasimir Edschmid in sein Notizbuch, «einem von der Million Würmer, die nun in Automobilen herumfahren, im Jahre 1948 gesagt, er werde einmal wohlhabend, gut eingerichtet, auf Auslandsreisen mit harter Mark in der Tasche, angesehen, überhaupt ein respektabler Mensch sein (kurz nachdem er die Zigarettenstummel der Besatzungssoldaten auf der Straße aufgesammelt hatte) – er hätte die Augen aufgerissen und den Propheten für schwachsinnig gehalten.» Einem Wunder gleich waren diese Jahre; Trümmer verwandelten sich in Glaspaläste und Bombenlöcher in Boulevards, aus Vertriebenen wurden Bungalowbesitzer und aus Schwarzmarktfeilschern Wirtschaftshyänen. Wohl selten hat sich ein Blatt in der Geschichte der Völker so gewendet wie in diesen zehn Jahren; wo gerade noch Hunger regierte, da kämpfte man jetzt mit Übergewicht, wo man gerade noch auf Kohlenklau aus war, da huldigte man jetzt der Kaufkraft. Dabei lebten die fünfziger Jahre nicht vom Kontrast, den sie zur Nazi-Zeit, sondern vom Kontrast, den sie zur Kriegszeit boten; nicht die Befreiung vom Unrecht, sondern die Befreiung vom Chaos löste jenen Strom der Genugtuung aus, der in den Optimismus des Wiederaufstiegs mündete. Auch Vorteile hatte das Chaos: aufräumen konnte man mit der Vergangenheit, die dem Fortschritt schon immer im Wege gestanden hatte, und zum Vollzug der Konsumgesellschaft schreiten, die in den zwanziger Jahren Gestalt angenommen hatte, in den dreißiger Jahren in den Erwartungshorizont der Massen gerückt war, und jetzt, auf den Trümmern der alten Welt, endlich zur Verwirklichung anstand. Wohnung, Auto, Reisen, aus den Wünschen der zwanziger Jahre waren in der Vorkriegszeit Versprechungen geworden, die sich nun als Bedürfnisse geltend machten, um dann in den sechziger Jahren zu Ansprüchen umzuschlagen. Man streute Asche aufs Haupt und krempelte die Ärmel hoch, verdrängte das schlechte Gewissen und stürzte sich in den Wiederaufbau, demonstrierte Zerknirschung und läuterte sich durch den Anschluß an den Westen mit seinem *American way of life*. Eine glückliche Fügung, fürwahr, indem die Deutschen sich gelehrig zeigten, konnten sie darangehen, das zu realisieren, was sie dem großen Bruder jenseits des Teichs immer schon neideten und was in den Wirren von Weimar und in der Katastrophe des Krieges auf der Strecke geblieben war: die moderne Gesellschaft, gebaut um Konsum und Kommerz.

Das Wunder vor der Tür

1950, der Staub des Zusammenbruchs hatte sich gerade gelegt, da verkörperte das Automobil aufs Sinnfälligste diesen Wechsel in der historischen Erfahrung. Der dunklen Zeit entronnen, die Entbehrungen noch frisch in der Erinnerung, faßte ein ganzes Volk den inneren Entschluß: vorbei das Gestern, jetzt wieder leben! «Die Freiheit lockt, die Freiheit drängt . . .! Kann man es den Menschen verdenken, daß sie, die seit elf Jahren nur auf diesen Augenblick gewartet haben, daß sie an einem herrlichen Frühjahrsmorgen ihr Fahrzeug aus der Garage holen, es bepacken und dann mit Vollgas abbrausen können? Mit wieviel Sehnsucht und Fernweh hat man in den abgelaufenen elf Jahren an diesen Augenblick gedacht. In diesen elf Jahren, die man uns so grausam gestohlen hat. Elf Jahre, da wir am wirklichen Leben vorbeigelebt haben – als Soldat oder als bombenbedrohter Zuhausegebliebener. Elf überaus schwere Jahre, für manchen unter uns hätten es die ‹besten› unseres Lebens sein sollen. Sollten wir nicht versuchen, die verlorene Zeit wieder einzuholen? Sollten wir nicht eilen, hasten, um wenigstens noch ein letztes Restchen unserer ‹guten› Jahre zu erleben?»[39] Jetzt sind alle Sinne darauf gerichtet, die Vergangenheit abzuschütteln und nach dem kollektiven Unglück nunmehr das private Glück zu erstreben und wieder richtig zu leben. Ideale waren nicht mehr gefragt und auch nicht Politik, sondern anknüpfen wollte man an das «normale» Leben vor dem Krieg, an jene kleinen Freizeit- und Konsumfreuden, die gerade die ersten, die «vernünftigen», Jahre

des Nazi-Regimes gebracht hatten. Freiheit, das hieß, der Schicksals-
mühle entgangen zu sein und sich endlich wieder etwas Glück zu
leisten, das hieß, Elend und Erniedrigung hinter sich zu lassen und den
frischen Wind der Zukunft zu schnuppern. Nach den Kolonnen und
Kasernen überraschte es nicht, daß man auf die Freiheit im privaten
Winkel aus war, nach den Bränden und Bomben lag es nahe, die
Freiheit im Besitz von bunten Gütern zu suchen. Für eine solche
Freiheit, da war das Auto ein Symbol.

Das Christkind von 1950

«Wir haben es geschafft: Das neue Auto steht vor der Tür. Alle
Nachbarn liegen im Fenster und können sehen, wie wir für eine kleine
Wochenendfahrt rüsten. Jawohl, wir leisten uns etwas, wir wollen
etwas haben vom Leben; dafür arbeiten wir schließlich alle beide,

mein Mann im Werk und ich als Sekretärin wieder in meiner alten Firma.» Der Kommentar zu einem Werbebild von Ford Taunus, das im Vordergrund den Familienvater in Nyltest-Hemd und Krawatte zeigt, wie er einen Koffer in den Gepäckraum legt. Seine Frau, in Pepita-Kostüm und Dauerwelle, beobachtet ihn wohlgefällig und hält den kleinen Sohn – mit Fliege am Hals und gebügelter Hose – an ihrer Hand, während sich im Hintergrund die Köpfe der Nachbarn aus den Fenstern des schmucklosen Neubaublocks recken. Eine Szene, welche die Soziodynamik der fünfziger Jahre trefflich veranschaulicht. Dargestellt wird eine Dreiecksbeziehung: das Konsumgut (das Auto), die Besitzer, und die anderen. Die Besitzer, der Nyltestvater und die Pepitamutter, sie wollen nicht einfach gut leben, sondern «etwas vom Leben haben»; die Sprache schon drückt aus, daß für sie gutes Leben mit Haben, mit der Akkumulation von Gütern gleichbedeutend ist. Das Glück wohnt draußen, jenseits der eigenen Person, in einer Welt von Dingen, die man sich erst aneignen muß, um in den Genuß des rechten Lebens zu kommen. Erst ein Auto verschafft in diesem Sinne die Freiheit. Die Dinge jedoch sind knapp, denn an ihnen hängt ein Preisschild, so daß man sie sich «leisten können» muß. Aber dafür arbeiten unsere glücklichen Besitzer auch beide, er «im Werk» und sie in der «alten Firma», um die Kaufkraft anzusparen. Weil damit das gute Leben sich auf Kaufkraft reduziert, haben die mit den schmalen Brieftaschen das Nachsehen; ihnen bleibt nur, «im Fenster zu liegen» und neidische Blicke zu werfen, in denen die Besitzer sich wiederum sonnen können. Geldgier, demonstrativer Konsum und Neid, in diesem Dreiertakt wandelte sich – Schicht um Schicht, Ware um Ware – langsam das deutsche Volk in eine Konsumgesellschaft. Das Auto hatte dafür eine Leitfunktion übernommen.

Für neidische Blicke war noch zwanzig Jahre lang prächtig Gelegenheit, bis man um 1975 von einer gewissen Vollmotorisierung sprechen konnte. 1962 hatten immerhin erst 27,3% der Haushalte ihr Wunder vor der Tür, quer durch die fünfziger Jahre galt von der Lloyd-Reklame: «Freudig schaffen – froh genießen» für die übergroße Mehrheit nur der erste Teil. Aber im Laufe des Jahrzehnts konnten, weil Verdienst- und Preisentwicklung sich aufeinanderzubewegten, immer mehr Menschen sich nicht nur das Wünschen erlauben, sondern im Auto die Einlösung ihres unterstellten Rechts auf Wohlstand

Wo aufgebaut wird . . . Wo man scharf kalkuliert, um die Selbstkosten zu senken - auch in Industrie und Handel - wo man höheren Gewinn erzielen will, ohne den Aufwand zu steigern - überall dort darf der LLOYD nicht fehlen. Monatlich 10,— DM Unterhaltskosten bei knapp 5 Liter Verbrauch auf 100 km für den LLOYD als PKW oder Kombiwagen - das heißt sparsam reisen, das heißt billig transportieren. LLOYD FAHREN BEDEUTET RENTABEL SEIN!

Es geht wieder aufwärts. Aus: Der Spiegel 45/1952

sehen. Genau dies versprach schließlich Ludwig Erhard, der 1957 sein Buch ‹Wohlstand für alle› nannte, als Lohn der Schufterei: die demokratische Konsumgesellschaft, die Gleichheit vor der Ware. Was der Schnurrbärtige mit der Tolle dem Volksgenossen nur vorgegaukelt hatte, das wollte der Dicke mit der Zigarre für den Massenkonsumenten zur handfesten Realität werden lassen, das Auto vor der Tür.

Und weit fächerte sich das Angebot auf, vom Opel Kapitän bis zum Messerschmitt Kabinenroller, um Autos nicht nur für reiche Fabrikanten, sondern auch für schlechtgestellte Postbeamte erschwinglich zu machen. An den Klein- und Kleinstwagen jener Zeit läßt sich geradezu physisch das Bemühen ablesen, das begehrte Auto auf die Größe auch eines schmalen Geldbeutels schrumpfen zu lassen. Brütsch und Lloyd, Isetta und Goggomobil neigten sich tief herab zur langsam, aber zügig steigenden Kaufkraft der Massen.

«Ein richtiger Pkw für 2800 DM», begeistert sich 1950 ein Autotester, als der Lloyd LP 300 auf den Straßen auftauchte, «kein Pseudoautomobil, wie die meisten Kleinwagen, die in letzter Zeit das Licht der Welt erblickten, bei denen man nicht weiß, ob es ein Motorrad mit vier Rädern oder ein Automobil mit Motorradeigenschaften ist.» Und anerkennendes Staunen schwang mit: «Selbst meine eigenen 185 cm Körperlänge hatten ausreichenden Platz bei einer Sitzbreite von 1220 mm und einer Ellenbogenbreite, die die der DKW-Reichsklasse noch um 12 cm überbietet. Das Wägelchen sieht flott aus, die sogenannte ‹Ponton-Karosserie› nutzt die volle Breite aus, die zwei geteilten Vordersitze sind ausreichend bequem, die hintere Bank bietet zwei Kindern (oder viel Gepäck) ausreichend Platz – für Erwachsene mit der neuerdings wieder üppiger gewordenen Leibesfülle dürfte sie für längere Strecken kaum zuträglich sein.»[40] – «Leukoplast-Bomber» nannte man ihn abschätzig, weil seine Karosserie aus einem Hartholzgeripppe bestand, verkleidet mit Sperrholz und Kunstleder. Doch das tat der Liebe keinen Abbruch: fast 400 000 Stück wurden von ihm, dem erfolgreichsten deutschen Kleinwagen, und seinen Nachfolgemodellen bis 1961 verkauft.

Während das Goggomobil, knatternd und o-beinig, nie den Geruch eines Möchtegern-Autos verlor, stach als eigener Charakter die BMW-Isetta aus dem Kreis der Kleinwagen hervor. Mit dem Einstieg vorne um die abknickende Lenksäule herum, dem Motor seitlich quer hinter dem rechten Sitz und der gedrängten Länge von ganzen 228 cm kam sie daher wie Clubsessel auf Rädern. Von 1955 bis 1962 gebaut, war sie ein ausgeklügeltes und unprätentiöses Stück Automobiltechnik, das dann, mangels Knautschzone, sich nicht mehr gegen die Generation der Tempomobile in den sechziger Jahren behaupten konnte. Nirgendwo sonst rollte in den fünfziger Jahren die Kleinwagenwelle so heftig wie in Deutschland, sichtbarer Ausdruck für die massenhaften Wünsche, jeden mühsam ersparten Groschen gleich in einem Automobil anzulegen, selbst wenn es nur zu einer unterernährten Fahrzeugmaschine reichte.

Die Kleinwagen zogen besonders Motorradfahrer auf einen vierrädrigen Untersatz, führten aber auch auf den Einstieg in die «untere Mittelklasse» hin, und da stand in diesen Jahren das Paradestück des Wirtschaftswunders bereit, der Volkswagen. Versprochen schon in den dreißiger Jahren war er für viele zum Symbol für die betrogenen Erwartungen, für die «gestohlenen elf Jahre», geworden; in seiner unverwechselbaren klassischen Gestalt machte er augenfällig, wie sehr die fünfziger Jahre sich als die Fortsetzung der Nazi-Zeit mit marktwirtschaftlichen Mitteln erwiesen. Die Wünsche hatten überlebt, doch ihre Erfüllung war in den Trümmern versunken; konnte da der Aufstieg anders als ein Wunder erlebt werden? Er lief und lief und lief wieder, der Volkswagen, von den Gestaden Helgolands bis zur

Deutsche Kleinwagen der fünfziger Jahre:
Viktoria Spatz, Messerschmitt Kabinenroller, BMW Isetta, Messerschmitt
Kabinenroller, Maico, Gutbrod, Zündapp Janus (von links nach rechts)

roten Sonne von Capri. Und auch in seinem Charakter war er noch derselbe: einfach aber emsig, sparsam aber solide. Grau in der Farbe, schmucklos in der Form, genügsam in der Ausstattung umgab ihn auch wieder jene anti-elitäre Ausstrahlung, die ihn schon damals im Selbstbild des biederen Volksgenossen heimisch machte. Ihn konnte man sich leisten, ohne sich zu schämen, ihn konnte man genießen, ohne als Prahlhans und Krösus dazustehen. Nein, praktisch und preiswert wollte man sich vielmehr ausstatten, in Distanz zum schofeligen Lloyd, aber auch auf Abstand zum wichtigtuerischen Ford. So machte sich die «untere Mittelklasse» breit, und 1962 kutschierte bald jeder dritte Autofahrer mit einem Volkswagen auf den Straßen herum.

Wer hingegen seinen frisch erworbenen Wohlstand demonstrieren wollte, der fand im Opel Rekord oder im Ford Taunus ein adäquates Ausdrucksmittel. Als den beiden Amerikanern im deutschen Autosortiment haftete ihnen auch etwas vom Glanz der amerikanischen Traumwagen an. Sie übernahmen, in abgeschwächter Form, Design-Elemente aus dem neureichen Barock der Straßenkreuzer: verchromte Kühlergesichter, überdachte Scheinwerfer, Panoramascheiben, Heckflossen und blitzgezackte Chromleisten. Mit solcherlei Zierat, am besten noch mit Weißwandreifen, fing man etwas vom amerikanischen Glitter ein, was gerade jener Gruppe von Neu-Reichen entsprach, die in der jungen Republik schon zu schnellem Geld gekommen war. Der biedere Volkswagen war ihre Sache nicht, doch auch der abgeklärte Luxus der Oberschicht kam ihnen oft zu altbacken vor; sie wollten sich mit den Insignien der neuen, der dynamischen Zeit zeigen. Obwohl die Oberklasse der deutschen Automobile – Mercedes, Opel Kapitän und BMW Limousine – sich dem nicht verschlossen zeigte, dominierte bei ihr doch die klassische Linie der dreißiger Jahre mit ihren hochragenden Motorhauben, geschwungenen Kotflügeln und runden, glatten Flächen. Aus ihrer Form sprach gediegene Eleganz, die die Verbindung zur Tradition suchte und lauter Überheblichkeit abhold war. Zudem knüpften BMW wie auch Mercedes in ihrem Erscheinungsbild an die Vorkriegszeit an, durchaus geeignet also, die Kontinuität der Führungsgruppen zu demonstrieren. Schließlich waren diese ja auch in ihrer geistigen Orientierung traditionell gestimmt, hatten nicht viel mit amerikanischer Lebensart im Sinn, sondern legten im Geiste von Konrad Adenauer und Kardinal Frings Wert auf Autorität und bürgerliche Ordnung.

Wir sind wieder wer!

Mit blumengeschmückter Vorderhaube und einem Nummernschild mit der Aufschrift «5 Millionen», sonst aber ganz das Markenzeichen seiner selbst, rollte im Dezember 1961 der Jubiläums-Volkswagen vom Förderband auf die Kameras, Scheinwerfer, Mikrofone und Ehrengäste zu. Nach Klatschen und Korkenknallen hub Heinrich Nordhoff zur Festrede an. Um die Bedeutung des Tages so richtig hervortreten zu lassen, lenkte er den Blick zurück auf das aussichtlose Jahr 1948: «7000 Arbeiter bauten mit Müh und Not 6000 Autos im Jahr – wenn es nicht zuviel regnete. Fast das ganze Dach und die Fenster waren kaputt. Überall schwappte man durch sumpfige Tümpel.» Und er führte die Erinnerung der Zuhörer durch die vergangenen dreizehn Jahre und steigerte, zum Schluß kommend, das Pathos seiner Stimme: «Wir haben allen Grund stolz zu sein, denn der Volkswagen ist das Symbol eines der größten industriellen Erfolge, die je erzielt wurden ... das Ergebnis harter, fleißiger Arbeit und konsequente Verfolgung eines als richtig erkannten Ziels.»[41] Der Erfolg des Volkswagen-Werks war auch ein nationaler Erfolg: die Bayerische Staatsmünze prägte aus diesem Anlaß Gold- und Silbermedaillen, die auf der einen Seite den Volkswagen und auf der anderen Seite Nordhoffs Profil zeigten.

Dem Wunder vor der Tür entsprach das Wunder von Wolfsburg. Zur Begeisterung über den Konsum gehört auf der anderen Seite die Verklärung der Produktion. Besonders natürlich im Nachkriegsdeutschland, denn der steile Aufstieg aus Schutt und Asche kam vielen wie eine Wiedergeburt vor; schicke Möbel, bügelfreie Hemden, neugebaute Wohnungen, ließen den Produktionsapparat als Lebensspender erscheinen. Nachdem die alten Entwürfe wie «Vaterland», «Kulturnation» oder «Großmacht» auf dem Feld der Ehre begraben lagen, mußte die (zudem noch gespaltene) Nation ihren Sinn in einem neuen Gesellschaftsentwurf finden: eine Wirtschaftsmacht zu sein, Konsumentenglück produzierend. Daß in der aufwärtsweisenden Kurve der Produktionsziffern auch die aufwärtsweisende Bewegung zum größten Glück der größten Zahl zum Ausdruck komme, und daß, das Konsumentenglück zu mehren, die Berufung gesellschaftlichen Zusammenlebens sei, diese Annahmen geronnen in den fünziger Jahren zu Glaubenssätzen, deren dogmatischer Gehalt sich nicht zu erkennen gab, weil ihre Wahrheit sich in der täglichen Erfahrung immer wieder

VW-Jahresabschlußannoncen: immer mehr und immer besser ...

aufs neue zu bestätigen schien. Die Rundfunksender ergingen sich in Nachrichten über die wöchentlich geförderten Kohlenmengen; Fabrikeinweihungen, Stapelläufe und Exportmeldungen waren Schlagzeilen wert. Produktionssteigerungen wurden gefeiert, wie vormals Erfolge an der Front; denn der Ausstoß an Gütern verhieß den Wohlstand für alle. Kein Wunder daher, daß das Volkswagen-Werk sich bis 1961 mit einer einzigen Art von Werbung begnügen konnte: die Produktionsziffern des VW in triumphalistischer Graphik jeweils zum Jahresende in den Zeitungen anzuzeigen. Etwa jenes Werbebild von 1953: da dreht sich eine Spiralbahn dynamisch ausgreifend von unten nach oben, auf der sich ein VW emporschraubt und gerade über den Höchstpunkt hinaus strebt; die ganze Aufwärtsbewegung ist übertitelt: «immer mehr und immer besser». Stetig aufwärts, aus der Tiefe in die Höhe, naturgemäß wie eine Spirale, jährlich mehr Produkte; kann man Wachstumsglauben anschaulicher ins Bild setzen? Treuherzig war die Zeit in ihrem Fortschrittsoptimismus, arglos in ihrer Selbstüberschätzung, aus dieser Gefühlslage gewann die Anzeige ihre Resonanz. Denn allenthalben schien sich mit dem anschwellenden Strom der Waren ein leichtes Leben einzustellen; ein Knopfdruck und

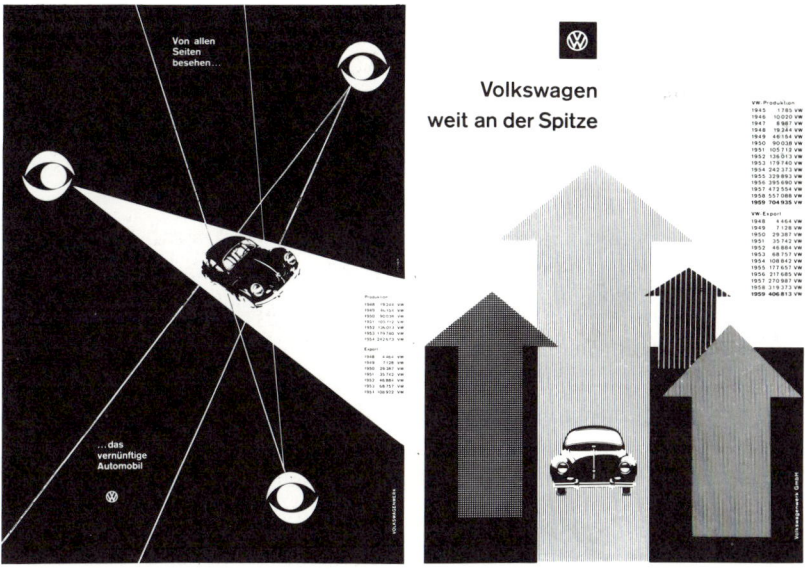

Nordhoff und sein Käfer

die Welt flimmerte ins Haus, eine Schalterdrehung und die Zentralheizung sprang an, ein Tippen ans Gaspedal und der Wagen sauste davon. Unerschöpflich schienen, bei zähem Schaffen, die Möglichkeiten, bis eines Tages der Atomreaktor für den Küchenherd und die Sahara für Orangenbäume gezähmt sein würde. Unendliche Ressourcen offerierte die Welt, Technik gepaart mit Tüchtigkeit schien die alten Wunschträume einzulösen; was machte es da, wenn der durchschnittliche Bundesbürger die drei Liter Öl, die er 1950 in der Woche verbrauchte, im Jahre 1960 schon an einem Tag durchbrachte?

Mit Technik und Tüchtigkeit war vielleicht auch wieder die militärische und moralische Niederlage wettzumachen; dafür waren schließlich die Deutschen schon seit den Zeiten eines Werner von Siemens und Rudolf Bosch bekannt. Größe dank Exportkraft, an diese Linie der nationalen Selbstdeutung konnte man anknüpfen, die Schuld vergessen machen und wieder Ansehen in der Welt gewinnen. Auch die VW-Jahresannoncen spielten auf diesem Motiv, sie priesen ihr Produkt als «schnell und wendig auf den Straßen und Märkten der Welt» (1951), als «begehrt in aller Welt» (1952) oder schlicht als «der Welterfolg» (1963). Und mit den 5 Millionen feierte man 1961 auch die errungene Weltgeltung, denn etwa die Hälfte dieser Zahl fand ihren Absatz im Export, den Weg dazu ebnend, daß der Käfer später zum erfolgreichsten Automobil in der Geschichte (1981: 20 Millionen) werden konnte. Exportstärke brachte neben klingender Münze auch Selbstbewußtsein ins Land, mit Exportziffern arbeitete sich die Nation zum Musterschüler im Kreis der westlichen Mächte empor. Treuherzig bemerkt ein Wolfsburger Stadtplan aus dieser Zeit: «Hier (in Wolfsburg) ist auch eines der deutschen Wunder, der Volkswagen, entstanden, ein Produkt deutschen Schaffensgeistes und Fleißes, das in der ganzen Welt Anerkennung und Bewunderung gefunden hat.» So wurde das Automobil zum Symbol für eine geschichtliche Epoche, zum handgreiflichen Zeichen für die wirtschaftliche Potenz einer moralisch gedemütigten Nation, die in trotziger Erleichterung sich selbst in Erhards Ausruf bestätigte: «Wir sind wieder wer!»

REPUBLIK AUF RÄDERN
(1962–1973)

Kaum zu glauben, aber erst gut zwanzig Jahre sind vergangen, seit die Motorisierung wie eine Flut begann, durch das Land zu rollen. Es war wie ein Dammbruch: in den dreizehn Jahren zwischen 1960 und 1973 vervierfachte sich die Anzahl der Pkw, verdreifachte sich die Anzahl der gefahrenen Autokilometer, und verdoppelte sich die Streckenlänge der Bundesautobahnen. Schnellstraßen wurden durch Altstädte geschlagen, Autobahnkreuzungen in Wälder gefräst, zum Spanienurlaub wie zum Zigarettenholen klemmte man sich hinters Steuer, überwacht von Verkehrsfunk und Rettungshubschrauber. Es begann die geräderte Gesellschaft.

An allen Ecken und Enden brach mit den sechziger Jahren die moderne Welt hinter der altväterlichen Fassade der fünfziger Jahre hervor, hinter jener Schauseite von Anstand und Autorität, die das Bild der Nachkriegsgesellschaft trotz Nagellack und Rockn' Roll, trotz Raffinerien und Atomforschung, bestimmt hatte. Nicht umsonst hatte sich die junge Republik im Palais Schaumburg dankbar von einem Patriarchen regieren lassen. Aus der hölzernen Würde Adenauers hatte ein patriarchalisch-autoritäres Gesellschaftsverständnis gesprochen, das den Bürger noch in der Rolle des Untertan und den Konsumenten noch in der Rolle des biederen Kunden festhielt. In weiten Kreisen hatte eine kleinbürgerliche Wohlanständigkeit geherrscht, die zwar allerhand Konsumartikel in die Wohnstube holte, die aber dennoch nicht den Stoff für eine dynamische und bewegliche Gesellschaft abgeben konnte. Seltsam verklebt war daher das Klima der fünfziger Jahre gewesen: Lippenstift ja, aber nicht zu aufreizend, Hollywood ja, aber «saubere Leinwand», Bildung ja, aber besser in Konfessionsschulen. Allenthalben noch hinhaltende Opposition gegen die Kommerzialisierung des Lebens; ein Bewußtsein von Pflicht und Moral hatte sich noch hartnäckig gehalten, das sich gegen den Sog der expandierenden Marktgesellschaft sperrte. Fast rührend etwa die Versuche, der aufkommenden Autogesellschaft die bedrohliche Spitze zu nehmen: Christopherus-Segnungen sollten den Schutz des Himmels herabrufen, die Aktion «Kavalier am Steuer» sollte die alten Tugenden im Verkehrsgewühl retten.

Mit den sechziger Jahren gingen diese Kräfte der Beharrung unter und machten der Dynamik einer markt- und versorgungsintensiven Gesellschaft Platz; Adenauer vertrug sich nicht mehr neben Kennedy. Vorbei der Muff der fünfziger Jahre, nunmehr sollte die klare Luft der Rationalität und Demokratie vorherrschen; Chancengleichheit, Globalsteuerung und Raumplanung waren die Schlagworte, welche eine Modernisierung der Sozialverhältnisse in Aussicht stellten. Wie die Obrigkeit dem Planungsstab, so wich auch der Anstand des Bürgers der Warenlust des Konsumenten. Bis ins letzte Dorf fallen nun die Konsumverheißungen auf fruchtbaren Boden, fruchtbar, weil die Kaufkraft stieg, fruchtbar aber auch, weil Sparsamkeit und Fortschrittsskepsis ausgespielt hatten. Den Konservatismus der Adenauer-Ära abschüttelnd, ging man von Seiten des Staates daran, die anschwellenden Ströme des Verkehrs durch Planungsämter und Ausbaupläne in den Griff zu bekommen, während auf Seiten der Konsumenten jener Drang zum Auto, der sich seit langem gestaut, aber nie erfüllbar war, nun massenhaft zum Durchbruch kam.

Die große Jagd geht los

«Drei Jahre harte Arbeit – jetzt steht das neueste Automobilwerk der Welt», so läßt sich die Adam Opel AG im Herbst 1962 in ganzseitigen Anzeigen vernehmen. «Opel hat es in Bochum errichtet. Ein riesiges Werk – nur für einen einzigen Wagentyp.» Die stolze Summe von 1,2 Milliarden Mark an Investitionen für das neue Werk war es Opel wert, um dem Volkswagen mit einem neuen Wagen Paroli zu bieten, nämlich dem Opel Kadett. «Bochum» blies zum Großangriff auf «Wolfsburg», 1000 Wagen sollten täglich vom Band rollen, los ging es mit dem Rennen um Verkaufsanteile in einem explodierenden Markt. Genauso sah es auch die Zeitschrift *Auto-Motor-Sport* und kommen-

ADAC-Manifest der Kraftfahrt 1965

1

Das Automobil ist ein Gebrauchsgegenstand für jedermann zur Befriedigung von Alltagsbedürfnissen, wie sie in einer freien Welt zur fortschrittlichen Gestaltung unseres Lebens gehören.

Die Jahre, in denen das Automobil ein Attribut von Reichtum und Luxus war, sind seit langem vorüber. Sie endeten, als weitblickende Männer wie Henry Ford und andere in Erkenntnis seiner allgemeinen Nützlichkeit für den einzelnen und die Gemeinschaft das Kraftfahrzeug zum Massenprodukt und damit zum Gebrauchsgegenstand für jedermann machten.

2

Die Sozial- und Wirtschaftspolitik hat in allen modernen Ländern diese Tatsache anerkannt. Sie betrachtet den Kraftverkehr nicht nur als Motor einer modernen Wirtschaft, sondern sie sieht in gleicher Weise den privaten *Besitz und Betrieb eines Automobils* als beabsichtigten und jedem Bürger zugebilligten Wohlstandsanteil. Die weitere Steigerung der Motorisierung ist deshalb nicht nur eine zwangsläufige Folge des stets wachsenden «Wohlstandes für alle», sondern ausdrücklich erklärter politischer Wille des Staates.

In allen programmatischen Erklärungen führender Staatsmänner ist stets als Ziel der Wohlstandsentwicklung unter anderem zu finden, daß jedermann in die Lage versetzt werden sollte, an den Errungenschaften des technischen Fortschritts vor allem auch durch den Erwerb eines Automobils beteiligt zu werden. Diese Forderung gehört in der heutigen Industriegesellschaft zu den wichtigsten Maßstäben des allgemeinen Lebensstandards. Dies gilt um so mehr, als das «Haus auf Rädern» ganz allgemein einer der ersten Schritte zur Vermögensbildung breiter Volkskreise ist.

3

Die *Politik* muß, wenn sie in dieser Zielsetzung ehrlich und konsequent bleiben will, wie es der Staatsbürger von ihr erwartet, *nicht nur* jedermann die *Anschaffung* eines Automobils ermöglichen, sondern auch alle *Voraussetzungen für seinen sinnvollen Gebrauch schaffen.*

4

Zu diesen Voraussetzungen gehört neben der *gesetzlichen Ordnung* des Verkehrswesens ein *Höchstmaß technischer Anlagen* für den reibungslosen Ablauf des Verkehrs und zur Sicherung von Gut und Leben aller Verkehrsteilnehmer.

Es ist billig, wenn nicht gar heuchlerisch, immer wieder von der «Schlacht» oder «dem Mord auf der Straße» zu sprechen, wenn man es in unverständlicher Verkennung der Tatsachen unterläßt, die *Straße wieder zu einem Feld humaner Begegnung zu machen.*

5

Die Bereitstellung eines ausreichenden Straßennetzes in Stadt und Land verlangt den *Einsatz ungewöhnlich großer Geldmittel.*

Die Straße ist eine Leistung der Gemeinschaft für die Gemeinschaft. Dennoch ist sich der Kraftfahrer bewußt, daß er für den Straßenbau einen besonderen Beitrag erbringen muß. Er leistet ihn bereits jährlich in Milliardenbeträgen, so 1965 mit 8,5 Milliarden D-Mark.

Die Politik zerstört die Möglichkeit, die Vorteile der Motorisierung zum Wohle aller im ganzen Umfang nutzbar zu machen, wenn sie wesentliche Teile der Straßenbaubeiträge des Kraftverkehrs nicht für den Straßenbau, sondern für andere allgemeine Staatsaufgaben verwendet. Es sind aber nicht nur materielle Schäden, die auf diese Weise eintreten. Man kann nicht Milliardenbeträge aus den Kraftverkehrsabgaben zweckentfremdet verwenden, ohne dadurch tödliche Gefahren für den Ablauf des Straßenverkehrs heraufzubeschwören bzw. deren Beseitigung in erheblichem Umfang zu verhindern. Andererseits ist sicher, daß wir vor lösbaren Problemen stehen, wenn wir die Finanzkraft, die in der Motorisierung steckt, uneingeschränkt für den Straßenbau einsetzen. Wer Wohlstand für alle will, braucht im Zeitalter der Motorisierung dazu vor allem gute Straßen. Wir können sie haben.

6

Der Zwang zur Lösung der großen vor uns liegenden Gemeinschaftsaufgaben der Nation, die sich im wesentlichen aus der Dynamik des technischen Fortschritts und dem damit verbundenen Wohlstandswachstum ergeben, verlangt den *Mut und die Entschlossenheit, viele lebenswichtige Ziele gleichwertig, gleichrangig und gleichzeitig in Angriff zu nehmen.* Nur wenn dies geschieht, ist es möglich, auf der Grundlage einer gesunden Wirtschafts- und Sozialordnung die Vielfalt der Bedürfnisse unserer Gemeinschaft zu befriedigen. Hierbei spielt das Straßenwesen eine entscheidende Rolle.

Es gibt für den einzelnen Menschen wie für das gesunde Funktionieren eines ganzen Volkskörpers eine große Anzahl von unabdingbaren Lebensnotwendigkeiten. Ihnen kann nicht nacheinander, sondern muß nebeneinander und ohne Bevorzugung des einen oder anderen Bereiches entsprochen werden. Für ein modernes Staatswesen gehört zu diesen unerläßlichen Teilen der Daseinsgrundlagen ein geordnetes Straßenwesen.

7

Das seit mehr als zehn Jahren immer wieder als Folge unzureichender Maßnahmen vorausgesagte *Verkehrschaos* ist inzwischen eingetreten.

○ In unseren *Städten und Gemeinden* ist es mit seinen täglichen Stauungen und Verkehrszusammenbrüchen eine Quelle großer Zeitverluste, vieler Opfer an Leib und Leben sowie täglichen Ärgers. Das hierdurch hervorgerufene Unbehagen aller Verkehrsteilnehmer kann nur beseitigt werden, wenn unter Einsatz großer Mittel, die in Anbetracht der erheblichen Beitragsleistung der Kraftfahrt zur Verfügung stehen, mit höchster Eile durchgreifende Maßnahmen in die Wege geleitet werden.

○ Neben den Notständen in den Ballungszentren gibt es ebenso gewichtige *Rückstände im Verkehrswesen der ländlichen Räume.* Ihre Beseitigung gehört zu den in unserer Verfassung verankerten Pflichten der Politik.

○ Die Bundesrepublik ist das *Verkehrskreuz Europas.* Dieser Tatsache ist durch den *verstärkten Ausbau eines modernen Fernstraßennetzes* Rechnung getragen worden. In diesem Bemühen darf nicht nachgelassen werden, wie es ebenso Aufgabe unserer Politik sein muß, auf unsere Nachbarstaaten hinzuwirken, daß auch sie die Verkehrsintegration Europas in gleicher Weise vorantreiben.

8

Die *gleichzeitige Durchführung der vordringlichsten Aufgaben* auf diesen drei Ebenen des Straßenverkehrs ist bei voller Nutzung der Beitragsleistung des Kraftverkehrs *ohne eine zusätzliche Neubelastung durchaus möglich.* Bundestag und Bundesregierung sind damit aufgefordert, zusammen mit den Bundesländern endlich ein *neues, folgerichtiges Konzept zur Straßenbau-Finanzierung* zu entwickeln, indem sie steuerlich nach den gleichen Grundsätzen handeln, die anerkanntermaßen die Grundlagen ihrer Sozial- und Wirtschaftspolitik sind.

In allen Bekenntnissen zur Wohlstandsförderung wird das Automobil als alltäglicher Gebrauchsgegenstand bezeichnet, dessen freie Benutzung wie das Radiogerät, der Waschautomat, der Kühlschrank oder die Nähmaschine jedem zu ermöglichen ist. Sobald es sich aber um Deckungslücken im allgemeinen Haushalt handelt, wird die Benutzung eines Kraftfahrzeuges als Luxus angesehen und dementsprechend steuerlich zugunsten der Finanzierung der allgemeinen Staatsaufgaben besonders herangezogen. Diese aus einer Übergangzeit stammende widersprüchliche Haltung der Politik gegenüber dem Automobil muß endlich von ihr selbst überwunden werden. Nur auf diesem Wege ist die Lösbarkeit der vor uns liegenden Probleme gegeben.

9

Der Kraftverkehr darf nicht, wie es ein großer Staatsmann ausdrückte, *als Stiefkind der Nation behandelt werden*, und zwar weder moralisch, indem man ihn fast ausschließlich für die Notstände des Verkehrswesens und für das Übel der Verkehrsunfälle verantwortlich macht, noch politisch, indem man ihn alle Lasten tragen läßt, die Lasten aller Staatsbürger sein sollten.

Der längst überwundene Klassenkampf sozialer Gruppen und Schichten darf nicht in einem Klassenkampf der Verkehrsteilnehmer untereinander, aller Nichtkraftfahrer gegen die Autofahrer, wieder aufleben. Der Kraftfahrer ist keine Klasse für sich, er repräsentiert durch die fortschreitende Motorisierung bereits die Masse des Volkes und verlangt keine Sonderrechte. Aber er darf sich deshalb auch gegen Sonderpflichten, auch solche steuerlicher Art, verwahren, sowie diese seine Beitragsverpflichtung zum Straßenbau übersteigen. Auch für ihn gilt der Gleichheitsgrundsatz des Grundgesetzes.

10

Das *Automobil* sollte *nicht nur* als *Symbol des Wohlstandes* angesehen und bezeichnet werden. Es ist vielmehr einer der bedeutungsvollsten Aufträge an die Politik, die Voraussetzungen dafür zu schaffen, daß es für alle zum Segen des technischen Fortschritts wird und dabei seiner schönsten Aufgabe zu dienen vermag: die freundschaftlichen Beziehungen der Menschen und der Völker untereinander zu ebnen und zu vertiefen.

Das augenblickliche Erscheinungsbild der Motorisierung ist Anlaß zu einer Fülle ernsthaft pessimistischer Betrachtungen über seinen Wert für die Menschheit. Schuld daran ist nicht die Motorisierung, sondern eine Politik, die es bisher unterlassen hat, die hier liegenden positiven Werte und Entwicklungskräfte zu wecken. Unser Jahrhundert verdankt dem Automobil ungewöhnliche wirtschaftliche Impulse und in seiner Folge eine ungeahnte Anhebung des allgemeinen Lebensstandards. Es gibt uns aber auch die Möglichkeit, unser Leben schöner, weiter und freier zu gestalten.

Die Menschheit hat Jahrtausende gebraucht, bis sie sich durch den Motor aus der Fron schwerster und vielfach sklavischer Arbeit befreien konnte. Das 20. Jahrhundert ist dabei, diese Entwicklung für Milliarden von Menschen voranzutreiben und im Sinne unserer großen geschichtlichen Entwicklung die Tore zu einem neuen Zeitalter aufzustoßen. Das Automobil ist Symbol und Werkzeug dieses Strebens der Menschheit zu neuen Zielen, die nur auf guten Straßen erreicht werden können.

Aus: ADAC-Motorwelt 5/1965

tierte: «Die große Jagd geht los: Opel Kadett», um fortzufahren: «So gesehen kann man als kleiner Mann nichts besseres tun, als sein Geld in Automobilaktien anzulegen. Aber das gebrannte Kind im kleinen Mann scheut das Feuer . . . Nicht dagegen scheuen die Automobilgiganten General Motors und Ford das Feuer. Sie legen zur Zeit letzte Hand an Produktionsanlagen, mit denen alle Voraussetzungen erfüllt werden, um uns die geweissagten vierundzwanzig Millionen Autos zu bescheren . . . Die Volksmotorisierung marschiert . . . Wenn nicht alles täuscht, werden die vierundzwanzig Millionen Autos wirklich gebaut und gekauft. Nicht nur, weil Unternehmen wie Ford und General Motors nicht ins Blaue hinein investieren, sondern auch, weil eine einmal begonnene Entwicklung nicht aufgehalten werden kann. Man kann nicht dem einen das Auto verbieten, das der andere bereits hat. Und darum – so lautet die einfache Grundformel aller diesbezüglicher Marktforschungs-Ergebnisse – geht die Konjunktur so lange weiter, bis alle ein Auto haben, die dafür nur irgend in Frage kommen.»[42] Durch Jahrzehnte hatte sich das Bedürfnis aufgebaut, jetzt konnte es in effektiven Bedarf umschlagen. Die Attraktion des automobilen Lebensstils gewann zusätzliche Schubkraft durch den Gleichheitsanspruch der Konsumdemokratie: wo allen die gleichen Bedürfnisse – in diesem Fall autozufahren – unterstellt werden, geht es nicht an, daß nur eine Minderheit dieses Glück realisiert. Wenn die Idee selbstverständlich geworden ist, daß das gute Leben an einem bestimmten Produkt hängt, dann wächst der Wunsch nach diesem Produkt im Maße der zunehmenden Kaufkraft; in diesem Doppelschritt von kultureller Umordnung und steigenden Einkommen schreitet

Wachstum voran. Je mehr Menschen zu der Vorstellung gelangen, daß sie mit einem Auto ihre Gefühlswelt, ihr Familienleben, ihre Alltagsgeschäfte voranbringen können, je mehr Menschen mit dem Kauf eines Autos ihr Leben verbessern wollen, um so dynamischer wird die Nachfrage. Solche Lebensbilder hatten sich seit den klassischen Tagen des Automobils in das gesellschaftliche Bewußtsein gesenkt und waren nunmehr über die Städte hinaus bis in die Dörfer und über «aufgeschlossene» Kreise hinaus bis in zugeknöpft kirchlich-kleinbürgerliche Milieus gedrungen. So verschieden sonst ihre Weltansichten sein mochten, im Wunsch nach einem automobilen Lebensstil kam nun der Kuhbauer in Miesbach mit dem Kumpel in Essen ebenso überein wie der linke Student und die Pfarrhaushälterin. Ein Massenmarkt, fürwahr, wenn quer durch alle Sonderwelten die Menschen auf ein Industrieprodukt bauen, um neuen Glanz in ihr Leben zu bringen, ein Massenmarkt, den zu erobern die Firmen sich anschickten.

Opel jedenfalls scheute keine Anstrengungen. Er drückte seinen Kadett auf den Markt, um angesichts der anrollenden Nachfrage auf der einen Seite dem Volkswagenwerk die Erstkäufer abzujagen und auf der anderen Seite die «Aufsteiger» vom Volkswagen weg nicht zur leichten Beute des Ford 12 M werden zu lassen, der kurz zuvor angetreten war, eben diese Klientel auf sich zu ziehen. So heißt es am Ende unseres Testberichts: «Auch Opel kann es sich nicht leisten, den Volkswagen (im Preis) zu unterbieten. Dennoch kein Zweifel: im Kampf um die noch vorhandene Käuferreserve, im Anmarsch auf die vierundzwanzig Millionen Autos wird der Kadett eine ernsthafte Konkurrenz für den VW. In der Rolle des Herausforderers hat er es dabei ebenso schwer, wie der neue Ford es haben wird, und noch ist unbekannt, wie weit sich Opel mit dem neuen Modell die eigene Neu- und Gebrauchtwagenkundschaft für den Rekord wegnimmt. Aber ein Zurück gibt es nicht mehr, das Signal ist gegeben, die große Jagd beginnt.»[43]

Opel gebrauchte dieselbe Strategie gegen Volkswagen, die schon General Motors (Opels Muttergesellschaft) unter Alfred Sloan in den zwanziger Jahren gegen Ford ins Feld geführt hatte und die deshalb unter dem Namen «Sloanism» bekannt geworden war: die Produkte einer Marke hierarchisch zu differenzieren. «Der Kern der GM-Produktpolitik», hatte Sloan gesagt, «liegt darin, eine aufsteigende Linie von Autos zu produzieren, die in Preis und Qualität gestuft sind.»[44] Die Strategie der Produktdifferenzierung legt sich darauf an, eine Stufenleiter von Einkommens- und Anspruchsunterschieden durch eine Stufenleiter von Produktangeboten an eine bestimmte Marke zu binden, so daß bei einer Progression der Einkommen und Ansprüche, die Aufsteiger aufs jeweils nächsthöhere Modell «ihrer» Marke wechseln können. Dabei sind die Marketing-Leute dazu aufgerufen, die ganze Produktpalette mit der Aura einer «Markenpersönlichkeit» zu umgeben (BMW: die Freude am Fahren, Mercedes: ihr guter Stern auf allen Straßen) und in jeder Klasse die Produktpersönlichkeit, die kleinen Unterschiede überzeichnend, gegen die Konkurrenzmodelle zur Geltung zu bringen. So bemühten sich die Firmen, die «Lücken» in der Stufenfolge ihrer Typen zu schließen, oben oder unten anzubauen, um sich ein möglichst dickes Stück vom Kuchen zu sichern. Zumal auch zunehmend ausländische Anbieter ein Auge auf diesen Kuchen geworfen hatten, denn die Internationalisierung des Inlandmarktes ging mit großen Schritten voran: während 1960 erst 9,7%, so stammten 1971 25,2% der Neuzulassungen von ausländischen Herstellern. Alles in allem: in den sechziger Jahren fächerte sich die Angebotspalette beträchtlich auf, Automobile aller Schattierungen buhlten um die Kunden, so daß die Unterschiede an Status, Vorlieben und Einkommen sich in den Unterschieden an Automobilen wiederfinden konnten. Damit war man gerüstet, den beiden großen Schüben in der Nachfrage zu begegnen, nämlich zum einen jenem Schub vor allem an Landwirten, Arbeitern und unteren Angestellten, die sich zum erstenmal zum Kauf eines Autos entschlossen, und jenen Selbständigen, Freiberuflichen und Angestellten, die sich in ihrem Autobesitz nach oben verbessern wollten.

Nach oben sich verbessern, dies war sowieso ein Leitmotiv, dessen Klang vielfach variiert in den sechziger Jahren immer wieder durchbrach; die Bildungsreform versprach den Aufstieg nach oben, Einkommenszuwächse verbreiterten mit jedem Jahr die Kaufkraft, und in Büros und Betrieben winkten allerlei Karrieren. Es setzte sich fest, was man eine vertikale Vision vom Leben nennen könnte, nämlich die Vorstellung, daß jedermanns Biographie nach oben führen und der Leistungsbewußte, versteht sich, Sprosse um Sprosse die Leiter zu

Ob Sie's glauben oder nicht.
Er ist ein VW.

Wie kommt man von der Gleichsetzung VW = Käfer herunter?
Aus: Der Spiegel 42/1965

Prestige und Reichtum erklimmen könne. Auch die Stufenleiter der Automobiltypen lud zum Aufstieg ein und bot den individuellen Karrierewünschen einen Weg nach oben – zu mehr Leistung, zu mehr Tempo, zu mehr Beschleunigung. Selbst der Opel Kadett, wahrlich kein spritziges Gefährt, versuchte den VW damit zu überbieten: «Es steckt viel drin. Auch wenn man zum erstenmal davor steht, spürt man: Es muß einiges dran sein an diesem Auto. Diese 40 PS machen sich bemerkbar.» Und auch die anderen Firmen ließen sich nicht lumpen, das läßt sich sehr deutlich daran ablesen, wie sich die vorherrschende Werbeargumentation verschob: während bis Anfang der sechziger Jahre vor allem die Wirtschaftlichkeit und der Komfort unterstrichen worden war, stand danach die sportlich-kraftbetonte Seite der Fahrzeuge an der Spitze der Werbeinhalte. Da wimmelte es von PS-Zahlen und Beschleunigungsdaten, da legten sich die Wagen in die Kurven, da fielen Sprüche wie «Nach dem ersten Ampelstart wissen Sie, was in ihm steckt» oder «Der Wagen, der oft genug die Nase vorn hat». Opels «Nur Fliegen ist schöner» wurde zum geflügelten Wort, Esso packte den Tiger in den Tank und Fords Bestseller hörte auf den Namen «Mustang». Die sechziger Jahre, sie waren die Kraft-Zeit des Automobils, nicht nur in den Wunschphantasien, sondern auch ganz real in der Leistungskraft unter der Motorhaube: 1962 waren noch 14% der Wagen mit einer Leistung über 1500 ccm ausgestattet, doch 1973 konnten sich 49% damit brüsten. Offen waren noch alle Horizonte, nach vorne beschleunigte sich der Fortschritt, zu überwinden waren alle Grenzen, das war der Geist jener Jahre, nicht nur bei der Mondfahrt, sondern auch auf der Straße.

Und 1972 war auch Volkswagen von den sechziger Jahren eingeholt. Hatte sich doch Wolfsburg gegen den Trend zur Produktdifferenzierung entlang der Stufenleiter von Leistung und Beschleunigung Jahre hindurch gewehrt und auf seinen ausgereiften Käfer gepocht. «Es gibt Formen, die man nicht verbessern kann», so trotzte die berühmte Werbung, die einen VW in der Form eines Hühnereis zeigte. Hin und wieder war das Programm nach oben hin angestückelt worden – vom VW 1500 bis zum K70 – und auch mit einem höher motorisierten «Superkäfer» hatte man die Aufstiegswelle abzufangen versucht, doch da war keine Markenpersönlichkeit dahinter. VW blieb eben VW, und das Aschenputtel versuchte, aus der Not gar eine Tugend zu machen und die Aufstiegsgelüste zu verspotten: «Dies ist ein Wagen für Leute, die sich unterscheiden wollen von Leuten, die sich unterscheiden wollen» (1965). Nein, da war die Talfahrt nicht mehr aufzuhalten, schneller und größer wollte es der zukunftshungrige Zeitgeist, vergessen war die Biederkeit der fünfziger Jahre. Trotz mehr PS, bunter Farben und kesser Jeans-Streifen konnte VW sie nicht vergessen machen; was ist schon ein Käfer gegen einen Mustang? 1972 kapitulierte VW: aufs Abstellgleis rollte der Käfer und der große Bahnhof galt der neuen Produktfamilie: Golf, Passat und Scirocco. Denn weichen mußte der Käfer dem inneren Drang der Massenmotorisierung: nicht ein Auto für alle, sondern jedem sein Auto!

Verkehr ohne Raum

Während früher Hühner, Pferdefuhrwerke und Schlaglöcher dem Autofahrer die Zornesröte ins Gesicht getrieben hatten, machte sich jetzt in Massen ein neuer Störenfried auf den Straßen breit, nämlich der andere Autofahrer. Es rollte die Motorisierungswelle, doch sie kam im Stau bald zum Stillstand: «überfüllte Straßen» und «verstopfte

Was 1954 noch Zukunftsmusik war, wird in den 60er Jahren vollzogen. Aus: Der Spiegel 49/1954

102

Städte» drohten, die neu gewonnene Freiheit zu Makulatur werden zu lassen. «Verkehr ohne Raum» überschrieb 1958 die Deutsche Shell AG ihre erste Prognose der zukünftigen Motorisierung – und legte mit der Anspielung im Titel dieselbe Konsequenz nahe, die auch der Führer in jenen Tagen für das deutsche Volk gezogen hatte: die Eroberung des fehlenden Raums. Gewiß, die Fronten verliefen nun im eigenen Land und auch Blitzfeldzüge waren nicht mehr am Platze, vielmehr waren eine Vielzahl von Scharmützeln und Grabenkämpfen vonnöten, um die Straßenfläche gegen Biergärten und Wohnbauten, gegen Moore und Ahornwälder auszudehnen. Auf der Tagesordnung stand die Expansion nach innen, regiert von der Idee, einen durchlässigen Raum zu schaffen.

Um Entfernungen zu überwinden, dafür liefert das Auto nur den Antrieb, aber eben nicht den Weg. Dem ADAC fiel dazu in seinem «Manifest der Kraftfahrt» von 1965 ein treffender Vergleich ein: «Wie das Schloß und der Schlüssel erst die perfekte technische Einheit bilden, so gehören das Automobil und die Straße untrennbar zusammen. Auch sie müssen zueinander passen, wenn der Kraftverkehr funktionieren, also alle Vorteile ungeschmälert gewähren soll, die in der Motorisierung wirtschaftlich, sozial und gesellschaftspolitisch enthalten sind.»[45] Also galt es, die Straßenfläche solange zu erweitern, bis in sie die Automobile hineinpassen; denn ohne Straße ist ein Auto wie ein Schlüssel ohne Schloß. Von den Verkehrswegen – Straße, Schiene, Kanal – nämlich hängt die Durchlässigkeit eines Gebiets ab, vom Wegenetz die flächige Erreichbarkeit, von der Wegebreite die Durchlaßmenge und von den Wegehindernissen die Durchlaßgeschwindigkeit. Die Massenmotorisierung fordert den Massendurchlaß; daher war zwischen 1962 und 1978 die Verstraßung der Bundesrepublik angesagt.

Und plötzlich saßen in den Autos lauter verhinderte Straßenplaner; ein Chor von Forderungen schwoll an und stellte Verkehrspolitik zum erstenmal in den Mittelpunkt des öffentlichen Interesses: her mit Parkplätzen in der City, weg mit den Brummis von der Autobahn, voran mit der Erschließung der Provinz, endlich Umgehungsstraßen für den Durchgangsverkehr! Millionen waren bereit, die Welt durch die Brille von Stadtplanern zu betrachten. Unter diesem Blick gerinnen weite Gebiete zu bloßen Durchgangsgebieten; etwa der Hofoldinger

Forst oder das Städtchen Wolfratshausen, sie werden nicht mehr in ihrem eigenen Recht, als Waldgebiet, wo Tiere leben und Menschen sich erholen, oder als Wohngebiet, wo Leute schlafen oder Kinder spielen, betrachtet, sondern als Zwischenräume zwischen übergeordneten Punkten, die es möglichst rasch zu durchqueren gilt. Mit anderen Worten, der Planer hierarchisiert den Raum in wichtige und weniger wichtige Gebiete und legt es darauf an, zwischen den wichtigen Gebieten eine stockungsfreie Zirkulation sicherzustellen; der Zugriff des Planers lebt von der Arroganz gegenüber den Zwischenräumen. Nur so läßt sich der Massendurchlaß schaffen, und mit diesem Blick machen sich in den sechziger Jahren überall Stadt- und Regionalplaner ans durchschlagende Werk.

Zunächst war dieses Jahrzehnt die Hoch-Zeit der Generalverkehrspläne. Kein Wunder, denn in den Städten stand der Verkehr dem Verkehr im Wege. «Als eine typische Zeitkrankheit», so schreibt der Stadtplaner Korte 1959, «stellen wir heute in den Flutstunden des Verkehrs die Verstopfung unserer städtischen Konzentrationen ... fest, wodurch große Verluste an wertvoller Zeit und unvertretbare Belastungen für die gesamte Stadtwirtschaft ausgelöst, sowie Menschen, Fahrzeuge und Fahrwege überfordert werden, was eine dringende Abhilfe erheischt. Die Menschen werden nervös und damit unfallanfälliger, die Fahrzeugabnutzung ist größer und der Brennstoffverbrauch höher und die gesamte Kommunikation im Raumleben der Stadt zunehmend gestört.»[46] Um Durchlaß zu schaffen, ging es im ersten Schritt darum, den Verkehr auf der Straße zu sortieren und dem Auto freie Bahn zu geben: also Schutzzonen für Fußgänger, Radwege für Fahrradfahrer, gesonderte Gleiskörper für die Straßenbahn und Fahrspuren für Abbieger. Im nächsten Schritt natürlich stand die Erweiterung der Hauptstraßen zu mehrbahnigen, durch grüne Wellen gesteuerte Schnellstraßen auf dem Programm, die dann durch Tunnel- und Brückenbauten auch noch vom lästigen Querverkehr befreit wurden. Um den «Blutkreislauf» der Stadt nicht durch «gefährliche Thrombosen» zum Kollabieren zu bringen, wurden Radialen durch Vorstädte geschlagen, die das Dienstleistungs- und Warenhandelszentrum mit den Angestellten und Konsumenten in der suburbanen Region verbanden, und Tangentialstraßen durch die Innenstadtrandgebiete gebrochen, die den einströmenden Verkehr großflächig verteilen sollten. Im Amtsdeutsch der Bundesregierung stellte sich diese Diktatur der Durchlässigkeit ganz harmlos dar: «Die Länder fördern die Aufstellung von Ausbauprogrammen für die städtischen Verkehrsstraßen mit dem Ziel der größtmöglichen Vermehrung der Verkehrsflächen (einschließlich der Flächen für den ruhenden Verkehr) sowie der Entflechtung der Verkehrsarten und Verkehrsströme unter Ausnutzung weiterer Verkehrsebenen.»[47] Wenn schon nicht die autogerechte Stadt, diese Einsicht dämmerte gegen Ende des Jahrzehnts, so sollte doch die transportgerechte Stadt die Zwischenräume verkürzen und die Pendler zwischen Arbeitsplatz und Wohnung zirkulieren lassen; Löcher wurden daher für U-Bahnen gebuddelt und weit ins Umland stießen die Linien der S-Bahnen hinaus. Je durchlässiger der Raum, desto besser die Stadtplanung, Urbanität verfiel zur Durchgangsstrecke.

Sodann wurden in diesem Jahrzehnt die Raumplanung und der Bundesfernstraßenbau eingeläutet. Denn die ländlichen Regionen der Republik waren dabei, sich in dem Maße zu entleeren, wie die Ballungsgebiete sich verdichteten. Nicht zuviel Verkehr, sondern zu wenig Verkehr war da das Problem; nicht Entflechtung, sondern Erschließung stand hier auf dem Programm. Während Produktion und Konsum in den Zentren zu immer neuen Wachstumsblüten getrieben wurden, hatte sich das Gefälle zwischen Stadt und Land verschärft. Unter dem Anspruch, gemäß dem Raumordnungsgesetz von 1965, gleichwertige Lebensbedingungen zu schaffen, ging man daran, durch Bundesstraßen und Autobahnen von den Zentren her, die abgelegeneren Gebiete zu erschließen und an die industrialistischen Lebensströme anzubinden. Die Zentren brauchten Verkehrswege, um ins Land vorzudringen, um das Leben dort an ihren Pulsschlag anzuschließen; deswegen waren schon die ersten großen Fernstraßen der Neuzeit, die «routes royales», im Frankreich vor der Revolution gebaut worden. Arbeitskräfte her und Investitionsströme hin und dazwischen am Wochenende Touristen, jedenfalls, Straßen waren auszubauen, Hügel abzutragen, Täler aufzuschütten oder Berge zu durchstechen, und schwungvolle Schleifen in der Landschaft waren allemal besser als niveaugleiche Kreuzungen. Kein Dorf sollte zu fern, kein Bürger zu abgeschieden sein, als daß er nicht, gemäß dem berühmten Wort von Verkehrsminister Leber, im Umkreis von höchstens 25 km mit einer Autobahnauffahrt Anschluß finden könnte. Je durchlässiger der Raum, desto besser die Landesplanung; Heimat verfiel zur Durchgangsstrecke.

Am durchlässigsten aber ist der Raum – in der Luft. Warum also am Boden bleiben, wenn man dereinst ganz leicht in die Luft gehen kann? Zukunftsspekulanten waren da in den sechziger Jahren schon weiter und malten für den Verkehr einen neuen Raum aus: «Von der Haustür weg bringt uns die Rollstraße zu der zweihundert Meter entfernten Bushaltestelle, der Elektrobus nach anderthalb Kilometer Fahrt zum nächsten Helikopter-Landeplatz, das Flugzeug schließlich – mit einer flugplanmäßigen Zwischenlandung – zum Airport, der 35 Kilometer von unserer Wohnung entfernt ist. Das Ganze braucht nicht länger als 20 bis 25 Minuten zu dauern, und so könnte es sich schon in zehn Jahren in vielen unserer Großstädte abspielen.»[48] So weitergedacht im Jahre 1972.

WÜNSCHE

Ein neues Symbol
klassischer Schönheit

ADLER STANDARD 6
ADLER STANDARD 8

ADLERWERKE VORM. HEINRICH KLEYER AKTIENGESELLSCHAFT FRANKFURT/M.

INTERNATIONALE AUTOMOBIL-AUSSTELLUNG BERLIN 1928
HALLE 3, STAND 11 und FILIALE BERLIN, BELLE-ALLIANCE-STRASSE 8 und UNTER DEN LINDEN 11-12

UNABHÄNGIG WIE EIN HERR

Auf der Suche nach einem treffenden Bild für die zivilisatorische Bedeutung des Automobils fiel dem französischen Philosophen Roland Barthes einmal einer jener Vergleiche ein, welche die Natur einer Sache schlagartig erhellen: er nannte Autos «die gotischen Kathedralen der Neuzeit». Überraschend auf den ersten Blick, denn was sollen schon Automobile mit diesen himmelragenden und lichtdurchfluteten Bauwerken gemein haben? Aber schon auf den zweiten Blick enthüllt sich die Pointe: Auto wie Kathedrale sind beide Symbole einer Kultur. Sehend, aber doch blind stünde man vor den Kathedralen, wenn man in ihnen nichts anderes sähe, als einen Schutzraum für die Gläubigen vor Wind und Wetter. Und ebenso blind stünde man vor den schimmernden Limousinen mit ihren surrenden Motoren, wenn man in ihnen nichts anderes erblickte, als Fahrzeuge zum Transport von Menschen und Gütern. Wie die Kathedrale nicht bloß ein Schutzraum, so ist das Automobil nicht bloß ein Transportmittel; sie sind vielmehr materielle Darstellungen einer Kultur. Obschon in beiden Hervorbringungen eine Menge an Ingenieurskunst steckt, unterliegt dem technischen Entwurf doch ein kultureller Plan, in dem sich die Selbstverständlichkeiten einer Epoche abzeichnen. Die Ingenieure vollstrecken mit Rechnung und Reißbrett, was dem Publikum wichtig ist, worauf sich die Energien einer Epoche richten, sei es die Gottesliebe oder sei es die Geschwindigkeitsliebe.

Weit entfernt, nur ein bloßes Beförderungsmittel zu sein, kristallisieren sich im Auto Lebensentwürfe und Weltbilder, Bedürfnisse und Hoffnungen, die dem technischen Gerät eine kulturelle Bedeutung aufprägen. Dabei verstärken sich Kultur und Technik wechselseitig. Einerseits fällt keine Technologie einfach vom Himmel, sondern die Aspirationen einer Gesellschaft (oder einer Klasse) gehen mit einer von vielen technischen Möglichkeiten eine solche Verbindung ein, daß ein Stück Kultur gleichsam als genetischer Code in die Konstruktionen eingelassen ist. Andererseits kommen Lebensstile und Wünsche auch nicht nur aus der dünnen Luft der Kultur, sondern bauen sich um eine Technik herum auf. Eine technische Erfindung wird oft von kultureller Kreativität begleitet; die Erfindung gibt herrschenden Motiven eine neue materielle Form und bringt ihrerseits wieder neue Motive zum Wachsen. Welche Wunschbilder, welche Lebensentwürfe haben sich da um das Automobil angelagert? Welche Antriebe haben seine technische Entwicklung geprägt und welche historisch neuen Erfahrungen hat es durch seine technische Eigenart ausgelöst? Denn historisch neu sind die Erfahrungen allemal, die sich ums Automobil legen, und lassen sich keineswegs bis auf die alten Griechen oder sonstwohin zurückführen, wie manches triumphalistische Auto-Buch auf der ersten Seite kundtut. Die technische Entwicklungsgeschichte geht Hand in Hand mit einer kulturellen Lerngeschichte, die der Technik ihren Sitz im Leben zuweist, aber das technische Produkt auch wieder obsolet werden lassen kann, wenn widerstreitende Erfahrungen Überhand nehmen und das Lebensgefühl einer neuen Epoche sich in ihnen nicht mehr wiederfindet. Technische Leistungen kommen und überleben sich auch, weil wieder verlernt werden kann, was an ihnen einst gelernt wurde. Die gotischen Kathedralen, obwohl – im Gegensatz zum Automobil – für die Ewigkeit gebaut, hatten sich im 15. Jahrhundert überlebt, doch leistet die eine oder andere von heute noch beste Dienste, um Touristen und Schulkindern zu helfen, den Geist jener Epoche zu entschlüsseln.

Herr über Fahrplan und Strecke

Wer im späten 19. Jahrhundert etwas auf sich hielt, für den war es eigentlich schon eine Zumutung, mit der Eisenbahn zu reisen. Gewiß, mancher Salonwagen glich eher einem Grandhotel auf Rädern, aber dennoch konnte der Luxus in der Ersten Klasse nicht verbergen, daß die Herrschaften aus feineren Kreisen an Souveränität eingebüßt hatten: sie waren zu Insassen eines Massentransportmittels geworden. Der technische Fortschritt hatte sie dazu genötigt, die Kutsche mit ihren Möglichkeiten an Improvisation und Ungebundenheit aufzugeben und sich fremden Zwängen zu unterwerfen. «Die Reisen auf der Eisenbahn», heißt es warnend in Meyers Konversationslexikon von 1850, «erfordern das pünktlichste Eintreffen der Reisenden auf dem Bahnhofe, da der Dampfwagen auf niemanden wartet; auch müssen die gelösten Fahrbillets und die Gepäckzettel sorgfältig verwahrt werden. Nebstdem muß man sich hüten, an Stationen auszusteigen, wo nicht wenigstens fünf bis zehn Minuten angehalten wird, indem der Wagenzug leicht fortgeht und die Reisenden im Stich läßt.» Überstürzt zum Zuge zu hetzen, sich umhüllt von Rauch und Lärm ein Coupé anweisen zu lassen, für den unwirschen Kondukteur das Billet aus dem Wams zu fummeln, dann ratternd durch die Lande geschossen zu werden, und das Ganze noch unter den aufdringlichen Augen des gemeinen Volkes, nein, das war gegen die rechte Ordnung, das war ein Schlag gegen die gute alte Zeit, das lieferte den Reisenden einer anonymen Maschinerie aus und war für die kultivierte Lebensart entwürdigend. Aus den unabhängigen Reisenden war mit der Eisenbahn ein abhängiger Passagier geworden, der wie Stückgut von einem Ort zum anderen fortgeschafft wird, der eben «transportiert» wird, ein Wort, das bis dato nur auf Gefangene oder auf Kaufmannsgüter anwendbar gewesen war. Ein massentransportierter Passagier zu sein, ein beliebiges Anhängsel gleichsam in dem enormen Räderwerk der Eisenbahn, das ging jenen vornehmen Kreisen gegen den Strich, die sich, auf ihr Eigentum pochend, einen unabhängigen und stilvollen Lebensgenuß zugute hielten. «Die Eisenbahn», klagt Otto Julius Bierbaum, «transportiert uns – und das ist der direkte Gegensatz des Reisens. Wir sind zur Passivität verurteilt – und Reisen bedeutet freieste Aktivität. Reisen ist Ausspannen aus der Regel. Die Eisenbahn spannt uns in den Fahrplan, macht uns zu Gefangenen des Reglements, sperrt uns in einen Käfig, den wir nicht einmal öffnen, geschweige denn verlassen dürfen, wenn wir wollen. Zwischen Telegraphendrähten, die wie Symbole dieser Umspinnung unserer persönlichen Freiheit sind, werden wir in einem Tempo, das jede Augenweide unmöglich macht, dahingeschleppt, nicht von einem Ort, sondern von einem Bahnhof zum anderen . . . Wer das mit dem Namen Reisen bezeichnen kann, der darf mit demselben Rechte einen Parademarsch als Spaziergang ausgeben. Der ganze Zweck und Gewinn dieser Art, sich verschleppen zu lassen, beruht in der Zurücklegung von Entfernungen ... Das alte Katerlied der Studenten ‹Stumpfsinn, Stumpfsinn, du mein Vergnügen, Stumpfsinn, Stumpfsinn, du meine Lust› wäre eine würdige Hymne darauf.»[49]

Jetzt war der Eisenbahn ein Konkurrent geboren, das Automobil. Es erschien auf der Bühne der Geschichte, als die vornehme Welt schon fast begann, sich mit der Eisenbahnreise abzufinden. Lebendig waren jedoch noch die Erinnerungen an die Zeit der Reisekutschen, wo man mit Stolz als sein eigener Herr seiner Wege fahren konnte, eine Erinnerung, welche tief die Aufmerksamkeit einfärbte, die den neuen Motorwagen entgegengebracht wurde: wiedergekommen schienen die glorreichen Zeiten der Kutschenreise. Versprachen sie doch die alte Unabhängigkeit wieder aufleben zu lassen, jene selbstbeweglichen Fahrzeuge, und der eigenen Machtvollkommenheit wieder zu ihrem Recht zu verhelfen, denn sie befreiten von den Unannehmlichkeiten der Eisenbahn: das Regiment des Fahrplans, der Zwang zur Schiene und – die Ausdünstungen der Menge. Während der Übergang von der Kutsche zur Eisenbahn die standesbewußten Gruppen in ihrem Selbstgefühl gekränkt hatte, ließ sich mit dem Wechsel von der Eisenbahn zum Auto die verlorene Souveränität

Gesichter der Eisenbahn. Sturm auf die Waggons,
wenn der Ausflugszug für fünf Franc von Paris ans Meer losfährt.
Karikatur von H. Daumier 1852.

wiederherstellen, ja sogar auf neuer, auf mechanisierter Stufe auskosten. Kein Herumkommandieren mehr von schrillen Pfiffen, keine Aufgabe des Gepäcks mehr in wer weiß welche Hände, vorbei mit dem unwürdigen Dasein eines Passagiers! «Eine wollüstige Perspektive: Wir werden nie von der Angst geplagt werden, daß wir einen Zug versäumen könnten. Wir werden nie nach dem Packträger schreien, die nachzählen müssen, eins, zwei, drei, vier – hat er alles? Herrgott, die Hutschachtel; sind auch die Schirme da? Wir werden nie Gefahr laufen, mit unausstehlichen Menschen in ein Coupé gesperrt zu werden, dessen Fenster auch bei drückender Hitze nicht geöffnet werden darf, wenn jemand mitfährt, der an Zug-Angst leidet.» Zu einem solchen Nachruf auf die Eisenbahn ließ sich Bierbaum hinreißen, als er mit Frau Gemahlin und, versteht sich, einem Chauffeur nach Italien aufbrach und sich im Blick auf seinen Adler-Phaeton, auf dem gerade das Gepäck verschnürt wurde, an die Zeit als «Kistenmensch» in einem Bahnabteil erinnerte. Ganz andere Aussichten eröffneten sich da mit seinem frisch erworbenen Automobil: «Wir werden selber bestimmen, ob wir schnell oder langsam fahren, wo wir anhalten, wo wir ohne Aufenthalt durchfahren wollen. Wir werden ganze Tage lang in frischer, bewegter Luft sein. Wir werden nicht in gräulichen, furcht-

«Sie suchen Ihren Koffer, mein Herr?
Dort ist er irgendwo – und die Hutschachtel der Dame auch . . .»
Karikatur von H. Daumier, 1843

baren Höhlen durch die Berge, sondern über die Berge wegfahren. Kurz, mein Herr! Wir werden wirklich reisen und uns nicht transportieren lassen.»[50]

So schien mit dem Automobil nichts weniger als das Ende des Transportzeitalters gekommen. Denn «Transport» war das Wesensmerkmal der Eisenbahn, weil sie Menschenmassen von einem Ort zum anderen schaffte, nach der unbeeinflußbaren Logik eines zentral gesteuerten Apparats, der Lokomotiven, Schienenstränge und Zeitmessung zu einer vielfachen, täglich wiederkehrenden Bewegung organisierte. Wer die Bahn nutzte, mußte sich wohl oder übel dieser Logik des Apparats überantworten, mußte sich, wie Max Weber es damals genannt haben könnte, in dieses «stählerne Gehäuse der Hörigkeit» begeben, um am Fortschritt zur größeren Raumbeherrschung teilzuhaben. Diesem Sachzwang widerstrebte die Individualitätsliebe der gehobenen Stände, die in ihrer Lebensgestaltung großen Wert darauf legten, Herr ihrer eigenen Entscheidungen zu sein und eine individuelle Linie in Ausdruck und Verhalten zu entwickeln. Aus diesem Lebensgefühl heraus wollte etwa die Modeschriftstellerin Gräfin Ida Hahn-Hahn 1841 die Eisenbahn «als Spazierfahrt» gelten lassen, «aber», so befand sie, «eine wirkliche Reise zu machen, finde

Im Personenzug.
Zwischen einem Metzger und einem Betrunkenen.
Karikatur von H. Daumier, 1839

114

ich ganz unanständig für einen Menschen. Er setzt sich dadurch zu einem Warenballen herab und begibt sich seiner Sinne, seiner Unabhängigkeit. Menschliche Rücksichten werden auf einen Warenballen nicht genommen, man hat sich nur verpflichtet, ihn fortzuschaffen ... Die Dampfwagenerfindung, sie nivelliert und centralisiert, und das sind die beiden fixen Ideen derjenigen, welche sich Liberale nennen ... Nivelliert werden dann auch alle Schranken, Stände, Genüsse, Bedürfnisse. Für ein Geringes rutscht Greis und Kind, vornehm und gering, reich und arm, Mensch und Vieh auf dem Dampfwagen umher.»[51]

Angesichts der Eisenbahn waren die bürgerlich-aristokratischen Kreise in ein Dilemma geraten, das sich quer durch die Geschichte der Industrialisierung zieht: die zunehmende Mechanisierung des sozialen Lebens erschloß zwar ungeahnte Möglichkeiten, doch sie drohte immer wieder genau jene gepflegte Subjektivität, jenen persönlichkeitsbewußten Lebensstil aufzusaugen, den das Bürgertum, besonders seit der Romantik, gerade im Gegenzug zur Mechanisierung entwickelt hatte. Auf der einen Seite stand man fasziniert der Lokomotive gegenüber, weil sie mit ihrer Maschinenkraft dem erschöpflichen, an seine körperlichen Grenzen gebundenen Pferd weit überlegen war und mit ihrer gleichmäßig stampfenden Bewegung eine neue Herrschaft über weitere Räume eröffnete. Auf der anderen Seite jedoch löste die Eisenbahn Unbehagen, Verdruß und Melancholie aus, weil ein Stück individualitätsgeprägter Lebensart unter ihre Räder geriet, indem jene Distanz, die kultivierte Überlegenheit begründet, zusammenschrumpfte: die Distanz zu reglementierten Lebensumständen ebenso wie die Distanz zum gemeinen Volk. Da tat sich im Automobil ein Ausweg auf, denn es brachte, gerade mit seinem mechanischen Antrieb, eine Gefühlswelt zur Resonanz, die im Eisenbahnzeitalter unzeitgemäß geworden war: die Attraktion der unabhängigen, nach individueller Lust und Laune verlaufenden Reise. Es vereinte Maschinenkraft und Selbstbeweglichkeit und stellte in Aussicht, die Früchte der Verkehrsrevolution ernten zu können, ohne ihren Preis bezahlen zu müssen. Fast schien sogar ein neuer Ausbruch an Individualitätsbildung bevorzustehen, wenn man auf die Begeisterung hört, die aus Bierbaums Worten spricht: «Wir wollen wirklich wieder reisen, als freie Herren, mit freier Bestimmung, in freier Luft, und gerade, daß wir dabei selber etwas mehr zu tun bekommen, daß wir jeden Augenblick vor die Notwendigkeit eines Entschlusses gestellt werden können, ist ein Vorzug dieser neu auflebenden alten Kunst des Reisens. Das Reisen im Automobil bringt nicht nur eine körperliche, sondern auch eine geistige Massage mit sich, und gerade darin liegt es . . . daß die Kraft des Empfindens, der Aufnahme und des Verarbeitens, Sichzueigenmachens von äußeren Eindrücken gesteigert wird.»[52] Ein wahres Auto-mobil, ein selbstbewegliches Gefährt, mit dem man sich weder um Fahrpläne noch um Schienenstrecken zu scheren brauchte, ein Unterpfand für Ungebundenheit und individuellen Genuß, das war die Wahrnehmung, welche vor dem Hintergrund von Bahnhof und Schiene dem Auto seine Anziehungskraft verlieh. So erwuchs aus der Enttäuschung über die alte Technologie die Begeisterung über die neue Technologie, so bereitete die Fortschrittskritik von gestern den Weg für den Fortschritt von morgen. Aus dem Kontrast zur Eisenbahn wurde das Gefühl der Unabhängigkeit geboren.

König Individuum

In der Tat, um der Rede des Verbandspräsidenten der deutschen Automobilindustrie, J. H. von Brunn, vom Jahre 1974 zu folgen, «der Wunsch fahrplanunabhängig Herr über Raum und Zeit zu sein, wurde in keiner Automobilfabrik erfunden. Er entspricht der Natur des modernen Menschen und kommt vom Verbraucher. Jeder sollte das Verkehrsmittel benutzen dürfen, das seinen persönlichen Bedürfnissen am besten entspricht.»[53] Und allen jenen, die damals, kurz nach der ersten Energiekrise, den Autofahrern ans Leder wollten, setzte er – ein bißchen an das pfeifende Kind im Wald erinnernd – schon im Titel herausfordernd entgegen: «Das Auto ist ein Stück mehr Freiheit.» Obwohl die vom obersten Automobilbauer angerufene «Natur des modernen Menschen» unseren Urgroßvätern noch gänzlich unbekannt war, spricht er doch die Gefühlsbasis der Automobilwirtschaft an: der massenhafte Wunsch nach Unabhängigkeit von Schiene, Fahrplan und anderen Leuten.

Immer wieder haben sich Verkehrswissenschaftler in verwickelte Untersuchungen gestürzt, um herauszufinden, warum so viele dem

116

Auto gegenüber Bus, Straßenbahn oder U-Bahn den Vorzug geben, nur um das Naheliegende zu Tage zu fördern: räumlich, zeitlich und sozial gegenüber den Massenverkehrsmitteln unabhängig zu sein, das macht die Attraktion des Autos aus. Bierbaums damalige Begeisterung über das selbstbewegliche Fahrzeug ist über die Jahrzehnte zu einem Massengefühl geworden, das der Nachfrage nach Verkehrsmitteln eine klare Schlagseite gab; in Massen setzte sich das Volk von der Straßenbahn in die Benzinkutschen ab. Ja man drängte um so mehr ins Auto, als es, im Unterschied zu Bierbaums Zeiten, schon längst nicht mehr darum ging, eine gelegentliche Eisenbahnfahrt durch das Vergnügen einer ungebundenen Autoreise zu ersetzen, sondern darum, einer alltäglichen Transportmaschinerie gegenüber etwas Beweglichkeit zu bewahren. War doch das «Fortschaffen von Menschen wie Warenballen» zum Alltagsgeschäft geworden, dem kaum einer sich entziehen konnte, so daß dem Auto, wenn schon nicht in Erinnerung an die kultivierte Kutschenreise, so doch in der Hoffnung auf ein Stückchen Freiheit im allgemeinen Transportgetriebe die Individualisierungswünsche zuflogen. Mit verallgemeinertem Massentransport wuchs der Drang zum Auto, unzählige Passagiere wollten, wie weiland Bierbaum, gerne Selbstfahrer sein. Warum sich auch an der Haltestelle frierend die Beine in den Bauch stehen, warum sich mühsam von Trambahnlinie zu Trambahnlinie seinen Weg zusammenbauen? Aus dieser Gefühlslage heraus nährt sich jener Ruf nach der «Freiheit der Verkehrsmittelwahl», der seit Jahrzehnten das Interessengezerre in der Verkehrspolitik übertönt; aus dieser Wunschkonstellation heraus haben die Massenverkehrsmittel über weite Strecken hin den Wettbewerb gegen das Auto verloren, sogar in dem Maße, daß auch ihr großzügiger Ausbau mit neuem Mobilitätsdruck – entgegen allen Absichten – auch eine neue Nachfrage nach Autos auslöste. Was 1955 die Nuckelpinne Maico 500 für sich in Anspruch nahm, das trieb die Nachfrage nach Autos in die Höhe: «Der tägliche Ärger – überfüllte Vorortzüge, überlastete Straßenbahnen, drückende Enge, kein Wunder, wenn viele schon mißmutig am Arbeitsplatz erscheinen. Gibt es kein Mittel dagegen? Natürlich gibt es eins: Motorisieren Sie sich! Mit Maico, denn das sind Maschinen von morgen.»

Dabei ist dieser Wunsch nicht nur aus der dünnen Luft kultureller Bedeutungen hergeholt, sondern er kann sich auf reale, im techni-

Der Teufelskreis der Depression.

Da ist der Angestellte, der seine Arbeit stets gewissenhaft verrichtet. Seit einiger Zeit belastet ihn seine Tätigkeit in zunehmendem Maße, er schläft schlecht und grübelt über den kommenden Arbeitstag. Er hat Angst, glaubt Fehler zu machen und kann sich kaum noch konzentrieren. Und so versagt er wirklich. Die Bedrückung nimmt zu. Die Depression kann zu einer Bedrohung seiner Existenz werden, wenn der Arzt, den er aufsucht, nicht echte Hilfe leisten kann.

Depressive suchen in der Regel zuerst den Hausarzt auf. Oft steht dabei die Klage über körperliche Symptome und Beschwerden sehr stark im Vordergrund und verdeckt die eigentlichen psychischen Anteile einer echten Depression.

Ist das depressive Grundleiden erkannt, sollte der Arzt diese „somatisierte" Depression konsequent mit einem Antidepressivum behandeln.

Mit ▆▆▆▆▆▆ steht dem Hausarzt jetzt ein Antidepressivum zur Verfügung, das er bei allen Formen der Depression wirksam und dabei ohne belastende Nebenwirkungen einsetzen kann.

▆▆▆▆▆▆ hat keinen negativen Einfluß auf das Reizleitungssystem des Herzens und die Myokardkontraktilität. Ebenso fehlen die bei Antidepressiva befürchteten atropinartigen Nebenwirkungen wie Mundtrockenheit, Erhöhung des Augeninnendrucks, Obstipation, Miktionsstörungen etc.

▆▆▆▆▆▆ wirkt in zwei Phasen: Es entspannt und beruhigt zunächst. Der Patient wird von seinen Ängsten befreit. Dann folgt eine depressionslösende, stimmungsaufhellende Phase: Müdigkeit und Abgeschlagenheit

gehen rasch zurück, der Patient fühlt sich wieder körperlich wohler. Die bisher quälend empfundene Antriebsstörung läßt nach. Da ▆▆▆▆▆▆ keine pathologischen EKG-Veränderungen hervorruft noch den Herzmuskel schwächt, ist die Behandlung risikoarm.

▆▆▆▆▆▆ ist ein außerordentlich sicheres Antidepressivum, mit dem der Arzt alle Formen der Depression wirksam therapieren kann. Der Teufelskreis der Depression wird durchbrochen.

Zusammensetzung: 1 Filmtablette ▆▆▆▆▆▆ enthält 10 mg 1,2,3,4,10,14b-Hexahydro-2-methyl-dibenzo (c,f) pyrazino (1,2-a) azepin-monohydrochlorid.

Indikationen: Bei allen Depressionen und depressiven Verstimmungen.

Dosierung und Anwendungsweise: Zur Erzielung einer optimalen Wirkung ist, je nach Ansprechen des Patienten, eine Tagesdosis von 30 bis 90 mg ▆▆▆▆▆▆ erforderlich. In den

meisten Fällen hat sich eine mittlere Tagesdosis von 60 mg bewährt.

Kontraindikationen: Absolute Gegenzeigen sind bisher nicht bekannt geworden.

Nebenwirkungen, Begleiterscheinungen: Müdigkeit in den ersten Tagen.

Darreichungsform und Packungsgröße: 60 Filmtabletten zu 10 mg   27,35 DM

▆▆▆▆▆▆ Das sichere Antidepressivum.

Das Massenverkehrsmittel illustriert Depression
Aus: Deutsches Ärzteblatt 46/1978

schen Produkt angelegte Möglichkeiten stützen. Denn beliebig kann sich die kulturelle Bedeutung nicht ausprägen, sie muß in der technischen Form und Funktion als Möglichkeit stecken. Und die Eigenschaften des Autos bestätigen die Idee der Unabhängigkeit und lassen sie als natürlich erscheinen. Das Auto kann, im Gegensatz zur Eisenbahn, privat angeeignet werden und ist daher ständig verfügbar. Es ist nicht schienengebunden (und manchmal nicht einmal straßengebunden) und kann daher fast überallhin bewegt werden. Es ist individuell steuerbar und braucht daher nicht mit anderen Personen geteilt werden, wie es sich auch den jeweiligen Geschwindigkeitswünschen des Fahrers fügt. Dazu tritt schließlich, historisch übrigens zunehmend, die Vielseitigkeit, auf die hin gerade modernere Wagen angelegt sind: sie taugen zum Repräsentieren ebenso wie zum Verladen von Surf-Brettern. Mit dieser Mitgift von der technischen Seite her kann sich das Auto mit dem Wunsch nach einem ungebundenen Lebensstil vermählen, ein Wunsch, der nur durch die gegenläufige Erfahrung unterhöhlt wird, daß der eigene Freiheitsdrang mit dem aller anderen kollidiert und zur allgemeinen Verstopfung führt.

Durchaus nicht zufällig ist das Auto in seiner technischen Gestalt auf individuelle Dienstbarkeit hin zugeschnitten; ein Entwicklungsgefälle zur Individualisierung durchzieht die ganze neuere Technikgeschichte. Vom Großsystem zum Hausgerät, diese Tendenz schiebt sich immer wieder nach vorne, der Übergang von der Eisenbahn zum Auto ist das spektakulärste Beispiel, während der Wechsel von der Kirchturmuhr zur Armbanduhr, vom Kino zum Fernseher, von der Wäscherei zur Waschmaschine, vom Großrechner zum Taschenrechner vielleicht weniger ins Auge fällt, jedoch der Übergang vom Großcomputer zum Heimcomputer jenem Beispiel wohl in nichts nachstehen wird. Die Industrialisierung menschlicher Tätigkeiten – der Fortbewegung, der Zeit, des Sehens, des Waschens, des Rechnens und des Mitteilens – scheint zuerst durch Großanlagen einzudringen, die kollektive Nutzung erheischen, bevor sie, in Kleingeräte eingelassen, jedem auf Hauspantoffelnähe rückt und die Blicke und Gesten im Alltag umprägt. Dabei läßt sich allenthalben dasselbe Umbaumuster beobachten: was vorher mit einem Publikum geteilt werden mußte, kann nun in den privaten Besitz eingereiht werden, was vorher an einem bestimmten Ort aufgesucht werden mußte, ist nun in unmittelbarer Reichweite verhäuslicht, und was sonst nach einem fremden Zeitplan ablief, steht jetzt jederzeit zur Verfügung. Geräte hervorzubringen, die allein, überall und dauernd, also sozial, räumlich und zeitlich in Unabhängigkeit genutzt werden können, darin liegt eine untergründige Zielrichtung der Technikentwicklung. Etwa die Linie vom Filmtheater über den Fernsehschrank zum tragbaren Fernseher und zum Videorecorder: was erst nur viele gemeinsam, in einem entfernten Saal und zur festgelegten Stunde sehen konnten, kann nun jeder für sich, im Wald oder im Wohnzimmer, in der Nacht oder am Morgen bewundern. In ihrer Struktur ist es vielen fortgeschrittenen Geräten eingeprägt, daß nichts über die freie Willkür des Individuums geht; ihr Fortschritt liegt gerade darin, die Abstimmung mit anderen Menschen überflüssig zu machen, auf keinen Ort mehr angewiesen zu sein und sich über jeden Zeitrhythmus hinwegsetzen zu können. Ihr idealer Kunde, dem sie sich dienstbar machen, ist König Individuum, der nach eigenem Gutdünken und ohne soziale, räumliche oder zeitliche Behinderungen, ihre Leistungen abrufen will. Und ideal ist solche atomisierte Kundschaft auch für die Industrie; ein Massenmarkt ist nicht anders als durch die Individualisierung der Geräte zu bekommen.

Damit läßt die technische Entwicklung ihrerseits in Schrauben und Schaltern, in Geräten und Gehäusen gerinnen, was der neuzeitlichen Kultur zutiefst selbstverständlich ist und dennoch eine Umstülpung traditioneller Lebensentwürfe bedeutet hat, die erst Schritt für Schritt über die letzten zwei Jahrhunderte in gelebte Realität umgesetzt wurde: daß das einzelne Individuum vorrangig und vollständig in eigenem Recht gründet und alle Bindungen an die Gesellschaft oder auch die Natur seinen Willensentscheidungen nachgeordnet ist. Der einzelne ist in diesem Bild nicht Teil eines Ganzen, sei es einer Stammesgemeinschaft wie für einen Sioux, einer Ahnenreihe wie für einen Kikuyu, eines hierarchischen Gesellschaftskörpers wie für einen Hindu, oder einer gottgewollten Ordnung wie noch im Absolutismus, ja auch nicht in erster Linie einer Dorf-, Familien- oder Wohngemeinschaft, sondern Herr seiner selbst. Ohne im Unterholz der abendländischen Geistergeschichte zu stöbern, sei nur darauf aufmerksam gemacht, daß das Wort «Individuum» in seiner heutigen Bedeutung erst seit Ende des 18. Jahrhunderts geläufig ist; die frühere Bedeutung allerdings ist noch im heutigen Begriff «ein Individuum» enthalten, in dem die alte Skepsis gegen Personen außerhalb jeder sozialen Verbindlichkeit aufblitzt. Diese Grundkategorie unserer Kultur modelliert auch den technischen Fortschritt, in seinen Geräten und Maschinen kommt zum Ausdruck, was wir für fundamental wichtig erachten; er ist die materielle Reproduktion einer Kultur.

Doch nicht nur das. In der Übergangslinie vom Großsystem zum Hausgerät macht sich, vom kulturellen Code programmiert, die technische Entwicklung daran, eben dieses unabhängige Individuum materiell zu ermöglichen. Auto oder Waschmaschine, Videorecorder oder Mikrocomputer sind unter diesem Blickwinkel nichts anderes als der apparative Vollzug eines kulturellen Ideals, das schon längst von der Gedankenwelt der Philosophen in die Gefühlswelt der Menschen gewandert ist: durch die Leistungen eines Geräts lästige soziale, räumliche oder zeitliche Bindungen hinter sich zu lassen und sich als Herr seiner selbst vorzukommen.

Ein Stück mehr Freiheit durch Autofahren, dieser Slogan des Autopräsidenten spielte auf dieser Melodie und findet Resonanz, solange dieses Ideal viele Menschen umtreibt. Doch je mehr es im Zuge der Massenmotorisierung zur Wirklichkeit geworden ist, desto unausweichlicher färben sich die Unabhängigkeitswünsche langsam um: sich die Augen reibend, entdeckt man hinter der gewonnenen Unabhängigkeit eine neue Form von Abhängigkeit. Schließlich hängen all diese Unabhängigkeitsmaschinen an Straßen und Stromleitungen, Pipelines und Funkstrahlen, die ihrerseits jeden einzelnen mit vielerlei Fäden an Industrien, Kraftwerke, Bohrtürme und Sendeanstalten binden. Versorgungsnetze und Produktionsapparate müssen aufgeboten werden, um uns ein Stück mehr Freiheit im privaten Winkel zu verschaffen: eine abhängige Unabhängigkeit, so paradox das klingt. Während Bierbaum, froh darüber, nicht mehr in ein Eisenbahnabteil verfrachtet zu werden, das Auto mit Freiheitshymnen besungen hatte, weil es ihn vom Passagierdasein erlöste, dämmert uns, 80 Jahre später, auf der Stadtautobahn Kolonne fahrend, daß auch selbstbewegliche Fahrzeuge Teile eines nach eigenen Sachzwängen organisierten Transportsystems sein können: von Passagieren sind wir mit Bierbaum zu Selbstfahrern geworden, doch von Selbstfahrern haben wir uns wieder in Passagiere, wenn auch selbstbewegliche, verwandelt.

Auf dem stählernen Roß

Allerdings ist nicht zu übersehen, daß jene Freude über unabhängige Beweglichkeit nicht nur über das Auto in der gesellschaftlichen Gefühlswelt Fuß faßte, sondern sich auch an einer anderen, fast gleichzeitig auftretenden Erfindung festmachte, am Fahrrad nämlich. In denselben Jahren, als Carl Benz in Mannheim seine Benzinkutschen ausprobierte, tüftelte John Kemp Starley in London das Niederrad aus, jene Art von Zweirad, die erst die Massenverbreitung des Fahrrads einläutete. Halsbrecherisch war es ja gewesen, sich auf ein Hochrad zu wagen, schon eine schlichte Baumwurzel konnte einen kopfüber in den Staub werfen, denn nur zittrig war die Balance zu halten, da der Schwerpunkt nach vorne und nach oben rutschte, je größer – und damit schneller – die Vorderräder wurden. Damit wagten höchstens sportliche Herren auszureiten, in Reithosen und auf dem Kopf einen gut gepolsterten Tropenhelm. Doch zu einem Volksverkehrsmittel konnte erst das Niederrad werden, wo der Fahrer durch die beiden mittelgroßen Räder in beruhigender Beinlänge vom Boden gehalten wird und die Übersetzung mit Kette sogar den Unsportlichen, bald auch auf Luftreifen, flott dahinsausen ließ. Eine wahre Fahrradbegeisterung brach gegen die Jahrhundertwende hin aus, Jung und Alt schwangen sich in den Sattel, und die Polizei hatte alle Hände voll zu tun, ihre bärbeißige Autorität gegenüber dem flitzenden Völkchen zu bewahren. Nach allerlei Preisstürzen, verursacht durch amerikanische Importräder, wurde das Fahrrad auch für weniger bemittelte Gruppen erschwinglich; von den ca. 1 Million Fahrrädern gehörten im Jahre 1903 etwa 30% Arbeitern.

Auf dem Stahlroß konnten nun viele eine Beweglichkeit genießen, wie sie früher nur den vornehmen Herren hoch zu Roß vorbehalten war. Im sinnreichen Zusammenspiel von Muskelkraft und Mechanik potenzierten sich die eigenen Kräfte; in behender Geschwindigkeit ließ man die Fußgänger zurück und freute sich übermütig an der neu gewonnenen Macht über den Raum. «Bergab ließen sie beide ihre Maschinen mit ihnen davonlaufen. Und da überkam sie», so schildert Émile Zola in seinem Roman ‹Paris›, «dieser fröhliche Rausch der Schnelligkeit, die schwindelnde Empfindung des Gleichgewichts in dem blitzähnlichen, atemversetzenden Hinabrollen, während der graue Weg unter den Füßen entflieht und die Bäume zu beiden Seiten sich bewegen wie ein Fächer, den man entfaltet . . . Das ist die unendliche Hoffnung, die Befreiung von den allzudrückenden Fesseln, über den Raum hinaus. Und keine Erhebung ist besser; die Herzen quellen über unter dem freien Himmel.»[53] Berauschend die Geschwindigkeit, befreiend die Beweglichkeit, beflügelnd die Anstrengung, so wurde das Fahrradfahren erlebt, und solche Erfahrungen wurden nun auch in breiten Schichten heimisch. Kaum überraschend, daß auch das Fahrrad seine Anziehungskraft aus dem Kontrast zur Eisenbahn be-

Sirius-Plakat von H. Gray, 1899

zog. Denn «das Rad untersteht keinem Fahrplan, es ist frei. Nicht folgt es dem allgemeinen Geleise, sondern auf tausend selbstgewählten Pfaden schweift es dahin. Zu jeder Stunde, zu allen Himmelsrichtungen führt es seinen Reiter. Es dient ganz und gar dem individuellen Bedürfnis; es trägt der unendlichen Vielfältigkeit des menschlichen Wollens und Strebens Rechnung.»[54] Dieselben Gefühle wie beim Auto nahmen Gestalt an, Lust an der ungebundenen Bewegung auch hier, doch mit einem ungleich bescheideneren Fahrzeug und deshalb zugänglich für weite Kreise der Bevölkerung.

Nicht nur vom Reglement der Lokalbahn befreite das Fahrrad, sondern auch vom Reglement des Alltags. Wer sich ent-fernt, kann dafür zweierlei Motive haben: wegkommen oder ankommen wollen. Wegkommen in die ferne Hauptstadt, den bedrückenden und aussichtslosen Lebensverhältnissen zu Hause zu entfliehen, diese Sehnsucht, durch Mobilität sein Los zu verändern, war schon von der Eisenbahn geweckt worden. Wieviele Spaziergänge führten in den Dörfern des 19. Jahrhunderts zu den Geleisen, wie sehr hatte der Bahnhof die Dorflinde als Treffpunkt abgelöst! Es war die Magie der erlösenden Ferne, die lockte. Wegkommen von den überwachenden Blicken und den sturen Regeln des Alltags, und sei es nur für ein paar Stunden, diese Sehnsucht wurde im Fahrrad erfüllbar. Da konnten die Jungen den Nörgeleien ihrer Eltern entfliehen und die Arbeiter der bedrückenden Enge ihrer Wohnungen, da holte das Fahrrad die behüteten Töchter vom Strickstrumpf weg und den blassen Angestellten vom Kassenbuch. Wer kräftig in die Pedale trat, dem wuchs auch ein neues Selbstbewußtsein zu, mit dem flinken Fahrrad stellte sich oft auch flinke Unternehmungslust ein. Da es plötzlich so leicht war, Distanz zu gewinnen und sich durch Ent-fernung zu behaupten, fühlten sich viele mit der äußeren auch in ihrer inneren Unabhängigkeit gestärkt und empfanden ein vorher nicht gekanntes Freiheitsgefühl. Dabei waren es gerade auch die neuen Bewegungsabläufe, das Treten und das Balancieren, überhaupt das Ausarbeiten des Körpers in der Öffentlichkeit, die Symbol auch für eine moralische Befreiung wurden, ganz besonders für Frauen: «Das erste, was unbedingt in die Rumpelkammer muß, ist das Korsett. Tiefes, lebhaftes Atmen, wie es das Radfahren verlangt, kann nur geschehen bei voller Ausdehnung des Brustkorbs. Wie soll der unglückliche Brustkorb sich weiten,

wenn er in einem Stahlpanzer steckt: . . . Am freiesten und wohlsten»,
so scheut sich die Radlerin um 1900 nicht fortzufahren, «fühlt man
sich ja allerdings mit ganz unbeengtem Oberkörper. Bei mir persön-
lich macht es sogar einen ganz bedeutenden Unterschied . . . ob ich
ganz ungezwungen oder mit – wenn auch noch so losem – Büstenhal-
ter fahre.»[55] Das Fahrrad wurde zum Symbol für die «neue Frau», die
sich aus einer Vielzahl von Fesseln löst und sich souverän zu den
weiten Möglichkeiten der Welt aufmacht. Wegzukommen aus beklemmenden Verhältnissen, an dieses Erlebnismuster kann das Auto
erst Jahrzehnte später anknüpfen, als es jenen zugänglich wird, die es
zu brauchen glauben, um aus allen Arten von beklemmenden Verhältnissen zu fliehen.

Während sich die Begeisterung über das Auto an der Reise in die
Ferne entzündete, freute man sich mit dem Fahrrad an der neuen
Zugänglichkeit der Nähe. Es war die kleinteilige Mobilität, welche
mit dem Fahrrad einen beträchtlichen Aufschwung nahm, es erweiterte sich der lokale Aktionsraum, und auch die Bewegungsdichte
nahm zu. Das Fahrrad erschloß den Nahraum und vervielfältigte die
Ziele, die in einer kurzen Zeitspanne erreichbar waren; zur Fabrik
oder an den Badesee, zum Kirchgang ins nächste Dorf oder zum
Schäferstündchen in den Wald, im Fahrradsattel konnte man sich als
Herr über die Heimat fühlen. Zum erstenmal regte eine Errungenschaft der Verkehrstechnik das lokale Leben an, die Eisenbahn hatte
eher dazu verleitet, sich als Herr über die Nation (und das Flugzeug
später: als Herr über die Welt) zu betrachten. Und nicht zu vergessen:
obendrein wurde es auch auf den Landstraßen lebendiger, die durch
die Sogkraft der Eisenbahn zunehmend verödet waren; wo früher bald
nur mehr Landstreicher zu sehen waren, sind jetzt wieder Reisende
von Ort zu Ort unterwegs. Nachdem die Eisenbahn den nationalen
Raum geöffnet hatte, öffnete das Fahrrad den lokalen Raum.

Den Zeitgenossen blieb nicht verborgen, daß dieses Gefühl der
Ungebundenheit leider mit Schnaufen und Schweiß bezahlt werden
mußte. Weil es körperliche Anstrengung verlangt, taugte das Fahrrad
nicht zum Klassensymbol; denn eine privilegierte Stellung heißt zuallererst, über fremde Energien zu gebieten und andere für einen
schwitzen zu lassen. Mit trotzigem Unterton merkte deshalb 1890
Wilhelm Wolf in seinem Buch ‹Fahrrad und Radfahrer› an: «Wer in

der glücklichen Lage ist, sich ein Reitpferd, oder Pferd und Kutsche zu halten, sieht gewöhnlich mit einem gewissen Anflug von Mitleid auf den Radfahrer herab; ihm dünkt es nobler, sich durch tierische Kraft fortbewegen zu lassen, als daß er dies durch eigene Anstrengung täte, ihm paßt gewöhnlich das ‹Strampeln› nicht, ohne zu bedenken, daß der Radfahrer beim Treten seiner Maschine wesentlich auch keine andere Beinbewegung vollführt, als wie sie jedem Menschen beim Gehen von unserem lieben Herrgott vorgeschrieben sind.»[56] Schon allein aus diesem Grunde wurde das Fahrrad in der vornehmen Welt nicht salonfähig. Es stieg daher nicht zu einem Symbol sozialer Überlegenheit auf, das massenhafte Nachahmungswünsche auf sich gezogen hätte. Noch stärker geriet dem Fahrrad der Makel der Körperlichkeit zum Nachteil, als die Motorenkraft zunehmend Verbreitung fand. Weil das Rad nicht ohne Muskelkraft zu bewegen war, blieb es im Kreis der fortschrittsstrahlenden Technologien ein Außenseiter; denn im Ersatz der körperlichen Kraft durch maschinelle Kraft wurde damals die Pointe des Fortschritts gesehen. «Das Radeln», beschrieb Eugen Diesel 1905 die drei Monate Wartezeit nach der Bestellung des ersten Autos, «das Radeln war in der Wartezeit ein kümmerlicher Ersatz. Ich fuhr zwar schneller als früher, fühlte mich als Automobil, ahmte das Schalten, Gasgeben und Verstellen der Zündung ... nach und geriet fast in die Halluzination, Chauffeur zu sein. Aber es war eben doch ein verdammter Nachteil, daß der Motor fehlte und das Tretrad nicht von selbst gehen wollte.»[57] Im Fahrradsattel und strampelnd, stellt sich der junge Eugen in der Phantasie vor, wie er ein Autofahrer wäre: schalten, gasgeben, den Motor brummen lassen. Wieviele spätere Generationen haben nicht das Fahrrad ebenso erlebt! Dem Fahrrad, daran war nicht zu rütteln, ging einfach ab, worin die Zeitgenossen die entscheidende Qualität des technischen Fortschritts sahen: die körperlichen Grenzen durch Motorenstärke zu überwinden. Ungeachtet dessen, daß ein beträchtliches Maß an hochentwickelter Technik auch in Elementen wie etwa einer Fahrradkette steckt, waren Motoren der Inbegriff des Fortschritts, weil sie jenes zauberhafte Versprechen bargen, die scheinbar unerschöpflichen Energien der Natur einzuspannen und für den Menschen arbeiten zu lassen. Obgleich das Fahrrad die Körperenergie äußerst wirkungsvoll vergrößerte und den Aktionsradius der Menschen um ein Vielfaches erweiterte, haftet ihm der Makel der organischen Endlichkeit an; daher konnte es auf die Dauer allerhöchstens als verdrießliches Ersatzgerät für Unmotorisierte gelten.

Dennoch muß im Rückblick festgehalten werden, daß nicht nur die Autotechnik – mit der Kette, der Nabe und dem Luftreifen – von der Fahrradtechnik, sondern insbesondere die Anziehungskraft des Autos sich auch aus dem Fahrradgefühl nährte. Das Stahlroß brach für die breiten Massen die gewohnten Grenzen der Raumerfahrung auf und setzte Wünsche nach erweiterter Unabhängigkeit in Bewegung. Mobilität im Nahbereich wurde zur alltäglichen Münze. Aus diesem Reservoir populärer Erfahrungen wuchs den Motorfahrzeugen ein gutes Stück ihrer Anziehungskraft zu; versprachen sie doch jene Beweglichkeit ins Unglaubliche zu steigern. So war das Fahrrad vielfach nur die erste Stufe eines Weges, der über das Motorrad beim Kleinwagen mündete, sobald der Geldbeutel es erlaubte. Das Fahrrad mobilisierte die Wünsche für das Auto.

Kleine Fluchten

Die Freude an flinker Ungebundenheit, in den alltäglichen Praktiken und Wünschen durch das Fahrrad heimisch geworden, besetzte also in der Folgezeit auch das Motorrad und das Auto. Ungezählt bleiben die Anlässe, wo man den fahrbaren Untersatz zu brauchen glaubt, um kurz zu entweichen; zahllos sind die Gelegenheiten, wo in ihm die kleine Befreiung aus beklemmenden Umständen aller Art gesucht wird. Aufatmend läßt sich der Ehemann hinter sein Lenkrad fallen, nachdem er türschlagend seiner Frau das ätzende Wort abgeschnitten hat; heilfroh der Maloche wieder mal entronnen zu sein, wirft der junge Arbeiter freitagnachmittags seine Maschine an und jagt den offenen Chancen des Wochenendes entgegen; erleichtert läßt der Mathematikstudent, dem vor lauter Büffelei die Bude auf den Kopf fällt, den Anlasser seines 2 CV gurgeln, um seiner Lieblingskneipe zuzustreben. Die Kulisse zu wechseln, sich mal wieder andere Luft um die Nase wehen zu lassen, «alles» hinter sich zu lassen, solche Motive mit dem Leitthema «Flucht aus Zwängen» sind tief in die Erlebniskraft des Autos eingelassen, und sie purzeln einem in Hülle und Fülle auch

Das Auto steht für ungebundene Lebensfreude
Aus: Berliner Illustrirte Zeitung 38, 1929

aus dem Film und Literatur entgegen; die Flucht aus Routine in den
Urlaub, die Flucht der Jugendlichen vor elterlichen Verboten, die
Flucht des Verbrechers aus der zuschnappenden Falle. Auf Leinwand
und Bildschirm taucht ein Auto auf, um Szenenwechsel anzuzeigen;
der Held von heute läßt die Reifen quietschen und hat den Cowboy
alten Stils ersetzt, der, untermalt von majestätischer Musik, in die
untergehende Sonne hinein davonritt. Besonders in der amerikanischen Literatur der fünfziger und sechziger Jahre symbolisierte das

Auto die fiebrige Freiheit des Aufbrechens und Wegkommens. Im wohl berühmtesten Beispiel, Jack Kerouacs ‹On the Road›, zieht der Held der «Beat Generation», Dean Moriarity, die Erregung angesichts der ins Unendliche weisenden Straße überschwenglich in sich hinein und in John Updikes ‹Hasenherz›, klemmt sich Harry Angstrom hinter sein Steuerrad, gepeinigt von der Angst, in der miesepetrigen Kleinstadt sein Leben mit den quäkenden Kindern zu Hause und dem drögen Job eines Gebrauchtwagenverkäufers in die Sackgasse gefahren zu haben, und setzt sich ab, voll von Phantasie über das jungfräuliche, leichthändige Leben im Süden: «Er möchte südwärts fahren, immer weiter hinunter auf der Landkarte, zu Orangenhainen und dunstigen Flüssen und barfüßigen Frauen. Es scheint ganz einfach: die ganze Nacht, das Morgengrauen, den Vormittag und den Mittag hindurch fahren, den Wagen parken, die Schuhe auszuziehen und schlafen am Golf von Mexiko.»[58]

Auch die Automobilwerbung macht sich dieses Bedeutungsreservoir zunutze, ja tut das ihrige, um es lebendig zu halten, weil damit das Verkaufsgut Auto in eine Bedeutungshaut gehüllt werden kann, die mit den Sehnsüchten des Käufers auch dessen Geldbeutel öffnet. Lässig setzt sich auf dem Werbebild der Toyota Land Cruiser über Steine und Strömung hinweg und überwindet einen wild sprudelnden Fluß: «Ein Toyota gibt Ihnen die Freiheit, eingefahrene Wege zu verlassen!» Die Werbung unterstreicht, daß ein Toyota nicht nur ein bloßes Beförderungsmittel ist, sondern für einen Lebensstil steht. Dem Wagen werden nicht-materielle Eigenschaften zugeschrieben, die einer offenbar unverwüstlichen Motivwelt entstammen, wo der Eroberer unwegsamer Gelände, der Naturbursche fernab von der Zivilisation, der Abenteurer vor sich endlos auftürmenden Hindernissen, als Held von Freiheit und Unabhängigkeit gilt. Indem die Werbung das Produkt in ein System geltender Bedeutungen, eben der Abenteuer-Saga, einbaut, wird es mit den dort angesiedelten Bedeutungen umkleidet. So kommt es mit einem Erscheinungsbild daher, das über den technischen Gebrauchswert hinausragt, ein Beispiel dafür, wie das Bauprinzip der Werbung darin besteht, die Welt der Produkte in eine Welt von Bedeutungen zu übersetzen und umgekehrt alle möglichen Bedeutungen in Produkten käuflich erscheinen zu lassen. Und kaum kleidet er sich mit den Qualitäten von Freiheit und

Unabhängigkeit, gibt damit auch Auskunft über den Charakter seines Besitzers: ein Mann, «der eingefahrene Wege verlassen will». Schon die Bildüberschrift meint beide, den Wagen und seinen Besitzer: der Wagen ist so robust, daß er von «Schlamm, Schnee und Steigung» unabhängig macht, und sein Besitzer zeigt damit, daß er sich unkonventionell über die Regeln und Routinen des Alltags hinwegzusetzen vermag. Der Charakter des Toyota verweist auf den Charakter seines Besitzers, beide lieben die Freiheit und die Nonkonformität. Und da spielt es dann gar keine Rolle mehr, daß der Wagen wahrscheinlich niemals im Amazonasgebiet eingesetzt wird; auch in der Stadt, zwischen Ampeln und Asphalt, wirkt seine Symbolkraft.

Selbstverständlich bezieht unsere Werbeanzeige ihre Überzeugungskraft nicht nur aus dem Einfallsreichtum der Graphiker, sie bringt vielmehr eben jene Melodie zum Klingen, die vom Fahrrad herkommend den Gebrauch von Autos und Motorrädern umspielt: die Freude der kleinen Befreiungen dank flinker Mobilität. Freiheit verkürzt sich in dieser Erfahrungsgestalt auf Freiheit zum Wechsel, Veränderung heißt Abkehr, und Lösung findet sich im Aufbruch. Keinen fahrbaren Untersatz zur Verfügung zu haben, daran knüpfen sich Befürchtungen, im Herkömmlichen stecken zu bleiben, kontrollierenden Blicken ausgesetzt sein und im alten Trott sich zu verlieren. In diesem Sinne vergegenständlichen sich im Auto Veränderungs- und Emanzipationswünsche; kein Wunder etwa, daß für viele Jugendliche der Erwerb eines Autos einen unverzichtbaren Schritt zur Aufnahme in den Kreis der Erwachsenen bedeutet oder manche Frau ihr frisches Selbstbewußtsein mit einem Flitzer hervorstreicht.

Daß Beweglichkeit, daß Ent-fernung befreiend sein kann, diese Erfahrung lebt allerdings von zwei Kontrasten, die ihr den Spannungsbogen der Attraktivität geben. Auf der einen Seite, das zeigt sich anschaulich in der Frühgeschichte des Fahrrads, rührt die Faszination des Fortkommens aus der Gegenerfahrung der Immobilität, der unausweichlichen Verwurzelung in statischen Lebensverhältnissen; auf der anderen Seite lebt die Lust an der Ent-fernung von der Phantasie, daß da draußen in gehöriger Distanz ein Stückchen des ganz anderen Lebens winkt. Beide Voraussetzungen, werden sie nicht zunehmend trügerisch, wenn Mobilität zur gesellschaftsweiten Norm geworden ist, die jedermann andauernd unterwegs sein läßt? Wenn alle immer im Aufbruch sind, dann kann es gut sein, daß die Freude an der Ent-fernung nachläßt; wenn alle auf der Suche nach dem andersartigen Erlebnis umherfahren, liegt es nahe, daß eben jene Unterschiede sich verwischen, um derentwillen man aufgebrochen ist, und die Ferne sich dem Zuhause täuschend ähnlich erweist. Allseitige Mobilität entzaubert die Ent-fernung. Nicht zufällig muß schon die äußerste Ferne, die Dschungelwelt, für die Toyota-Anzeige herhalten; wo sonst sind die Geleise noch nicht eingefahren? Und auch nicht zufällig verfranst sich Updikes Harry Angstrom, nachdem er sich aus seinem Provinznest in Richtung Golf von Mexiko davongemacht hatte, in einer nächtlichen Wirrnis von Schildern, Motels und Autobahnkreuzen, so daß er zerfahren, aber ernüchtert wieder zurückkehrt und, als er erschöpft im parkenden Wagen einnickt, das Auto selbst für das entgangene Ziel nimmt: «Er denkt wieder an das erträumte Ziel, sich im Morgengrauen in den Sand des Golfes von Mexiko zu betten, und in gewisser Weise scheint es ihm so, als sei dieser rauhe Autositz Sand und das Summen der erwachenden Stadt das Rauschen des Meeres.»[59]

TRIUMPHIERENDE
GESCHWINDIGKEIT

«... Und alles schwarz von Menschen, von Männern mit blauen Schirmmützen und Frauen mit wehenden Schleiern, deren Augen wie im Fieber leuchten und immer nur auf eine riesengroße schwarze Tafel schauen, oder auf ein schwarzes oder blaues oder weißes Etwas, das mit Donnergepolter eins, zwei, drei wie eine Teufelsgestalt kommt und verschwindet ... brüllend fegt ein Automobil nach dem anderen, oft zwei kämpfend nebeneinander, an den Menschen vorüber. Weiter nur weiter. Und wieder malen die Pinsel neue Ziffern an die schwarze Tafel, das Volk rechnet; es rechnet, wer in dem Riesenkampf pferdeloser Maschinen die beste Zeit gefahren hat, wer der Rasendste gewesen ist ... Schon stundenlang hat der Kampf gewogt, Kilometer um Kilometer, Runde um Runde. Ein erbittertes Ringen. Schon zeigen hier und dort an der Tafel sich klaffende Lücken, denn die Ärmsten, die nach und nach von der Bildfläche verschwunden sind, liegen mit zerbrochener Maschine auf der Strecke oder haben sich in den Chausseegraben hineingebohrt auf Nimmerwiedersehn ... Da zeigt sich wie eine Wolke ein schwarzer Punkt und wird immer größer und größer, und aus einem Punkt wird ein ratterndes Ungetüm, das mit einemmale heranschießt und dann hält, umheult von tausend Stimmen und umringt von tausend Menschen, die im Taumel dem Sieger die Hände drücken.»[60]

Ein elektrisiertes Publikum, Tempo, weiter und weiter, zwischen Katastrophe und Glorie ein erbittertes Ringen, einer gegen alle und alle gegen einen, und dann: der triumphierende Sieger, vom Jubel umrauscht und erhobenen Hauptes in die tosende Menge winkend; der Reporter des *Berliner Tageblatts* hat 1909 die Stimmung vom Rennplatz anschaulich eingefangen.

Nur Fliegen ist schöner

Viel verdankt die Geschichte des Geschwindigkeitsgefühls dem Automobilsport. Ohne Autorennen ist der Siegeszug des Automobils nur schwer vorstellbar. Seit der Fernfahrt Paris-Bordeaux im Jahr 1895, die Levassor mit 24,4 km/h Durchschnittsgeschwindigkeit für sich entscheiden konnte, sorgte der Rennsport für Publizität. Zehntausende säumten die Straßen (in Paris sollen es 1903 bereits 100 000 gewesen sein), Zeitungen und später der Rundfunk trugen das Renn-

Am Start. Karikatur von Bruno Paul im «Simplicissimus»

133

Henri-Charles Willems, «Coupe Gordon Bennett», 1905

fieber weit übers Land. Jährlich füllten sich die Spalten mit Berichten von allerlei Großen Preisen, sei es der von Monza, Indianapolis oder gar der von Deutschland, und Namen wie Lautenschlager, Caracciola und Rosemeyer wurden jedem Kind zum Begriff. Gewiß, da feilten die Ingenieure an ihren Testmaschinen und die Werbeleute am Firmenimage, doch entscheidend war, daß mit den Rennen ein neues Leitbild breite Popularität gewann: der sportliche, der triumphierende Fahrer. Wer wußte denn zu Zeiten Lautenschlagers, was einen wirklichen Autofahrer ausmachte? Gemütliche Kutscher oder feurige Reiter waren bislang bekannt; aber wie das Leitbild eines Autofahrers auszusehen hatte, wie der mit seinem Gefährt umgehen sollte und worauf es hinter dem Steuer ankam, davon fehlte noch jede Vorstellung. Hier schaffte der Rennsport Abhilfe: während im Alltag erst gebrechliche Gefährte zu sehen waren, die an Hühnern vorbei durch winkelige Straßen tuckerten, wurde in den Rennveranstaltungen schon ein Bild des Autofahrens in reiner Form ausgestellt, nämlich das Bild, daß es beim Autofahren darum geht, im Wettbewerb durch Tempo den Sieg davonzutragen. Indem die begeisterten Massen sich mit dem Rennfahreridol identifizierten, wurde nichts weniger als eine neue Wirklichkeitserfahrung installiert: in der Rolle des Fahrers Lust und Überlegenheit daraus zu ziehen, die Grenzen des Wagens ebenso wie Grenzen des eigenen Geschicks auszureizen, so daß die Welt, die träge, vorbeifliegt und einem bewundernde Blicke nachschauen. Durch das Spektakel der Autorennen setzte sich die Erlebnisgestalt schnellen Autofahrens in der Phantasie des Publikums fest.

Aus der Phantasie wurde dann über Jahre und Jahrzehnte Realität. Bei einer *Spiegel*-Umfrage gaben 1971 36% der befragten Autofahrer an, es mache ihnen richtig Spaß, ihren Wagen voll auszufahren, wobei vom Alter her die 18 bis 29jährigen und von der Marke her die BMW-Fahrer besonders gerne das Gaspedal durchdrückten.[61] Auch bei einer Untersuchung des Del-Berg-Instituts über deutsche Autobahnfahrer kam zu Tage, wie sehr die Lust an schnellem Autofahren intensive Erlebnisse vermittelt.[62] Sogar zwei Drittel der Befragten sprachen dort von einem «lustvollen» Fahrgefühl, das ein «Prickeln» auslöse und etwas «Verführerisches» und «Rauschhaftes» habe. Dabei erweist sich das Schnellfahren gerade deshalb als lustvoll, weil es Risiko in sich birgt und mit dem süßen Gift der Gefahr lockt. Einerseits ist es mit dem Gefühl verbunden, sich zu erheben und «grenzenlos» dahinzufliegen, und andererseits mit der angstvollen Spannung, sich zu weit vorzuwagen und zuviel zu riskieren. Gerade in dieser eigentümlichen Mischung aus Angst und der Lust, diese Angst zu überwinden, wurzelt jener «Thrill», jener Nervenkitzel, den viele beim Tempofahren verspüren. Aufregend wie Klettern oder Drachenfliegen, verführt Schnellfahren dazu, auf der Grenze zwischen Macht und Ohnmacht zu balancieren und die Befriedigung zu genießen, nicht abzustürzen. Wer immer es nötig hat, untergründige Zweifel zu widerlegen und sich in seiner Stärke zu bestätigen, hat dazu als kleiner Caracciola reichlich Gelegenheit. Mit dem Erlebnis des «Thrill» lassen sich längst abgegriffene oder aufgegebene Größenvorstellungen jetzt im wirklichen Leben einlösen: es kann der Erwachsene noch einmal, wie er es einst als Kind erträumte, riesengroß werden. Eingeengt fühlen sich deshalb die Tempofreunde, wenn sie ihren Wagen nicht «voll ausfahren» können. Für sie beginnt das «richtige» Autofahren erst auf freier Strecke, dort wo das Erlebnis der Macht sich einstellt, weil man sich gleichermaßen über die Natur («Schwerelosigkeit»), das Fahrzeug («volles Rohr») und die Menschen («abhängen») zu erheben in der Lage ist. Da man sich diesem Machtkitzel nur ungezügelt hingeben kann, solange nicht der argwöhnische Blick eines Beifahrers an die eigenen abgedrängten Schuldgefühle erinnert, deshalb fahren auch die Tempofreunde, so die Untersuchung, am liebsten – alleine.

Das Thrill-Gefühl wurde vorbildlich in den Automobilrennen inszeniert und ist über massenhafte Rollenidentifikation im Laufe der Zeit in die Alltagspraxis der Autofahrer hineingewachsen. Abenteuer und Gefahr, das Leben gewinnt mit dem Auto neue Würzkraft, dieses Motiv unterliegt etwa dem «heiteren Roman» von H. G. Bentz über die Autofahrerwelt: «Man fing an, ein zweites Leben zu führen. Im ersten, bisher allein existierenden Leben, war man irgendeine Nummer in irgendeinem Büro . . . Man hatte das Gefühl in einem großen Käfig im Kreise herumzufahren – sein Leben lang . . . Plötzlich umfing sie das Abenteuer, öffnete ihnen neue Schluchten, stürmte mit ihnen unbekannte Berge, entfaltete nie geahnte Paradiese. Plötzlich war da auch wieder Gefahr – hinter jeder Kurve, vor jedem Anstieg, am Rande jedes Grabens, strahlte von den Straßenbäumen aus, die den Fahrer magnetisch anzogen wie der Gesang der Sirenen den Odysseus. Gefahr kam von dem Kind, das plötzlich auf den Damm sprang, von dem Reifen, der zerplatzte und einem wie mit Riesenfaust das Steuer herumriß, Gefahr von glattem Pflaster, von schlecht markierten oder falsch überhöhten Kurven . . . Es halfen einem weder Pensionsberechtigung noch Vollkaskoversicherung, wenn man in einen anderen Wagen knallte oder einen Baum umarmte, es half einem nur Wachheit und Selbstdisziplin, und manchmal auch nicht einmal das.»[63]

Macht durch gekaufte Kraft

Besonders das Automobil verheißt Allmachtsgefühle, weil bei keinem anderen Gerät, das der industrielle Fortschritt in die Reichweite von Privatleuten gebracht hat, eine solch geballte Macht fremder Energie die schwachen Menschenkräfte so überdimensional verstärkt. Wenn ein unmerkliches Beugen der Fußspitzen genügt, um Kräfte zu entfesseln, die jene des Fahrers um ein Vielfaches vergrößern, die ihn davonschießen lassen, obwohl er seine Muskeln kaum angespannt hat, dann drängt es sich vom technischen Zuschnitt her auf, Machtgefühle gerade im Auto zu suchen. Und weil die plötzlich aufbrausende Beschleunigung doch noch dem Druck der Zehen und dem Steuern der Hände gehorcht und nicht – wie etwa beim Fahrstuhl – nach dem Automatismus der Maschine verläuft, kann der Fahrer sich als Subjekt, als Herr dieser Kraft wahrnehmen und sie als Selbstvergrößerung erleben. In dieser klaffenden Inkongruenz zwischen den steuernden und den gesteuerten Kräften liegt der materielle Grund, warum sich besonders das Auto als Mittel zur Selbstverstärkung, als Ich-Prothese für Machtbedürftige, anbietet. Mit den Beschleunigungskräften treibt der Motor auch die Ich-Kräfte an; daher kristallisieren sich am Auto Männlichkeitswünsche und Allmachtsgefühle.

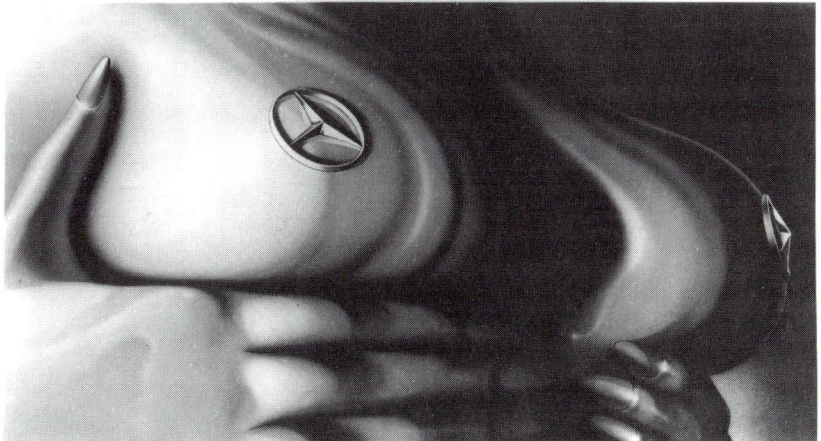

Hugo Schuhmacher, «Frauto», 1970

Ein «lahmes» Gefährt, das «nicht von der Ampel wegkommt», weckt Ohnmachts-, ja Kastrationsängste; oder worin soll sonst, in Zehntelsekunden ausgedrückt, der mythische Zauber von Beschleunigungswerten liegen? Gerade in Zeiten, wo es aus der Mode gekommen ist, mit Fäusten sich Bewunderung zu erboxen, bietet sich das Auto bestens als Medium für machtvolle Selbstdarstellung an, wo selbst der

Schwächling groß daherkommt. Wie ja überhaupt das historisch Neue in dieser Erlebnisgestalt darin liegt, daß die Machterfahrung von jeglichen persönlichen Eigenschaften (außer der Kaufkraft) abgekoppelt ist: während vor dem Auto Macht zu erleben, daran gebunden war, andere Menschen (oder Tiere) durch Körperkraft, Ansehen oder Reichtum in ihrem Willen gefügig zu machen, um aus ihnen überlegene Kraft zu ziehen, läßt sich mit dem Auto Macht ohne die Zustimmung anderer Personen erfahren und muß nicht mehr verdient werden – oder nur, bezeichnenderweise, im finanziellen Sinne. Erlebnisse von Macht, wenn auch ganz ohne Einfluß, werden damit für jedermann zugänglich; deshalb fürchtet manch kleiner Mann Geschwindigkeitsbeschränkungen wie eine Enteignung.

Daß Eigenschaften des Motors sich in den Charaktereigenschaften des Fahrers widerspiegeln und in der Wahl des Motors das Selbstbild des Fahrers zum Ausdruck kommt, diese Verbindung von Mensch und Maschine wird von der Werbung mit Vorliebe hergestellt. In einer Anzeige für den VW-Jetta kommt der Wagen, mit einem konzentriert blickenden Fahrer hinter dem Steuer, dem Betrachter so wuchtig entgegen, daß er gar den Bildrahmen sprengt. Und der Text erläutert: «Der neue Jetta. Dynamik ab Werk. Schon der erste Blick zeigt, daß er ein starker Charakter ist. Mit seiner keilförmigen Karosserie. Mit Breitbandscheinwerfern und integrierten Blinkleuchten. Dazu die tiefe Bugschürze mit aerodynamisch wirkungsvollem Spoiler. Und nicht zu vergessen: seinen Gepäckraum. Er faßt 630 Liter. Und macht den Jetta zu einer Limousine, die nichts stehen läßt.» Styling, Name (Jet-ta!) und Werbeaussage sollen den Wagen zum Symbol für Dynamik und Stärke machen, ja sogar im sakramentalen (d. h. wirkkräftigen) Sinne: wer da einsteigt, dem ist als Person Dynamik und Stärke verliehen.

Der Autofahrer allerdings ist auch dringend auf Dynamik und Stärke angewiesen; denn nur mit ihrer Hilfe kann er die vielfältigen Wettbewerbe auf der Straße für sich entscheiden. Unglückseligerweise sind die Straßen und gerade auch die Autobahnen von Konkurrenten nicht leergefegt, im Gegenteil, an allen Ecken und Enden machen sich andere Wagen störend bemerkbar, und jede Sekunde kann das Streben nach Machtentfaltung in einer Niederlage enden. Weil aus der Natur der Sache jeder für sich schnell vorankommen will, ist der Straßenverkehr auf Konflikt hin angelegt, denn die Absichten jedes einzelnen stehen mit den Absichten all der anderen im Widerstreit und drohen andauernd zu kollidieren. Von daher sehen sich die Fahrer, ob sie wollen oder nicht, in eine Rivalität, in einen Wettkampf hineingedrängt, bei dem eine hohe Beschleunigung sowie eine satte Spitzengeschwindigkeit gut zu gebrauchen sind. Es gilt, sich nicht die eigenen Tempowünsche vereiteln und sich nicht von den anderen Störenfrieden behindern oder übervorteilen zu lassen; Autofahren nötigt eine egozentrische Perspektive auf, in der andere Verkehrsteilnehmer in erster Linie als Kontrahenten auftauchen. Diese Kontrahenten fordern Anstrengungen zum Sieg wie auch Ängste vor einer Schlappe heraus; es wird das Autofahren als eine Serie von kleinen Kränkungen und Triumphen erfahren. Spurenwechsel, Überholen und Kavaliersstarts summieren sich zu Erfahrungen eigener Siege, während als Niederlage erlebt, wer geschnitten, ausgesperrt oder abgehängt wird. Die Lust an Siegen und die Angst vor Kränkungen rufen jenes Gemisch an Arroganz und Nervosität hervor, das die meisten Menschen befällt, sobald sie hinter dem Steuer sitzen. Verstärkt noch durch die Tatsache, daß Autos «Kommunikationsgefängnisse» darstellen, die in ihrer mimischen Starrheit keine Erklärung, keine Entschuldigung oder wenigstens ein verlegenes Lächeln andeuten können, wenn sie einen schon an den Rand drücken, verletzt jede Behinderung schnell das Selbstgefühl und treibt zum Gegenschlag an; die vielberufene Aggressivität im Straßenverkehr nährt sich aus gekränkter Geschwindigkeitsliebe. Als geradezu archetypisch kann folgende, oft zitierte Situation auf der Autobahn gelten: wo du schon mal am Überholen bist, schiebt sich von hinten ein Wagen lichthupend in den Rückspiegel, dich auf die rechte Spur scheuchend, am liebsten würdest du vor Ärger auf die Bremse treten; doch du weichst aus, aber darauf brennend, beim nächstenmal zu zeigen, was in dir, pardon, in deinem Auto steckt. Ein PS-starkes Auto ist da die beste Abwehrstrategie, wobei der Ehrgeizige auf ein leistungsstarkes Auto setzt, um damit endlich zum Siegen zu kommen, der Erfolgreiche, um sich keine Niederlage bieten lassen zu müssen; darin liegt der Unterschied zwischen BMW und Mercedes. In jedem Falle fühlen sich, wie Untersuchungen ergaben, die Fahrer großer Wagen auch verpflichtet, höhere Wunschgeschwindigkeiten anzupeilen als die Fahrer kleinerer Wagen und sich öfter durch Spurwechseln und dichtes Auffahren freie Bahn zu verschaffen. Sie nehmen auch Geschwindigkeitsbeschränkungen weniger ernst, denn mit der PS-Zahl unter der Haube steigt offenbar auch das Selbstwertgefühl: 92% der Mercedes-Fahrer hielten sich bei einer Umfrage für gute/sehr gute Fahrer, doch nur 59% der VW-Fahrer[64]. Es sind die Besitzer großer Wagen, die ein besonders ausgeprägtes Bedürfnis haben zu siegen, und daher aufs Tempo drücken.

Allerdings wird die Freude an den kleinen Siegen bei wachsender Motorisierung mit zunehmenden Frustrationserlebnissen erkauft; je mehr Verkehr, um so verletzlicher ist die Geschwindigkeitsliebe. Eigentlich hatte sich schon das Ideal des sportlichen, triumphierenden Fahrers unter künstlichen Bedingungen, nämlich auf abgesperrten Rennstrecken, herausgebildet; lag es damit nicht von Anfang an quer zur alltäglichen Realität auf den Straßen? Die verborgene Voraussetzung des Ideals vom schnellen Fahrer sind freie Straßen und Kontrahenten, die demselben Ziel zustreben, nur dann läßt sich der wahrhaft Beste ermitteln. Von solchen Laborbedingungen ist der dichte Straßenverkehr von heute denkbar weit entfernt; wer hier mit Tempodrang antritt, handelt sich seelische Spannungen, Ärger und erhöhten Pulsschlag, eben ein gerütteltes Maß an Streß, ein. Wo bleibt da der kraftvolle Triumph, wenn man sich dauernd davon bedroht sieht, zwischen trödeligen Vordermännern und nachdrängenden Hintermännern eingeklemmt zu werden? Kostspieliger werden bei starkem Verkehr die Siege, denn sie sind seltener, erfordern mehr Konzentration und enden schneller in einer Verstopfung; unausweichlicher werden die kleinen Niederlagen, denn es tauchen an allen Ecken und Enden Kontrahenten auf und manövrieren einen in Staus, bei denen es nur Verlierer und keine Sieger mehr gibt.

Unter solchen Umständen läßt der Niedergang der Geschwindigkeitsliebe nicht auf sich warten, da jeder Vorsprung durch Streß erkauft wird und Gasgeben hauptsächlich dazu dient, narzißtischen Kränkungen zu entgehen. Um diese Kränkungen zu vermeiden, fühlen sich viele verpflichtet, es den Schnelleren gleichzutun, dabei weitere in den Sog der Geschwindigkeit ziehend und diese Atmosphäre getriebener Nervosität verbreitend. Das Idealbild des sportlichen, triumphierenden Fahrers wandelt sich zum Angstbild des gejagten und gestreßten Fahrers; daher verwundert es nicht, daß Geschwindigkeitsbeschränkungen zunehmend als entlastend empfunden werden, weil sie vor Kränkungen und Schweißausbrüchen schützen. Wohl aus diesen Motiven votierten 1977 54% der Pkw-Besitzer für Geschwindigkeitsbeschränkungen auf den Autobahnen, während sich nur 30% dagegen aussprachen.

Die Geburt des Geschwindigkeitsgefühls aus dem Fortschrittsglauben

Das Leitbild des sportlichen, triumphierenden Fahrers war eine kulturelle Schöpfung des Automobilrennsports. Es war indes kein Zufall, daß von der Frühzeit des Autos an sofort Automobilwettbewerbe in Schwange kamen, die bis in die 30er Jahre großen Einfluß auf den Automobilbau hatten und vor allem die kulturelle Definition des Autofahrens prägten. Der Automobilrennsport schlug die Massen in Bann und versetzte die Gemüter in Spannung und Erregung, weil sich in seiner Bewegungsdynamik das Lebensgefühl der Epoche verdichtete; kaum ein anderes massenwirksames Ritual brachte so vollendet den Zeitgeist der Jahrhundertwende zum Ausdruck.

Der kraftvolle Aufstieg zur industriegerüsteten Nation, der imperiale Drang über die Grenzen, der mörderische Wettbewerb der Unternehmen und Nationen mit dem Sieg des Stärksten und Härtesten, wahrlich die Triebkräfte des Industrialismus hatten die Sehnsüchte des Volkes erobert: «Die Schnelligkeit irgendeines Geschehnisses», urteilt Werner Sombart 1920, «interessiert den modernen Menschen fast ebenso wie die Massenhaftigkeit. Im Automobil mit ‹100 km Geschwindigkeit› zu fahren: das schwebt recht eigentlich unserer Zeit als ein höchstes Ideal vor Augen. Und wer sich nicht selbst im Flug vorwärtsbewegen kann, der erfreut sich an den Ziffern, die er über irgendwelche irgendwo erreichten Schnelligkeiten liest: daß der Schnellzug zwischen Berlin und Hamburg um 10 Minuten seine Fahrzeit abgekürzt, daß der neueste Riesendampfer um 3 Stunden früher in New York angekommen ist... Aller Größenwahn und aller Schnelligkeitswahn unserer Zeit findet seinen Ausdruck in diesem Begriff des Rekords. Und ich halte es nicht für unwahrscheinlich, daß ein Geschichtsschreiber, der die Gegenwart, in der wir heute leben, in ein paar hundert Jahren schildern soll, diesen Abschnitt seiner Darstellung überschreibt: ‹Das Zeitalter des Rekords›.»[65]

In der Tat, erst gegen Ende des 19. Jahrhunderts taucht das Wort «Rekord» in der deutschen Sprache auf, ein Indiz für einen tiefgreifenden Umbruch im Leistungs- und Zeitbewußtsein. Noch im Anklang an des Wortes frühere Bedeutung, nämlich «schriftliche Aufzeichnung», wurde es ab 1886 im Sinne der urkundlichen Bestätigung einer Höchstleistung im Sport gebraucht, um dann nach der Jahrhundertwende erst zur Bezeichnung jedweder Höchstleistung oder Spitzenstellung in Umlauf zu kommen. Schon 1913 hielt Schumpeter den Begriff für populär – wahrlich ein rasanter Aufstieg, der den Durchbruch eines neuen Blicks auf die Welt anzeigt. Im Sport, wo der Begriff sich zuerst festsetzte, wurde im Laufe des 19. Jahrhunderts ein neues Bewegungs- und Leistungsideal sichtbar, das dann im Motorsport mustergültig in Szene gesetzt wurde und dessen Attraktivität begründete. Autorennen stellten den Schlußpunkt einer Entwicklung dar, die viele Sportarten in ihren Grundlagen umgekrempelt, ja erst den modernen Leistungssport hervorgebracht hatte. Die überkommenen Leibesübungen waren nämlich zunehmend durch Sportarten überformt und überlagert worden, bei denen alles auf Höchstleistungen im Kampf gegen Zentimeter, Gramm und Sekunden ankam, eine Ausprägung von Sport, die vor Mitte des 19. Jahrhunderts keineswegs üblich gewesen war und auch in vielen Kulturen gänzlich unbekannt ist (H. Eichberg). So wurde etwa die Reitkunst der frühen Neuzeit, bei der es darum gegangen war, nach Tempo und Bewegungsablauf festgelegte Figuren in vollendeter Manier zu reiten, durch das Pferderennen abgelöst, wo demjenigen der Lorbeer winkte, der sich auf einer gegebenen Strecke als Schnellster gegen seine Konkurrenten durchsetzte. Oder die Formen volkstümlicher Kraftkultur, wie Steineheben, Steinstoß oder Ringen, machten Leistungswettbewerben Platz, wo Gewichte und Weiten systematisch gemessen wurden und der Sieger durch eine quantitative Leistung bestach und nicht mehr als staunenerregendes Kraftwunder auf Volksfesten gefeiert wurde. Und vor allem natürlich wurden die modernen Zeitsportarten wie die Leichtathletik und der Schwimmwettkampf geboren, die allesamt darauf angelegt sind, Geschwindigkeiten nach Sekundenbruchteilen zu messen und vom Sieger die Steigerung eines allgemein geltenden Rekords zu erwarten. Wie immer die Verschiebungen im einzelnen ausgesehen hatten, sie kamen doch im Ideal der linearen Leistungssteigerung überein: während beim überkommenen Bewegungsverhalten räumlich-geometrische Harmonien im Vordergrund gestanden hatten und die Übungen nach der «zierlichen Form» oder dem «rechten Maß» bewertet worden waren, drängte sich nunmehr die Orientierung an gemessenen Rekorden, an quantitativen Höchstleistungen nach vorne. Mit den ersten Olympischen Spielen, diesem Weltritual der Rekorde, war 1896 dieser Umbau des Sports abgeschlossen; «citius, altius, fortius», das wird künftighin der Rhythmus sein, in dem sich der Zeitgeist in den Sportwettkämpfen selbst inszeniert.

Seinen Sinn bezog jener Umbau aus dem Glauben, daß die Zukunft der Vergangenheit immer überlegen sein wird und die Geschichte auf einer geraden Linie zu immer neuen Bestleistungen voranschreitet. Eine gesellschaftliche Melodie kommt da auf den Bahnen und Pisten zum Widerhall, die zur Jahrhundertwende zum Crescendo angewachsen war: aufwärts und voran auf der aufsteigenden Bahn des unendlichen Fortschritts! Die Bewegungsdynamik in den neuen Sportarten war ein Abbild der Bewegungsdynamik in der Geschichte, an der sich die Zeitgenossen berauschten; wie der Fortschritt geradlinig und unumkehrbar mit immer neuen Glanzleistungen die Vergangenheit hinter sich läßt, so lassen auch die Wettbewerbe um Gramm, Meter und Sekunden immer wieder alle Rekorde purzeln. «Es gibt», um es mit den Worten von Lewis Mumford zu sagen, «nur eine erwünschte Geschwindigkeit: schneller; nur ein verlockendes Ziel: weiter; nur ein erstrebenswertes Maß: größer; nur ein rationales quantitatives Ziel: mehr.»[66] Aufwärts und nach vorne schien es allenthalben zu gehen: die Nacht zum Tage machte der Strom, den Bergen und Tälern trotzte die Eisenbahn und die Welt umspannte der Telegraph. 1870 bis 1910 waren die klassischen Jahre der Fortschrittsgewißheit.

Wenn die Zukunft alle Versprechen hält, bleibt der Gegenwart nur, sich zu beeilen. Gemächlichkeit versäumt die Zukunft, Beschleunigung wird Trumpf. Dieser Umbruch im Zeitgefühl läßt sich wiederum sehr deutlich in der Sprache, diesem Seismographen unterirdischer Mentalitätsverschiebungen, nachzeichnen; denn die Sprache liefert ja die Kategorien, mit denen die Menschen der Welt inne werden. Aufschlußreich ist, wie die Bedeutung des Wortes «Tempo» sich bis zur

Jahrhundertwende umgedreht hat. Hätte man zum jungen Bismarck vom Tempo der Zeit gesprochen, würde er nicht verstanden haben; er hätte ans Militär oder bestenfalls an die Musik gedacht. Denn «Tempo», das hieß «im angemessenen Zeitmaß», sei es einem Kommando gemäß oder dem Charakter einer Komposition entsprechend. Erst zur Jahrhundertwende hin nimmt «Tempo» die umgangssprachliche Bedeutung «hohe Geschwindigkeit» an: die Sprache reflektiert, daß das «angemessene Zeitmaß» jetzt selbstverständlich «hohe Geschwindigkeit» lautet! Wie im Sport so auch hier: das Ideal einer Bewegung liegt nicht mehr im jeweils rechten Maß, sondern einheitlich in der höchstmöglichen Geschwindigkeit.

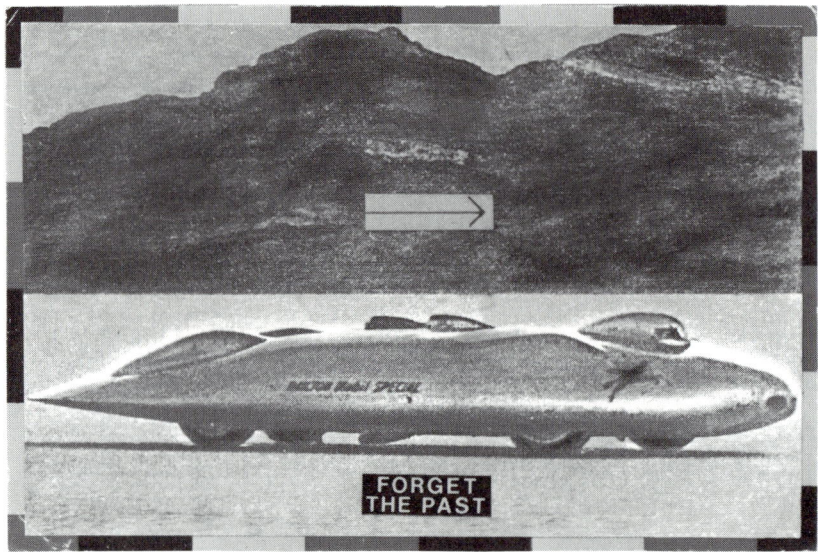

Die Vorstellung pfeilgerader Schnelligkeit konnte erst aus der Erfahrung eines maschinengetriebenen Verkehrsmittels erwachsen, nämlich der Eisenbahn. Ein Mensch oder ein Pferd ist immer auf Grund seiner organischen Natur von Erschöpfung und Schwäche bedroht; schnell können sie nur nach dem Maß (!) ihrer Kräfte sein. Damit räumt die Lokomotive auf. Sie sprengt die Fesseln der organischen Natur, sie scheint unermüdlich Berge und Täler zu durcheilen, weder von der eigenen Körperlichkeit noch von der Topographie der Landschaft behindert. Eine der ersten Berichte über das Erlebnis der

Eisenbahn setzt diese Erfahrung anschaulich ins Wort: «Vorn der feurige Drache», schreibt Friedrich von Raumer 1835 aus England, «vorne der feurige Drache, stöhnend, schnaubend und brausend, bis die 20 Wagen an seinem Schwanz befestigt sind und er sie kinderleicht, mit größter Geschwindigkeit, über die waagerechte Bahn fortzieht. Durch Berge ist der Weg gebrochen, Täler sind aufgehöht, in die Nacht des überwölbten Hohlweges wirft der Drache Funken und Flammen; aber trotz all der Gewalt und trotz allen Tobens lenkt ein Mensch mit einem Finger das ganze Ungetüm nach Willkür.»[67] Wie ein Projektil, so drücken es die Zeitgenossen aus, schießt die Eisenbahn durch den Raum, man selbst sitzt ruhig und Wälder wie Dörfer stürzen draußen vorbei. Die Strecke zwischen Abfahrt und Ziel entwirklicht sich zum bloßen Zwischenraum, der sich störend bemerkbar macht und den es möglichst schnell zu überwinden gilt. Mit dem Erlebnis der Eisenbahnreise konnte die Vorstellung von pfeilgerader Geschwindigkeit in den Köpfen klare Gestalt gewinnen und zu einem, maschinengetriebenen, Ideal werden, das alle Bewegungen der Menschen und auch der Geschichte in ein neues Licht tauchte.

Die Geschwindigkeit rückt, den Zwischenraum vernichtend, auch weit entfernte Ziele in unmittelbare Reichweite. «Vor meiner Tür brandet die Nordsee» war in Paris Heines berühmter Kommentar zur Eisenbahn. Zu einem Urbild des Fortschritts wurde die Eisenbahn, weil sie der Grundsehnsucht des Fortschrittsdenkens so vollkommen zu entsprechen schien, nämlich daß es auf dem Weg zu einer reicheren und besseren Welt keine Grenzen gäbe. Und Raum und Zeit, Anstrengung und Dauer, stehen diesem Verlangen immer im Wege, ja sind geradezu Grundformen der Behinderung, die um so gravierender erlebt werden, je stärker dieses Verlangen ist. Die Eisenbahn verspricht, die Grenzen von Raum und Zeit zu öffnen, so daß der Durchbruch nach vorne, zum Schlaraffenland des industrialistischen Reichtums, ein entscheidendes Stück nähergerückt schien. Die Vernichtung aller Entfernung, die Gleichzeitigkeit und die Gleichörtlichkeit ist die utopische Konsequenz des Fortschrittsglaubens. Diese Hoffnung ist das Signum jener Zeit und alles schien auf einen Aufbruch zu dieser Utopie hinzudeuten: waren nicht mit Kohle, Öl und Strom gar wundersame Mittel zur Hand, um mittels Eisenbahn, Auto und Telefon die Geographie hinfällig zu machen?

Bei den Autorennen, am Straßenrand die vorbeibrausenden Wagen mit den Blicken verfolgend, am Radio dem Jubel der Menge lauschend, lebten die Zuschauer den Kult der pfeilgeraden Geschwindigkeit mit. Im Rennsport wurden so die Spannungen und Sehnsüchte der Zeit zelebriert; nicht nur ein Held der Straße war der sportliche, triumphierende Fahrer, sondern auch ein Held des steten Fortschritts. Nur konsequent, daß 1909 die Künstler des Futurismus den Rennwagen zum Symbol für das Wesen der Epoche erhoben: «Wir erklären, daß sich die Herrlichkeit der Welt um eine neue Schönheit bereichert hat: die Schönheit der Geschwindigkeit. Ein Rennwagen, dessen Karosserie große Rohre schmücken, die Schlangen mit explosivem Atem gleichen ... ein aufheulendes Auto, das auf Kartätschen zu laufen scheint, ist schöner als die Nike von Samothrake.»[68]

Der Hang zum Tempomobil

Mancherlei Vorteile kann man sich vom Automobil erwarten: behaglich zu reisen, von Wind und Wetter geschützt zu sein, Lasten befördern zu können, unabhängig von Fahrplan und Schiene beweglich zu sein, oder – in Geschwindigkeit zu triumphieren. Doch auf welche dieser Ansprüche das Automobil besonders zugeschnitten ist, das ist ihm nicht in die Wiege gelegt, das bestimmen die Prioritäten der Hersteller und der Käufer. Jene Ansprüche, welche in den Augen von Kunden und Konstrukteuren die höchste Prominenz genießen, sind für die Entwicklung des Autos maßgebend; in der Motorentechnik, im Design und in der Ausstattung schlägt sich nieder, welche Ansprüche die Gesellschaft der Entwicklung der Automobilflotte aufprägt.

Die Automobilgeschichte ist voller Weichenstellungen, voller Abzweigungen, die nicht genommen wurden und dann dem Vergessen anheimfielen. Da wurde entworfen, da wurde experimentiert, doch im Großen und Ganzen bestimmte eine besondere Klasse von Ansprüchen, auf welcher Hauptroute die Entwicklung vorangehen sollte: zu immer höherer Geschwindigkeit und Leistungskraft. Kein Geringerer als Carl Benz versuchte schon 1901, sich gegen diesen Gang der Entwicklung zu wehren, als er sich weigerte, seine Wagen im Gegen-

DER WAGEN DES SPORTSMANNES! PROBIEREN SIE EINMAL DIESEN ZWEISITZER SELBST AUS – TUN SIE ES NOCH HEUTE!

Die sausende Geschwindigkeit des Chrysler-Wagens—sein blitzschnelles Anzugsvermögen, seine einem Rennwagen fast gleichkommende Leistungsfähigkeit: in jedem Sinne des Wortes der Wagen eines Sportsmannes! Und dabei höchst luxuriös—Ein Wagen, über den man sich am Schlusse eines anstrengenden Sportstages mit Recht freuen kann; dessen bequeme, tiefe Polsterung, dessen ruhiges Dahingleiten und Einfachheit der Handhabung dem Besitzer ein stetes Vergnügen bereiten. Dazu kommt noch seine vornehme Bauart mit langen, schwungvollen Linien, die die nur dem Chrysler-Wagen eigene Leistungsfähigkeit verbürgt. Ausserdem, wie gross und komfortabel der Notsitz, mit verstellbaren Rückenlehnen, mit einem Verdeck, das sich mit einem Schlage auf- und niederklappen lässt. Ein Wagen, so recht für Ferien oder Wochenende-Ausflüge geschaffen. Bitten Sie irgend einen Chrysler-Vertreter, Ihnen einen seiner Wagen zu zeigen und machen Sie zu Ihrem Vergnügen eine kleine Probefahrt!

E. L. QUARLES BURGENHAGENSTRASSE 6 HAMBURG

DER CHRYSLER 'G' ZWEISITZER

CHRYSLER SALES CORPORATION DETROIT USA

Das Leitbild des sportlichen, triumphierenden Fahrers
Aus: Berliner Illustrirte Zeitung 38/1926

zug zum Daimlerschen Mercedes auf Geschwindigkeit zu trimmen. «Zu den Gefahren für die Entwicklung des Automobilwesens», rechnete er ganz besonders, «die neuerdings hervortretende Sucht, sich bei Wettfahrten in immer größerer Schnelligkeit zu überbieten, mit Blitzzügen zu wetteifern und dabei leichtfertig das Leben der fahrenden wie der auf den Straßen verkehrenden Personen zu gefährden.»[69] Benz konnte sich indessen nicht durchsetzen und wurde, indem man ihm ein französisches Ingenieursteam vor die Nase setzte, aus seiner Firma gedrängt. Er und manche Opponenten später konnten sich einem Erwartungssog nicht entziehen, der die autotechnische Entwicklung bis auf den heutigen Tag entscheidend prägt: die Autos in erster Linie auf hohe Spitzengeschwindigkeiten und starke Beschleunigung hin auszulegen.

Aus der Vielzahl möglicher Entwicklungswege wurde der Königsweg zum Tempomobil beschritten; der große, leistungsstarke und später dann auch der kleine, flitzige Wagen sind die Leitbilder der Automobilentwicklung. Die technische Entwicklung folgt einem kulturellen Entwurf, in dem es auf Geschwindigkeit und Beschleunigung ankommt. Autorennen hatten schließlich nicht nur das Ideal des sportlichen, triumphierenden Fahrers vorgeführt, sondern die ersten Jahrzehnte hindurch auch die technische Konzeption der Wagen entscheidend beeinflußt. Motoren und Nebenaggregate, Fahrwerkteile und Karosserien mußten an Rennwagen ihre Zerreißprobe bestehen, bevor sie dem Alltagsgebrauch zugeführt wurden. Zudem hatte sich nach den zwanziger Jahren bald ein technologischer Immobilismus im Autobau eingestellt, so daß Geschwindigkeitszucht zur vorherrschenden Entwicklungslinie werden konnte, nachdem das Auto in seiner technischen Grundstruktur bis heute unverändert blieb. Abgesehen von den Innovationen, die gewissermaßen von außen an die Automobiltechnik – aus Siderurgie und Petrochemie oder Pneumatik und Elektronik – herangetragen wurden, erschöpfte sich der technische Fortschritt darin, Motor, Fahrgestell und Karosserie tempofreundlich zu gestalten. Da sollte sich die Dauergeschwindigkeit der Spitzengeschwindigkeit annähern, da waren aus einem Motorenvolumen mehr Pferdestärken herauszuholen, da wurden im Windkanal die Aufbauten geprüft, und besonders am Fahrzeuggewicht war allerhand abzuspecken; immer «temperamentvollere» Autos immer wohlfeiler anzubieten, darin kann man gut und gerne das Credo der Automobilbauer sehen.

Keine Überraschung, daß etwa zwischen 1959 und 1979, den Jahren des großen Motorisierungsschubs, sich der Anteil der Fahrzeuge über 1500 ccm auf den deutschen Straßen von zuerst 13% auf dann 51% vergrößert hat; die Automobilisierung der Gesellschaft war gleichzeitig von einem klaren Trend zur Hochmotorisierung durchzogen. Wie selbstverständlich dieses Leitbild auch die Forschung dominiert, wurde erst noch 1979 im 110 Millionen schweren Forschungsprogramm der Bundesregierung zum Auto «2000» dokumentiert, wo man beste Ingenieurskunst aufrief, die Quadratur des Kreises zu lösen: ein

Aus: Elegante Welt 1/1925

149

umweltschonendes, sparsames, aber unbeladen doch mindestens 160 km/h schnelles Auto zu konzipieren!

Selbst heute, wo sie den weitaus größten Teil ihrer Zeit im Stadtverkehr gefahren werden, sind die Autos von ihren konstruktiven Eigenschaften her auf den schnellen Überlandverkehr abgestellt; mit ihren Motorstärken, ihren windschlüpfrigen Karosserien und ihrer Hochgeschwindigkeitsstraßenlage sind sie für den zockeligen Stadtverkehr ebenso angepaßt wie eine Kreissäge fürs Butterschneiden. Überdies, gibt es heute irgendeinen Pkw auf dem Markt, dessen Höchstgeschwindigkeit auch nur einigermaßen in Einklang mit dem auf den Straßen zugelassenen oder empfohlenen Tempo steht? Hier ist nicht der vermeintliche rationale Geist von Ingenieuren am Werk, sondern die Motoren sind Monumente der Geschwindigkeitsliebe.

GEBORGEN
IM KOMFORT

«Teure Freundin!» schrieb 1899 ein junger französischer Adliger in einem Brief. «Da halte ich mir nun tausend widrigen Umständen zum Trotz seit zwei Monaten solch ein neumodisches Gasolin-Vehikel. Bin nicht unzufrieden, verbringe indes meine Zeit nur zum Teil in der Karosserie, zum größeren Teil aber darunter. Sie werden's gewiß impossible finden, Teuerste, aber mich umweht das penetranteste Odeur von Gasolin, welches sich denken läßt. Und gar meine Hände, sie gleichen schwarzen Tatzen . . . Und wie ich gestern aus der Reparature heimkehrte, bitte ich die Gräfin Mantua – Sie entsinnen sich der alten Dame von vis-à-vis – zu einer Spazierfahrt, wobei ihr doch, als ich den Motor ausrücke, vom Rütteln des Leerlaufs das Gebiß in den

Reparatur-Abenteuer in der Frühzeit

Schoß fällt. Seitdem schneidet sie mich. Auch vergeben Sie bitte meine schlechte Schrift; seit gestern trage ich nämlich den rechten Arm verbunden, gegen den mir beim Anwerfen die Motorkurbel prellte – wie ich hörte, ein Mißgeschick, das man in Kauf zu nehmen pflegt.»

Von Katastrophe zu Katastrophe schlitterte der junge Autler, wie weiland Laokoon mit den Schlangen kämpfte er mit der Tücke des Objekts; der Motorenrausch war erkauft mit öligen Fingern, durchfrorenen Körpern und geprellten Armen. Wie sich doch seither die Erfahrung des Autofahrers geändert hat! Ob sich unser Benzinkutschenpionier hätte träumen lassen, wie heute ein Automobil daherkommt? «Das Faszinierende am neuen Audi 200 Turbo», heißt es in einer Autokritik, «ist dabei seine überragende Gesamtkultur. Das Triebwerk stellt seine Leistung auf hochkultivierte Weise bereit. Auch bei Tempo 220 ist Unterhaltung im dezenten Plauderton noch möglich. Nie wird der Motor wahrhaft laut, und gleichzeitig bleiben die Windgeräusche selbst bei Höchstgeschwindigkeit dezent. Das Fahrwerk ist gleichermaßen Spitzenklasse, denn es erlaubt einen traumhaft-sicheren Geradeauslauf und nahezu beispiellose Fahreigenschaften auch bei hohem Kurventempo ... Die Ausstattungsliste der serienmäßigen Ausrüstung füllt mehrere Seiten. Sie reicht vom Check-Kontroll-Gerät über elektronisch gesteuerte Tachometer, elektrisch verstellbare Sitze, elektrisch zu betätigende Vorderfenster, Zentralverriegelung, Leichtmetallräder, Leuchtweitenregulierung der Scheinwerfer bis zum neuesten Antiblockiersystem für die Bremsen.»[70] Welche kulturelle Spur hat da der automobiltechnische Fortschritt aufgenommen?

Unter der Geräte Schutz und Schirm

Der Sinn für Komfort, so läßt sich sagen, stammt aus dem Salon der bürgerlichen Familien des 19. Jahrhunderts. Als Fürst Pückler in den zwanziger Jahren jenes Jahrhunderts seine weitpublizierten Briefe aus London schrieb, zeigte er sich von einer neuen Form des Luxus beeindruckt, den er in den Häusern des englischen Mittelstands vorgefunden hatte. Er rühmte die Engländer, weil sie ihren Überfluß nicht wie der Adel in auftrumpfender Pracht verpraßten, sondern in Gegenständen von nützlicher Bequemlichkeit anlegten. Er faßte diesen Lebensstil, die Teppiche und Tapeten, Spiegel, Sessel und Sanitäreinrichtungen schildernd, in einem Wort zusammen, das fortan populär werden sollte: Komfort. Mit diesem Begriff nämlich konnte sich das wohlhabende Bürgertum vom Adel absetzen, der beschuldigt wurde, seine Überschüsse in unproduktiver Weise mit aufwendigem Gepränge zu verschwenden, und gegenüber diesem «unnützen Luxus» eine neue, eine «rationale» Art des Geldausgebens begründen: in der Privatsphäre eine behagliche, eine schützende Atmosphäre zu schaffen. Ein solches Unterfangen war in bürgerlichen Augen allemal nützlicher als ausschweifender Luxus, weil der Zweck des bürgerlichen Gewerbefleißes schließlich darin bestand, durch die Produktion von Gütern bereits hier im irdischen Leben das Glück zu realisieren. Das rauschende Fest, der einzelne hochwertige Luxusgegenstand war dem akkumulationsfreudigen Bürger verdächtig; für ihn war nur ein Konsum legitim, der komfortable Häuslichkeit schuf.

Allerdings, an ein kultiviertes Privatleben war unter vorbürgerlichen Wohnverhältnissen nicht zu denken gewesen. Kultiviertheit verlangte, sich Abstand zu verschaffen, den Trubel der Menschen ebenso wie den Überschwang der Gefühle zu dämpfen und auch die körperlichen Verrichtungen vor den Blicken anderer abzuschirmen. Es mußten erst Privaträume, Schlafzimmer und Toiletten entstehen, um eine Intimsphäre zu schaffen, in der Zuneigung und Persönlichkeitsbildung gedeihen konnten. Dieser Umbau – ablesbar am Wandel der Wohnungsgrundrisse und der Interieurs – war in seinen vielfältigen Ausdrucksformen von der gleichen Absicht angetrieben, nämlich um das Individuum herum eine Schutzzone der Distanz zu schaffen. Da man nach «höheren» Tätigkeiten strebte, war man gegen die Aufdringlichkeiten des Alltags empfindlich geworden; erst wenn man sich Lärm, Schweiß und Streit einigermaßen vom Leibe hielt, konnte man zur Pflege des Innenlebens schreiten. Allerlei Vorkehrungen wurden eingeführt, um das Ich gleichermaßen zu wattieren: man empfing nicht mehr im Bett wie noch der Adel des 18. Jahrhunderts, sondern im Salon; Dienstboten – im Gegensatz zu Gesinde! – kümmerten sich um das tägliche Wohl, Teppiche und Vorhänge dämpften die Geräusche, neue Öfen vergleichmäßigten Temperaturschwankungen, Polster bewahrten vor Härten und Kanten, und Wasserleitungen erspar-

1963.
Ein Traum vom Fortschritt.
Von Ernst Seiffert, Berlin.
(Aus einem Tagebuch.)

19. Oktober 1963.

Am ruhigsten geht es noch auf ebener Erde zu, denn dort ist auf den Dämmen nur das Gedränge der Kraftwagen, während die früheren Trottoire dem Fußgänger reserviert sind und sogar dank der Laufbretter einen harmonischeren Eindruck machen als in früheren Zeiten. Diese Laufbretter sind eine geniale Einrichtung. Sie liegen dreigeteilt nebeneinander und bieten damit drei verschiedene Geschwindigkeiten: 10, 20 und 30 km pro Stunde. Durch die ganze Innenstadt zieht sich dieses Laufbrettsystem; die Straßenkreuzungen werden durch rotierende runde Kurvenscheiben bedeckt, ein einfaches Übertreten genügt, um in die gewünschte Querstraße zu gelangen. Gewaltig über dem Straßenniveau dehnen sich die gewaltigen Linien der Schwebebahn, zu deren Bahnhöfen die bekannten Paternoster-Fahrstühle mit ungeheurer Geschwindigkeit führen; zu bequemerem Verlassen der Schwebebahn hat man auch in letzter Zeit von oben herab geschrägte Rutschflächen gebaut, die sich vorzüglich bewährten. Über der Schwebebahn bewegt sich der Luftschiff- und Aviatikbetrieb. Hierin ist ein so starker Aufschwung zu konstatieren, daß man sich seit einiger Zeit sogar mit dem Gedanken tragen soll, die geographischen Grenzen der Nationen für null und nichtig zu erklären, da es ja doch sich als unmöglich herausgestellt hat, das früher übliche Zollwesen beizubehalten. Hier in Berlin hat jetzt jedes Haus der inneren Stadt seinen Dachgarten und darauf die vorschriftsmäßige Anliegestelle für Luftschiffe und Aeroplane. Große Zentralhaltestellen sind außerdem für die Aerobusse eingerichtet; zu ihnen gelangt man ebenso durch Fahrstuhlbetrieb wie zur Schwebebahn. Gleichfalls Fahrstühle und Rutschbahnen führen hinab zur Untergrundbahn, die vor einem Jahre ihr lückenloses Netz unter sämtlichen Verkehrsstraßen Berlins im Bau vollendet hat und nun auch den bedeutend gesteigerten Erfordernissen Rechnung tragen kann, da sie fast überall viergleisig liegt und oft sogar – bei den Hauptstrecken – zwei- resp. dreimal untereinander gebaut ist.

Immerhin: was im letzten Jahrzehnt geleistet worden ist, das übersteigt alle Begriffe. Wer hätte um 1940 daran geglaubt, daß es endlich, endlich gelingen würde, die Staubplage restlos zu beseitigen? Hätte man damals polierten Asphalt oder gar die neuesten Hart-Gummistraßen vorgeschlagen, man wäre ausgelacht worden. Wie wunderbar spiegelglatt gibt sich die Straße von heute! Wie fein wirkt die gerauhte Hartgummischicht, die die Laufbretter bedeckt, wie glücklich sind die Ölfarben und der Lack an den Metallteilen ersetzt durch die auf chemischem Wege dem Stahl eingeätzte Färbung, die unverletzlich ist, nie ausbleicht, gegen Wasser, sogar gegen Säure unempfindlich bleibt und außerdem keinerlei Rost oder Staub annimmt! – Ich habe in einem Buch, das im Jahre 1912 erschienen ist, gelesen, daß die Erfindungen der Maschine die Welt charakterlos und überlaut gemacht hätten. So konnte man eben nur urteilen, weil man sich zur Fertigkeit noch nicht durchgerungen hatte; hätte man den heutigen Zustand vorausgeahnt, wäre das Urteil vermutlich anders ausgefallen. Gibt es ein gigantischeres, ein lebensvolleres Bild als das der heutigen modernen Großstadt? Wo finden wir wieder diese kühnen Linien der Straßen und Verkehrszüge, wo ähnlichen Rhythmus, wo gleiche Freude am starken Pulsschlag des Lebens wie hier?

Neues Universum, August 1913

Phantasie einer Hochbahnrohrpost
zur Lösung künftiger Verkehrsprobleme

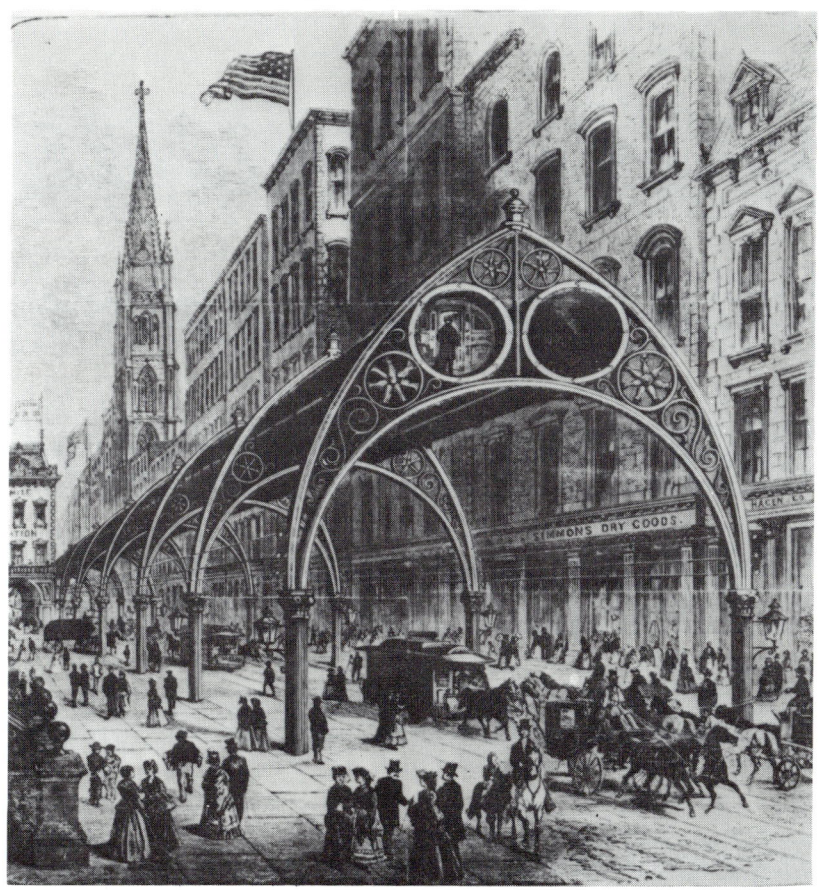

ten beschwerliche Gänge. Wohlbehagen bestand im Abschirmen. Die neuen Arrangements sollten für Inseln unbehelligter Ruhe sorgen, wo keine plötzlichen Körpersensationen, keine Gefühlsausbrüche, keine lauten Spannungen das Streben nach höheren Zielen störten. Komfortable Häuslichkeit war Schutz und Schirm gegen die drögen Lästigkeiten des Alltags.

Während anfangs Dienstboten dafür geradezustehen hatten, die Herrschaften von der Mühsal des Alltags abzuschirmen, nehmen sich nach der Jahrhundertwende, als die Dienstboten knapp, teuer und auch renitent wurden, eine zunehmende Zahl von technischen Geräten dieser Aufgabe an. Sei es Staubsauger, Gasherd, Zentralheizung, Mixgerät oder Aufzug, sie kommen alle darin überein, die tägliche Umwelt widerstandsfreier zu machen und vor allem körperliche Empfindungen und Anstrengungen ruhigzustellen. Dank der «Gerätefizierung» rückte der Komfort bald in jedermanns Reichweite; der Wunsch, sich mit einem Ring von Geräten zu umgeben, die einem weitgehend Dreck, Schweiß und Mühsal vom Leibe halten, wurde Allgemeingut. Allenthalben veränderte die sich ausbreitende Gerätetechnik die Gesten des Alltags, ganz nach der Linie, mit möglichst wenig Eingriffen von Seiten des Benutzers möglichst viel geschehen zu lassen und auf Knopfdruck ein Heer von Maschinensklaven in Marsch zu setzen. Umgerechnet in menschliche Arbeitsleistung ließ 1978 der durchschnittliche Amerikaner täglich etwa 1000 Energiesklaven für sich arbeiten. Das geheime Programm der Komforttechnik liegt darin, den Körper und auch den Kopf zu entlasten, ja auszuschalten, so daß die Alltagswelt den Menschen wie ein Kleid umschließt: paßgerecht und ohne etwas spüren zu lassen. Bildzeichnungen, welche um die Jahrhundertwende die technisch-utopische Zukunft auszumalen suchten, überschlugen sich darin, den Menschen der Zukunft als merkwürdig passives Wesen vorzustellen, der – zum Beispiel auf der Straße – auf Rollbändern, unter Dach und mit Sitzgelegenheiten, seinem Ziel entgegengleitet, ohne einen Muskel zu rühren, oder als einen, der – zum Beispiel im Eßzimmer – vermittels allerlei Hebe-, Zug- und Versenkvorrichtungen ein umfangreiches Menü serviert bekommt, ohne sich auch nur vom Stuhl zu erheben. Beide Zeichnungen geben einen Blick auf die, so könnte man sagen, Metaphysik des Komforts frei: die Bequemlichkeitsmaschinen stellen eine technische

Antwort auf die ehrwürdige Frage dar, wie mit der Hinfälligkeit des Menschen umzugehen sei. Nicht zuletzt steckt in «con-fort» als ursprünglicher Wortsinn «stärken, Trost geben»; soll da nicht die Gerätetechnik übernehmen, wofür einst religiöser Sinn einstand, nämlich Schwäche und Endlichkeit des Menschen zu transzendieren? Vielleicht ist in dieser Richtung der Grund dafür zu suchen, warum «Komforteinbuße» heutzutage oft als elementare Drohung empfunden wird: des Schutz und Schirms der Geräte beraubt, finden wir uns der Hinfälligkeit ausgeliefert, um so schutzloser obendrein, als gerade die Technisierung die moralisch-kulturellen Fähigkeiten abgebaut hat, mit unseren Grenzen heiter und gelassen umzugehen, sie «gut leiden» zu können, wie das alte deutsche Wort in versöhnlicher Paradoxie heißt.

Wohlige Regression

Auch die automobiltechnische Entwicklung orientiert sich stillschweigend an der Annahme, daß der Mensch ein abschirmungs- und entlastungsbedürftiges Wesen sei, das fortschreitend gegen Einflüsse von Wind und Wetter, gegen körperliche Mühen und gegen den Gebrauch des Kopfes durch technische Abdichtungen in Schutz genommen werden muß. Und für die Autofahrer lagern sich an ihrem Gefährt Komfortsehnsüchte an, deren Würze darin besteht, daß sie aus Regressions- und Omnipotenzwünschen zugleich gebaut sind: man kann sich so wohlig, fast wie in den bergenden Mutterschoß, zurücksinken lassen, umfangen von summender Technik und hautnaher Bequemlichkeit, und doch gleichzeitig eine Macht und eine Kraft verspüren, wie sonst selten im Leben. Geschützt und gestärkt zugleich fühlt man sich da, in der Nacht durch peitschenden Regen jagend, aber doch eingelullt in wohliger Wärme und rhythmischer Musik. «Eilig und unermüdlich», so schwärmt schon ein Wochenendausflügler 1929, «eilig und unermüdlich arbeitet der Scheibenwischer, gibt klare Sicht und läßt die triefende Welt in seinem Halbkreis frei, geheimnisvoll und traulich zugleich ist es, in der wohligen Wärme des Wagens zu sitzen, rundum Nebelbrauen, Schnee und Regentreiben dazu ...» Geborgenheitswünsche drängen hoch, gepaart mit

«Komfort» um die Jahrhundertwende

Triumphgefühlen, denn ein leiser Pedaldruck genügt, um selbst gehäuften Widrigkeiten zu entfliehen: «. . . metertiefe Wächten verwehren das Weiterkommen, immer tiefer gräbt sich die Motorhaube in das lockere Geriesel, verschwunden sind die Kotflügel, wir sitzen mitten im heimtückischen Schnee, im Eis und im Schlick. Rastlos wühlen die Räder weiter, umsonst, sie fassen nicht Fuß, ich gebe kurze Pause, lenke zurück, greife von neuem an, der Wagen stößt mit höchster Tourenzahl vor ... und gewinnt.»[71] Dabei ist dieses Genußmotiv «Schutzgehäuse gegen Unbill von draußen» durchaus nicht an die Auseinandersetzung mit Naturgewalten gebunden; auch gegen allerlei Streß kann man sich im Wagen trefflich abkapseln: nach dem Genörgel des Chefs sich in die Polster sinken lassen, die Tür hinter sich zuschlagen, die Kassette mit der Lieblingsmelodie einschieben, anlassen, und fügsam gleitet der Wagen aus der Parkenge, dieses Erlebnis scheint gerade bei den täglichen Berufsfahrten eine große Rolle zu spielen. *My car is my castle.*

◆–◆–◆–◆–◆–◆–◆–◆–◆–◆

«Immer bereit! Je mehr das Automobil in allen Gelegenheiten Verwendung findet, um so selbstverständlicher erscheint es auch, daß eine Sonderkleidung für das Fahren in einem solchen absurd und unangebracht erscheint. Man setzt sich heute in seinen Wagen, drückt auf den Starter und fährt ab. Und da man keine Handgriffe mehr zu machen braucht, die ein Beschmutzen der Kleidung herbeiführen könnten, so ist es auch belanglos, was man für eine Kleidung anhat. Die Zeit besonderer Vermummung beim Besteigen des Autos ist endgültig vorbei.»   *Elegante Welt 15, 1926, Nr. 21, S. 21*

◆–◆–◆–◆–◆–◆–◆–◆–◆–◆

Und gerade das Automobil eignet sich besonders dazu, mit narzißtischen Gefühlen besetzt zu werden, weil es, wie kaum ein anderes Gerät, ein Mensch-Maschine-System darstellt, wo von den Fußballen über das Gesäß bis zu den Augen alle Sinne mit der Maschine verkoppelt sind. Der Fahrer muß den Aufmerksamkeitsraum seiner Sensibilität über seinen Körper hinaus auf das ganze Fahrzeug ausdehnen und die mechanischen Funktionen mit seinen Körperbewegungen synchronisieren, ja sogar das Zusammenspiel Körper-Maschine verinnerlichen. Wegen dieser Symbiose zwischen Mensch und Maschine, verschränkt sich am Auto sehr leicht die Sinnlichkeit des Menschen mit den Funktionen der Technologie, dabei eben jene eigentümliche Mischung aus Regressions- und Omnipotenzgefühlen hervorrufend. Sie ist wohlig in ihrer Spannung zwischen Geborgenheit und Kraftgenuß, zwischen Uterus und Phallus, eine Spannung, die aus der autotypischen Inkongruenz zwischen Aufwand und Wirkung hervorgeht, die Dynamik (hohe Kraftentfaltung) mit Passivität (Beugen der

159

Fußspitzen) vereint. Mit einem solchen Webmuster an Gefühlen ist es für die Werbeindustrie kein weiter Weg mehr, die Kombination von kraftvoller Schönheit und leichter Führbarkeit in sexistischer Manier zu symbolisieren. Auf einem Werbebild sieht man den Rover 2600 («Auch ausgezogen attraktiv»), plaziert im Nachtlebengeglitzer vor dem ‹Pigalle›, als das schöne und explosive, aber doch fügsame Weib vorgestellt: sie, die Limousine, «begeistert durch ihre eleganten Formen», «macht einen Blick unter ihre Haube lohnend», «macht einladend ihren Innenraum auf» und «gewinnt viele Liebhaber», und da sie sich so «leicht führen läßt», kann man «sich verwöhnen» lassen und mit Tempo zu einem «ruhigen Ort entfliehen», um sie «ganz alleine zu genießen». Was Wunder, daß 35% der männlichen, aber nur 16% der weiblichen Autofahrer niemand als sich selber an das Steuer ihres Wagens lassen?[72]

An Stelle von Körper und Kopf

Lange Zeit ist es her, seit man in München den ersten Benzinkutschen das Schnaderhüpferl nachsang: ‹Und an Automobil, is a Wagn, der net will.» Spätestens «seit dem Triumph des amerikanischen Wagens sind», wie Eugen Diesel sich 1933 ausdrückte, «die weiblichen Ansprüche zu stark in das Auto hineinkonstruiert worden». Früher, da «tickten und klopften die Maschinen ein wenig anders als heute, sie saugten schlürfender am Vergaser, und das Schalten in der Kulisse war eine andere Kunst als die mit der synchronen Kugelschaltung von heute. Die Motoren setzten nach einigen tausend Kilometern Ölkohle auf den Kolben an und besaßen nicht die allumarmende und doch sanfte Kraftreserve, nicht das schnelle Anzugsvermögen der heutigen Maschinen. Das Ankurbeln, das Reifenmontieren waren unentbehrliche Künste, der Gummi fühlte sich anders an und roch anders. Benzinduft von einem leichtgradigeren Benzin lag über dem Wagen, auch tropfte wohl Öl von ihm herab, und auf den großen Pässen kochte der Kühler».[73] Und auch in den nachfolgenden Jahrzehnten veränderten die Autos weiter ihr Gesicht: die Ingenieure legten es darauf an, daß der Fahrer immer weniger zu spüren, immer weniger zu tun und immer weniger zu verantworten hatte. Sie haben unendlich viele Wege ersonnen, den Fahrer zu entlasten und mit differenziertem Ausstattungskomfort seine Selbsttätigkeit zu einem guten Teil überflüssig zu machen. Die Kontrolle über das Fahren wurde zunehmend vom Fahrer auf die Technik verlagert. Entschädigt wurde er für diesen Verlust an Zuständigkeit durch ein «Cockpit», bestückt mit Leuchtanzeigen und Check Panels, und einem wohnzimmergleichen Innenraum, bei dem weder die Stereoeinbauten noch die farbliche Abstimmung der Ausstattung fehlen; aus dem Dompteur eines Benzinungeheuers ist der umsorgte Insasse einer Komfortmaschine geworden. Auch kleinste Unannehmlichkeiten sollen nicht mehr auf den Körper eindringen: feindosierbare Warmluftregler machen kalte Füße im Frontraum vergessen, verstellbare Lendenwirbelstützen schmeicheln dem Rücken. Selbst kleine Handgriffe werden überflüssig: die Reverse-Automatik nimmt einem das Umdrehen der Kassetten und Mini-Scheibenwischer das Reinigen der Scheinwerfer ab; schließlich wird auch der eigenen Aufmerksamkeit immer weniger abgefordert: eine Warnanlage erinnert an eingeschaltetes Licht und selbst Schnellbremsungen werden mit dem Antiblockier-System zu einem Kinderspiel. Wie ein Kleid soll die Technik sich anbieten, maßgeschneiderte Widerstandslosigkeit wird Trumpf. Und nachdem die Empfindungen, Gesten ruhiggestellt sind, brüstet sich die Komforttechnik damit, das Denken auszuschalten. Vorbei so lästige Fragen wie: Fahre ich schon auf Reserve? Wie ist der Säurestand in der Batterie? Oder: Ist der Kofferraum auch abgeschlossen? Denn wer immer «mitdenkt», das ist ein ausgeklügeltes Kontrollsystem, das sich dezent mit Blinken oder Summen bemerkbar macht. «Das Gefühl der Geborgenheit», begeistert sich ein Autokritiker, «wird sogar akustisch vermittelt. Wenn der Schlüssel steckt und die Tür geöffnet wird; wenn der Motor anläuft und die Sicherheitsgurte noch an der Trennwand herunterhängen; wenn der Schlüssel abgezogen wird und die Scheinwerfer noch brennen – immer ertönt sogleich ein eindringliches Summen oder Klacken, das die Insassen zur Ordnung ruft.»[74] Die Komforttechnik hat in ihrem Beschützerdrang zuletzt den Gebrauch des Willens und des Denkens erreicht, die Gerätetechnik paßt allenthalben auf uns auf, diese fürsorgliche Mutter aus der schönen neuen Welt.

Vor 150 Jahren hatte die erwachte Lust der Bürgerlichen an Eigenständigkeit zum Streben nach komfortabler Ausstattung geführt;

heute hingegen, nach einer langen Geschichte der Entlastung von Körper und Kopf mittels Technik, scheint die Lust an Eigenständigkeit vielfach dabei zu sein, sich gegen komfortable Überversorgung zu kehren. Gerade bei jüngeren Leuten grassiert eine Kultur des Unfertigen: in den Zimmern kommt die Preßspanplatte für Betten, Tische und Regale zu hohem Ansehen, Mäntel und Jacken werden zuhauf auf Trödelmärkten gekauft, und auch das Mantschen mit Lehm beim Basteln am Bauernhaus weist darauf hin, daß die Attraktion der technischen «overprotection» im Abnehmen begriffen ist. Wenn die Ausstattung mit Komfort eine gewisse Grenze überschritten hat, dann steigt die Wahrscheinlichkeit, daß, was einst als bergender Schutzraum begrüßt wurde, jetzt als entmündigendes Gefängnis erlebt wird. Nicht als Gefängnis der Unterdrückung, sondern als Gefängnis der Unterforderung; denn es liegt im Wesen fortschreitender Komforttechnik, daß sie Sinne, Fähigkeiten und Verantwortlichkeiten von Menschen brachlegt. Und es ist genau diese Eigenart, die gegenläufige Wünsche nach Abenteuer, nach Mühsal, nach Herausforderung auslöst; je widerstandsloser die Welt einfach zuhanden ist, desto eher wird Reibung gesucht.

Aufs neue Widerstand zu suchen, um sich zu bewähren, ist möglicherweise ein Motiv, was dem Abenteuerurlaub wie dem Vandalismus, dem alternativen Handwerk wie dem Drang zum Bergsteigen zugrundeliegt. Zuviel Bequemlichkeitsmaschinen entlasten bis zur Unterforderung, sie scheinen den Menschen zu trivialisieren. Aus dieser Erfahrung resultiert die verächtliche oder die nachlässige Einstellung gegenüber einem Wachstum an Komfort, auch wenn das Begehren nach Natürlichkeit sich in Surfbretter, weiße Turnschuhe oder Ikea-Möbel zurückzieht. Jedenfalls, ungebrochenes Komfortwachstum treibt in ein Dilemma, in eine, wenn man so will, Zwickmühle der Überflußgesellschaft: weil sie die Fülle des Komfort bereitstellt, hat sie mit einem Unterstrom an Verdruß zu kämpfen, der von der Trivialisierung der Menschen zu Knöpfchendrückern rührt; mit der Sättigung verschwistert sich die Langeweile.

DIE FLUT DER NEUHEITEN
UND DER APPETIT AUF VERBESSERUNG

Keine Sprache ist so international wie die Sprache des Autodesigns: mit nur einem Blick können die meisten Zeitgenossen das Alter eines Wagens abschätzen. Allein schon die Silhouetten rufen die Erinnerung an vergangene Jahre oder gar Epochen wach; denn die Automobilflotte ist gleichsam in Jahresringe gegliedert. Linienführung oder Farbe, Ausstattung oder Motorentechnik, was gestern noch, von Werbeleuten und Autokritikern umschmeichelt, im Glanz der Neuheit daherkam, setzt heute schon, von Nachbarn und Freunden ignoriert, die Patina des Alterns an. In jährlicher Wiederkehr kommen neue Modelle hernieder, voller Stolz für ein Jahr die Errungenschaften des Fortschritts repräsentierend, um dann, zunehmend an Alter und Häßlichkeit, in den folgenden zehn Jahren langsam bis zum Bodensatz der Automobilflotte herabzusinken und schließlich in der Blechpresse der Autoverwertung zu landen. Dabei ist der Wandel von der Neuheit über die Gewohnheit zum Wrack keineswegs nur ein materieller, sondern auch ein kultureller Alterungsprozeß: neue Wahrnehmungen und Bedürfnisse finden sich ein, verblassen zur Gewohnheit oder ziehen sich nach angemessener Zeit als Skurrilitäten in das Museum vergangener Wünsche zurück. Um dieser Geschmacksgeschichte teilhaftig zu werden, muß man schon dem öffentlichen Gespräch über Automobile nahe genug stehen, andernfalls kann man sich, wie «Lenz» in der gleichnamigen Erzählung von Peter Schneider, nur leise wundern, welchen Geringfügigkeiten der Lorbeer der Neuheit umgehängt wird:

«An einem Nachmittag ging Lenz durch die Einkaufsstraßen der Stadt . . . Er betrachtete die Auslagen in den Schaufenstern. Er wunderte sich, daß dort immer noch jeden Monat neue Autos, Pelzmäntel, Schuhe, Fernsehgeräte, Abendkleider und Anzüge ausgestellt wa-

ren . . . Die Veränderungen, die in den letzten zwei, drei Jahren stattgefunden hatten, schienen ihm lächerlich gering, mit dem bloßen
Auge kaum wahrzunehmen. Vor einem VW-Salon blieb er stehen. Er
sah, daß sich an den wesentlichen Bestandteilen des VW nichts geändert hatte: er hatte immer noch die gleiche Form, vier Räder, zwei
Türen, er war nicht größer und nicht kleiner geworden. Gleichzeitig
hatte sich etwas verändert. Er verstand die Bedeutung der Linien
nicht, die er in der Ausformung der Kotflügel und der Frontscheibe
bemerkte. Er betrachtete nun die Passanten, die wie er vor dem
Schaufenster standen und die ausgestellten VWs betrachteten. Er
hörte Sätze, die die Neuigkeiten der Autos beschrieben. Auf unsicht-
bare Einzelheiten hinweisend, erörterten die Betrachter die Veränderungen an dem selber nicht sichtbaren Motor des neuen Modells. Sie
verglichen den Hubraum des neuen Motors mit den Hubräumen
älterer Motoren, sie sprachen von Änderungen und Verstärkungen im
Aufbau, in der Bodengruppe und im Fahrwerk, von einer Revolution
in der Innenraumbelüftung, und sie behaupteten, der Wagen läuft und
läuft und läuft. Lenz entnahm der Beschreibung, daß große Veränderungen stattgefunden haben mußten. Er stellte fest, daß die gleichen
Veränderungen, die ihm vergleichsweise unwichtig erschienen, von
den meisten Betrachtern als groß und einschneidend wahrgenommen
wurden.»[75]

Die Kreation des Mangels

«Nichts soll bleiben, wie es ist», dieser Spruch könnte gut und gerne
als Dauerlosung für die Internationalen Automobil-Ausstellungen
dienen. Und obendrein wäre er von blendender Ehrlichkeit, dieser
Spruch, denn er trifft genau jene heimliche Botschaft, die allenthalben
hinter dem Selbstlob der Hersteller und den onkelhaften Kommenta-
ren der Autojournalisten, die sich prüfend über die in die Welt gesetz-
ten Produkte beugen, hervorquillt. «Nichts soll bleiben, wie es ist»:
jedes neue Modell, das aus den Fabrikhallen rollte und unter Glitzer
und Glimmer dem staunenden Publikum präsentiert wird, wirft einen
Schatten auf all die Modelle von gestern und vorgestern und bringt sie
auf die schiefe Bahn fortschreitender Abwertung, wie auch das neue

Modell selbst schon von der Vergänglichkeit gezeichnet ist, jedenfalls in den Augen der Konstruktionsingenieure, die schon mit den Modellen von übermorgen experimentieren.

Ebenso wie alle anderen Waren in den fortgeschrittenen Konsumgesellschaften werden die angebotenen Automobile ununterbrochen ausgetauscht; was heute in den Vorführsalons der Autohändler steht, wird in zwei bis drei Jahren mit neuen Karosserieelementen oder technischen Variationen aufgefrischt sein, in fünf bis sechs Jahren wird sich das Basismodell in ganz neuem Gewande präsentieren, und in acht bis zehn Jahren höchstens noch auf dem Hinterhof für Gebrauchtwagen aus dritter Hand zu finden sein. Obschon es technisch denkbar wäre, Autos für eine Lebensdauer von 20 bis 25 Jahren zu konstruieren, scheiden heute Personenwagen im Schnitt im Alter von zehn bis elf Jahren aus dem Verkehrsleben. Dabei ist ihre Lebenserwartung zwischen 1955 und 1972 auch noch beträchtlich gesunken: ein Wagen des Baujahres 1955 konnte noch im Durchschnitt 13,6 Jahren entgegensehen, während ein Wagen des Baujahres 1972 nur mehr mit 10,6 Jahren rechnen konnte,[76] obwohl die Zahl der gefahrenen Kilometer pro Wagen um 14% gesunken war. Allerdings deckt diese Ziffer nur den technischen Alterungsprozeß im engen Sinne, wo die Schwächen vor allem an der Karosserie auf den Weg zur Verschrottung führen, jedoch nicht die psychologische Obsoleszenz von Automobilen, jenes Erkalten der Faszination, das schon viel früher einsetzt, meistens dann, wenn eine neue Generation aufgefrischter Modelle ins Rampenlicht kommt. In welchem Maße die Lebensdauer von Autos mit nichttechnischen Faktoren zu tun hat, zeigt sich allein durch die seltsame Tatsache, daß Autos, nimmt man den europäischen Vergleich, in Dänemark (15,4 Jahre) fast doppelt so lange halten wie in der Schweiz (8,8 Jahre), mit Deutschland im hinteren Mittelfeld (10,7 Jahre).[77]

Natürlich dienen die rhythmisch anrollenden Neuheiten dazu, den Absatz an Autos flottzuhalten. Schließlich operiert der Automobilmarkt seit 15 Jahren entlang der Sättigungsgrenze, so daß die Produktion nur untergebracht werden kann, wenn die Ersatznachfrage wach bleibt. Wenn ca. 95% der Neuwagen an Personen verkauft werden, die bereits ein Auto besitzen, dann geht es für die Hersteller darum, die Zeitspanne des Erstbesitzes möglichst kurz zu halten, um überhaupt noch Autos absetzen zu können. Unter solchen Bedingungen ist die Politik der Neuheiten darauf gerichtet, dieser Gruppe der Neuwagenkäufer, indem ihre Aspirationen auf das je allerneueste Modell gelenkt werden, den Gefallen an ihrem Wagen zu vermiesen, selbst wenn er technisch noch vortrefflich in Schuß ist. Wo die Expansion des Marktes an Grenzen stößt, da wird das Umschlagstempo der Waren wichtig, da spielt deshalb die Lebensdauer und mehr noch die Verweildauer der Wagen beim Erstbesitzer eine entscheidende Rolle, um die Fertigungsbänder nicht stillstehen zu lassen. Seit Anfang der sechziger Jahre, als in Deutschland der vielgesichtige Massenmarkt eine breite Produktpalette erforderlich machte, stieg die Produktinnovation zum Selbstzweck auf, kein bloßes Mittel mehr, den Gebrauchswert der Fahrzeuge zu erhöhen, sondern als Ziel, das Produktionskapazitäten, Wachstum und Vollbeschäftigung zu sichern hilft. Daher kann der Gebrauchswert der Innovation durchaus gering bleiben, solange nur ihr wirtschaftlicher Wert stimmt; in einer Gesellschaft, wo man nicht mehr Arbeitsplätze einrichtet, um zu produzieren, sondern produziert, um Arbeitsplätze zu erhalten, da ist die Flut der Neuheiten das Wasser auf die Mühlen eines Produktionsapparats, der immer mehr Waren mit immer weniger zusätzlichem Gebrauchswert ausstößt. Da die Umstellung der Produktionsanlagen für einen Modellwechsel enorme Summen verschlingt, kann auch mäßiger Fortschritt sehr kostspielig werden, so daß der Lebensstandard «teurer» wird: einem solchen Überfluß wohnen inflationäre Tendenzen inne, Fortschritt im Leerlauf.

Eine so verfaßte Ökonomie braucht ein Publikum, dessen Liebe zu den Gegenständen flüchtig bleibt. Schließlich sind die Konsumenten gehalten, den Wechsel der Neuheiten mitzumachen und mit ihren Wünschen der Bewegung zu folgen, die ihnen der Produktionsapparat vormacht: neue Produkte zu begrüßen und alte Produkte abzustoßen. Wer da zögert und auf ehrwürdige Tugenden wie Sparsamkeit und Solidität pocht, der versündigt sich gegen die moralische Ordnung, wie sie in den Funktionsgesetzen der fortgeschrittenen Marktökonomie eingelassen ist. Ein neuheitensüchtiger Produktionsapparat ist nämlich alles andere als ethisch neutral, ja er wird nur zureichend verstanden, wenn man ihn auch als moralische Anstalt begreift, aber als eine moralische Anstalt, deren Ansprüche im Gewande der Sachgesetzlichkeit, im Namen von Wettbewerb und Fortschritt, daherkommen. Im Reigen der Neuheiten teilt sich eine Botschaft mit, die unablässig auf das Selbstgefühl der Konsumenten einwirkt: keine Ahnung hast du von deinen wahren Bedürfnissen, was du hast, ist nichts mehr wert, geh hin und kaufe das ungetrübte Glück. Pädagogen oder Pfarrer mögen sich um Tugendbildung bemühen; wirksamer jedoch verkünden die anstürmenden Neuheiten, was gut und was schlecht ist: sie predigen die Tugend der raschen Trennung und verachten das Ideal der Treue. Antiquiert ist pfleglicher Umgang, von gestern ist der gelassene Stolz des Besitzers; statt dessen sind Achtlosigkeit, Überdruß und munterer Wechsel gefordert. Auf der kulturellen Rückseite der Obsoleszenzwirtschaft läßt sich leicht ein Hang zur Wegwerfmentalität ausmachen. Wäre doch derjenige der ideale Konsument, der, obgleich zunächst Feuer und Flamme, gleich nach dem Kauf die Lust verliert und sein Begehren auf neue Objekte richtet. Die Politik der Neuheiten allerdings muß auf eine so geartete Lebenseinstellung spekulieren, weil sie darauf beruht, daß der symbolische Verbrauch der Produkte schneller voranschreitet als ihr tatsächlicher Verbrauch, daß die Wünsche schneller abgeschrieben sind als die Investition. Lange vor dem ökonomischen Wert soll der symbolische Wert des Automobils gegen Null sinken; die Zerstörung seines Bedeutungskleids läuft der Zerstörung seines Blechkleids weit voraus.

Das Neue beansprucht den Vortritt, weil es in selbstverständlicher Arroganz unterstellt, das Bessere zu sein. Nicht das Produktionsdatum als solches macht ein Gut zur Neuheit, sondern die Annahme, daß sich in ihm die neue Stufe des technischen Fortschritts verkörpert. Was später kommt, ist deshalb auch besser, denn Zeit und Fortschritt, sie streben im Gleichtakt voran. Die Attraktion des Neuen verdankt sich der Vorstellung vom unendlichen Fortschritt, der die gerade einbrechende Zukunft über die Gegenwart und, mehr noch, über die Vergangenheit stellt. Wäre diese Vorstellung, trotz aller gegenteiligen historischen Erfahrung, nicht zu einem alltäglichen Glaubenssatz geronnen, dann würde jedermann einen Werbespruch wie den von Daihatsu als schlichtweg absurd empfinden: «Daihatsu. Das neue neue neue Auto aus Japan ist da. Das neue neue Auto aus Japan ist viel mehr als ein einfach neues Auto: Daihatsu ist wirtschaftlicher. Hat mehr Komfort und mehr Extras. Und kostet weniger als ein einfach neues Auto. Wenn Sie sich jetzt ein neues Auto kaufen, dann kaufen Sie sich gleich ein neues neues Auto: Daihatsu.» So inhaltsleer – in dicker Balkenschrift – diese Anzeige auch ist, sie würde vollends sinnlos, wenn sie sich nicht auf die mythische Übereinkunft berufen könnte, daß das Allerneueste automatisch auch das Allerbeste sei, gleichsam die Spitze des Fortschrittspfeils.

Gerade in der Bedeutungswelt des Konsums ist noch lebendig, was das 18. und 19. Jahrhundert im Weltgefühl der Menschen umgestülpt hatte: die Angst vor dem Neuen war der Sehnsucht nach dem Neuen gewichen, die bekannten Erfahrungen waren zur Irrelevanz gegenüber den Erwartungen in die unbekannte, aber nichtsdestoweniger überlegene Zukunft geschrumpft. Ein solches Bild von der Geschichte unterliegt dem Lobpreis der Neuheiten, der von der Gewißheit zehrt, daß es sich bei der Geschichte um einen nie versiegenden Strom von Innovationen handelt. Reproduziert wird diese Vorstellung heute in erster Linie durch das neuheitssüchtige Produktionssystem; die gesamte Liturgie des Modellwechsels, der Reklame, der Autokritik, der Ausstellungen zelebriert ganz selbstgewiß diesen Entwurf von Geschichte als die Bahn unendlicher Verbesserungen. In diesem Glaubenskontext nur kann dem Neuen der Vertrauensvorschuß entgegengebracht werden, jene Federung, jenen Kofferraum, jenen Korrosionsschutz, über die man bereits verfügt, zu übertreffen und eine Warenwelt heraufzuführen, die sich immer stromlinienförmiger allen Wünschen fügt.

Das neue Produkt legt es darauf an, alle eingeführten Produkte seiner Art ins Defizit zu setzen. Schlecht soll dastehen, womit man sich bisher zufrieden gegeben hat; die Neuheit zieht ihren Glanz aus der Abwartung des Bestehenden. Deshalb ist mit dem Lobpreis des Besseren zumeist auch die Neudefinition von Mängeln verbunden. Recht anschaulich bemüht sich die Werbeanzeige zur Einführung des Fiat Ritmo aus dem Jahre 1978, den alten Wagen in seinen Eigenschaften seinem Besitzer madig zu machen. Die Anzeige zeigt auf der linken Seite eine Fotografie des neuen Ritmo und auf der rechten Seite den bloßen Umriß eines unbekannten Wagens. Unter dem Ritmo («ein ungewöhnliches Auto») sind fünf Merkmale aufgeführt, die das neue Auto vor jedem anderen in seiner Klasse auszeichnen sollen: fünf Gänge, Lärmschutz, Innenraumgröße etc. Aber unter dem namenlo-

Aus: Die Dame, November 1928

sen Wagenumriß sieht sich der Leser – parallel zu den fünf Merkmalen – fünfmal der abwertenden Frage ausgesetzt: «. . . und Ihr Auto?» Die Strategie ist klar; der Ritmo wird vorgestellt als ein Wagen, der in den fünf Vergleichsmerkmalen die neue Stufe des Fortschritts verfügbar macht und damit den alten Wagen (mitsamt dessen Besitzer) ins Defizit rückt. «Ihr bisheriger Favorit», heißt es am Schluß der Gewissenserforschung, «ist er es nach einem Vergleich mit dem Ritmo immer noch?» Über den altgewohnten Wagen soll der Schatten des Mangels fallen, damit der neue Wagen im Lichte der Perfektion besser absticht. Die Besitzwünsche werden auf das neue Auto gelenkt; sie können nicht mehr in den gewohnten Bahnen eingelöst werden, sondern die Chancen zu ihrer Befriedigung haben sich verknappt, weil an die Innovationen des neuen Ritmo gebunden. Komfort, Sicherheit, Lärmschutz, Formschönheit sind damit nicht mehr selbstverständlich und allgemein in vielen Autos dieser Klasse verfügbar, sondern zu knappen, nur durch den neuen Ritmo zu erlangenden Gütern geworden. Die Neuheit, indem sie als das Bessere auftritt, verknappt die Chancen zur Befriedigung, weil sie das Gewohnte abwertet und sich selbst als den Königsweg präsentiert. Diese industrielle Konstruktion von Knappheit sorgt dafür, daß die Wünsche der Autobesitzer immer wieder vom Überdruß ereilt werden und sich, im periodischen Wechsel, auf neue Objekte richten. Planmäßig legt es das fortgeschrittene Industriesystem darauf an, die Beziehungen zwischen Bedürfnis und Ware instabil und jederzeit kündbar zu halten. Befriedigung auf Widerruf, dieser Zusatz müßte unter jedem Kaufvertrag stehen, denn er verweist auf einen charakteristischen Zug der industrialistischen Warenkultur, der sie zentral von vielen anderen Kulturen unterscheidet, und der obendrein den tiefen Grund für das Unbehagen an der Konsumgesellschaft darstellt. Kein Wunder, daß unter solchen Umständen die Bedürfnisse nie an eine Grenze gelangen, werden sie doch durch die Dynamik der Knappheitsspirale auf immer neue Ziele fixiert. Die Unendlichkeit der Bedürfnisse, jene berühmte Grundannahme der modernen Ökonomie, ist die subjektive Seite des unendlichen Stroms an industriell produzierten Neuheiten.

Dabei kommt den Innovationsstrategen zugute, daß die Bedürfnisse der Menschen plastisch sind und sich, bei geschicktem Arrangement der Ware, in zahllose Unter- und Nebenbedürfnisse zergliedern

170

Der neue Golf.
Oder wie man einen Bestseller noch besser macht.

Besser: Denn der neue Golf ist kein futuristisches Experiment in Kinderschuhen. Sondern die konsequente Weiterentwicklung des erfolgreichsten Automobil-Konzepts in den letzten 10 Jahren. Mit ihm werden wieder einmal Maßstäbe für eine ganze Auto-Klasse gesetzt: durch eine beinahe unendliche Summe von Verbesserungen.

Besser: Motor! Der neue Golf startet. Mit zwei neuen kraftvollen Triebwerken. Beide Benziner sind leistungsstärker. Das heißt, noch mehr Fahrspaß mit Triebwerk-eins–1,3 l/40 kW (55 PS). Oder Triebwerk zwei: 1,6 l/55 kW (75 PS). Noch wirtschaftlicher ist der neue Golf mit dem Diesel oder Turbo Diesel.

Besser: Beschleunigung! Der neue Golf ist noch sportstärker. Beispiel: In der 55 kW (75 PS)-Version ist er in 13 Sekunden von 0 auf 100 km/h.

Besser: Sparsamkeit! Der neue Golf benötigt weniger Kraftstoff. Z. B. die 40 kW (55 PS)-Version verbraucht gegenüber dem 37 kW (50 PS)-Motor viel weniger: nach DIN 70030 auf 100 km nur 5,5 l bei 90 km/h, 7,3 l bei 120 km/h und 7,9 l Normalbenzin im Stadtzyklus.

Besser: Korrosions-Schutz! Der neue Golf behauptet sich gegen die Korrosion: z. B. durch oberflächengeschützte Bleche, Heißwachsfluten der unteren Karosserie-Hohlräume, Kunststoff-Radhausschalen und Unterbodenschutz.

Besser: Ausstattung! Im neuen Golf fehlt's an nichts, auch von der Ausstattung her gesehen, weder an den Halogen-Hauptscheinwerfern noch an einer Nebelschlußleuchte oder der Heckscheiben-Wasch- und Wischanlage.

Besser: Höchstgeschwindigkeit! Der neue Golf ist schneller. Mit der 55 kW (75 PS)-Version kommt er leicht auf 167 km/h Spitze.

Besser: cw-Wert! Der neue Golf fährt gegen den Strom: mit einem cw-Wert von 0,34, dem Spitzenwert einer ganzen Autoklasse. Da fließt der Luftstrom ohne nennenswerte Störung an der Karosserie entlang. Dadurch verbraucht der Golf weniger Kraftstoff. Und ist schneller als zuvor.

Besser: Türen! In den neuen Golf einsteigen, Türen schließen. Und das ohne angenehme Verrenkungen. Denn der Einstieg durch die wesentlich größeren, weit zu öffnenden Türen ist noch bequemer.

Besser: Kofferraum! Der neue Golf lädt 30% mehr Koffer. Sein um ein Drittel größerer Kofferraum faßt jetzt 410 Liter. Erstaunlich viel in seiner Wagenklasse.

Besser: Armaturen! Die Armaturentafel des neuen Golfs ist noch übersichtlicher. Die Instrumente sind auf einen Blick überschaubar. Die Schalter und Hebel liegen bequem in Reichweite. Und wenn es dunkel wird, werden alle Bedienungs-Kontrollen beleuchtet.

Besser: Heizung und Lüftung! Prima Klima im neuen Golf. Die neue Heiz- und Frischluftanlage ist nahezu geschwindigkeitsunabhängig: reagiert sehr spontan und ist fein einstellbar.

Besser: Raum-Komfort! Der neue Golf ist der größte aller Zeiten. Bitte einsteigen und viel Platz nehmen: Innen stehen 2,60 m³ Sitzraumfläche zur Verfügung. Oder strecken Sie sich mal bei umgeklappter Rücklehne. Hat 1,84 m, Denn so lang ist sein Innenraum (gemessen vom Gaspedal bis zur hinteren Rücklehne).

Besser: Innengeräuschniveau! Der neue Golf ist hörbar leiser. Das Geräuschniveau innen konnte um 3 dB gesenkt werden.

Besser: Sitz-Komfort! Der neue Golf mit den besten Golfplätzen, die es je gab. Man sitzt noch bequemer in den komfortableren Sitzen, die sich körpergerecht einstellen lassen. Und daß sich lange Leute nicht hinters Steuer klemmen müssen, dafür sorgt auch der vergrößerte Fußraum. Und so sieht's im Fond aus: mehr Platz für Knie und Füße.

lassen. Wie befremdlich muß etwa einem Autopionier von anno dazumal jenes «Bedürfnis» vorkommen, das der Ritmo auch zu erfüllen verspricht: «Leise ist der Ritmo auch innen. Bei Reisegeschwindigkeit hören Sie Stereo aus dem Kassettenradio so gut wie in einer großen Limousine. Sie hören Mozart statt Motor.» Mozart statt Motor, wie weit können Wünsche noch ausgefächert und verfeinert werden? Allein in einem Anzeigentext zum Ritmo wird das Bedürfnis nach einem guten Auto in etwa 50 bis 60 Unterbedürfnisse zergliedert, von den körpergerechten Sitzen über die besonders frische Frischluft und dem schön gestylten Lenkrad bis zu den Schutzschilden aus Kunststoff. Der Ritmo gibt vor, alle diese Bedürfnisse nunmehr zu optimieren und den anderen Wagen seiner Klasse voraus zu sein, so daß die Spirale der Knappheit ebenso bei einer Vielzahl von Bedürfnissen ansetzen kann. Widerrufbar ist die Befriedigung, und das noch für eine ganze Serie von Unterbedürfnissen; eine Vielzahl von Wünschen sind in das Wechselbad von symbolischer Zerstörung und neuaufgebauter Attraktion eingetaucht. Was den Konsum vorantreibt, ist die Anziehungskraft der kleinen Verbesserung, die Überzeugungsmacht des kleinen Unterschieds: dort ein paar Zentimeter mehr, hier ein paar Sekunden schneller, dort eine gefälligere Linie, hier eine neue Leuchtanzeige. Wenn man all die Materialien und Kapitalien, all die Arbeiter und Industrien, all die gesellschaftlichen Ressourcen bedenkt, die für den Ausstoß von kleinen Unterschieden mobilisiert werden, ist es dann falsch zu sagen, daß die Politik der Neuheiten das vornehmste und umfassendste Ritual der modernen Gesellschaft darstellt?

Georges Bataille hat einmal gesagt, daß man die Identität einer Gesellschaft an der Form ihrer Verschwendung erkennen könne. Während in anderen Kulturen der Überschuß für, sagen wir, goldene Altäre, zeremonielle Feste oder Pyramiden verausgabt wurde, werden die Überschüsse der modernen Gesellschaft eingesetzt, um Produktion und Konsum auf immer neuer Stufenleiter voranzutreiben. Es ist die Ökonomie, es ist die materielle Produktion selbst, welche da zur religiösen Agentur, zur sinnstiftenden Instanz geworden ist. Das bessere Gut beherrscht die gesellschaftsweite Aufmerksamkeit und ist Kristallisationspunkt der sozialen Kräfte; es hat so etwas wie den Status eines identitätsstiftenden Idols, ein flüchtiges zwar, aber dennoch beherrschendes.

Die Nase vorn

Warum aber zieht der kleine, innovative Unterschied soviel Aufmerksamkeit auf sich, warum hält man das Neue auch für das Erstrebenswerte? Um ein Motiv dafür ist die Ritmo-Werbeanzeige nicht verlegen. Der Ritmo, so wird gesagt, «bringt frischen Wind in die kompakte Mittelklasse», wo sich in den letzten Jahren «eine gewisse Konformität ergeben» hätte; er ist einfach «anders als andere». Sich abzuheben von der Komformität, ein solches Gefühl verleihen die neuen Eigenschaften des Ritmo, denn «alle diese Vorteile machen den Ritmo zu einer Ausnahmeerscheinung in der kompakten Mittelklasse. Und zum Vorbild. Man wird sehen, daß andere nachziehen werden». Mit dem Ritmo, da verschafft man sich einen Vorsprung, der einen zum Vorbild werden läßt, dem andere nacheifern werden. Der technische Unterschied am Ritmo übersetzt sich in einen sozialen Unterschied für den Besitzer, die technische Verbesserung am Auto verspricht eine soziale Verbesserung im Spiel um Anerkennung und

Prestige; man stellt sich besser mit dem Besseren. «Vorsprung» lautet das Leitmotiv, welches einen Gleichklang zwischen Entwicklungsingenieuren und Autokunden herstellt; im Streben nach Vorsprung findet sich gleichsam die gemeinsame Grammatik, welche die Übersetzung von der technischen Sphäre in die soziale Sphäre erlaubt: der Vorsprung gegenüber den herkömmlichen Wagen verwandelt sich in einen Vorsprung gegenüber Hinz und Kunz. Deshalb versetzt jede Neuheit, die sich auf dem Markt nach vorn drängt, das Karussell der sozialen Konkurrenz in Bewegung, da sie für den flinken Käufer eine Chance bietet, sich gegenüber den anderen abzusetzen und ihnen das Nachsehen zu geben. Insofern als Automobile als Symbole sozialer Überlegenheit dienen, läßt jede Neuheit die üblichen Automobile nicht nur in ihrem technischen Wert, sondern auch in ihrem symbolischen Wert veralten, weil die Prestigekraft eines Objekts in seiner relativen Knappheit wurzelt. Allerweltsgüter taugen schlecht zur sozialen Auszeichnung; nur knappe, also nicht allgemein verfügbare Güter eignen sich dazu, ihren Besitzer aus der Masse herauszuheben. Und dem Neuen, weil es eben aus der Natur der Sache (noch) kein Allgemeingut sein kann, kommt schlechthin die Qualität der Knappheit zu; deshalb verleiht Prestigekraft besonders die Neuheit.

Auch der Symbolwert eines Autos ist widerruflich; wer mit dem Auto soziale Überlegenheit demonstrieren will, ist gezwungen, sein Prestige immer wieder in neuem materiellen Gewande zu suchen. Denn, wie eine BMW-Anzeige weiß, «Exklusivität ist ein dehnbarer Begriff: Von gestrig bis zum BMW 3er». Gerade wer vorne ist, muß aufpassen, nicht zurückzufallen: «Fahren Sie bereits ein erstklassiges Auto? Dann ist eine Probefahrt im neuen BMW 3er für Sie besonders aufschlußreich. Denn dieser neue BMW unterscheidet sich nicht allein deutlich von billigeren Fahrzeugen, sondern auch eindeutig von vergleichbaren . . .» Indem das Industriesystem fortlaufend Innovationen ausstößt, bringt es immer wieder eine neue Generation von knappen Gütern hervor, die wiederum eine neue Runde in der sozialen Konkurrenz um höherwertige Symbole auslösen. Und umgekehrt: das Verlangen nach Vorsprung gegenüber anderen auf Seiten der Kunden hält die Nachfrage nach Neuheiten im Gange.

Diese Nachfrage sorgt zunächst einmal dafür, daß die Neuwagenkäufer nicht ungebührlich lange ihrer Errungenschaft treu bleiben; nach drei, spätestens vier Jahren wird der Neuwagen auf den Gebrauchtwagenmarkt abgeschoben. Nicht daß da die Motorenkraft schon viel gelitten hätte oder die Karosserie, nein, die Symbolkraft eines Neuwagens hat sich nach diesen Jahren verschlissen; mit blindem Lack auf alten Modellen läßt sich kein Staat mehr machen. Auf dem Markt für Neuheiten mithalten zu können, ist für sich schon ein Zeichen sozialer Überlegenheit, das für Leute mit weniger hohem Bankkonto kaum erschwinglich ist. Über die Hälfte aller Autos werden gebraucht gekauft, etwa zwei Drittel aller Transaktionen finden auf dem Gebrauchtwagenmarkt statt, das heißt, die Politik der Neuheiten zielt auf eine eher privilegierte Minderheit der Autobesitzer. Sie verstärkt dieses Privileg, aber wird dennoch zu einem guten Teil von denen mitfinanziert, die sich nur einen Gebrauchtwagen leisten können und mit ihrem Kauf den Erstbesitzern wieder zum neuesten Modell verhelfen. Alle haben ein Auto, jedoch nicht jeder das gleiche; die weniger wohlhabenden Gruppen erben die verblichenen Symbole von gestern.

Ferner treibt das Verlangen nach Vorsprung den Drang zu höheren Leistungsklassen an. In Größe und Leistungsvermögen der Autos spiegelt sich nämlich in hohem Maße die Hierarchie sozialer Klassen: je höher der Wagen auf der Stufenleiter der Produkte, desto höher auch der Platz seines Besitzers auf der Stufenleiter der Gesellschaft. Im Jahre 1975 hatten sich drei Viertel der Selbständigen / Freiberuflichen mit einem Hubraum größer als 1500 ccm ausgestattet, die Arbeiter / Facharbeiter indessen nur zu einem Drittel. Bei der PS-Zahl lagen die Relationen ähnlich: ein Drittel der Arbeiter hatten mehr als 55 PS im Rücken, jedoch zwei Drittel der Selbständigen.[78] Soziale Ungleichheiten übersetzen sich in unterschiedliche Motorleistung und Fahrzeuggröße. Leistung ist das wichtigste Kriterium, nach dem die Skala der Produktdifferenzierung ausgelegt ist; für jeden Geldbeutel bietet sich eine Leistungsstufe an. Allerdings bleibt diese Zuordnung nicht stabil, sondern befindet sich dauernd in Bewegung: Aufstiegswünsche drängen die Kunden, sobald die Brieftasche es zuläßt, zu höherer Leistung, und die Politik der Neuheiten andererseits sorgt dafür, daß die Stufenleiter der Produkte nach oben sich verlängert und vor den Augen der aufstiegsfreudigen Kunden immer wieder neue Ziele emporwachsen.

Das ganze Spiel gleicht dem Anstieg auf einer abwärtsfahrenden Rolltreppe: steigend und steigend kommt man doch nicht von der Stelle. «Die Technik im neuen BMW 3er: Gestern noch Wunschvorstellung. Dann für die Besten machbar. Und jetzt Leitbild einer neuen Klasse»: jede neue Runde an Innovationen gibt vor, den Fahrzeugbestand zu «erneuern» und «aufzuwerten». Das mobilisiert Wünsche, sich sozial zu verbessern, nur um bald wieder neuer Lustlosigkeit Platz zu machen, weil andere nachziehen und in der Ferne am Horizont schon wieder neue Unterscheidungssymbole auftauchen. Neuheiten halten das Karussell der Aufstiegswünsche in Bewegung, ohne den Abstand zwischen oben und unten zu verringern.

Genug ist gerade das Beste

Automobile sind Kommunikationsmittel. Nicht ihre materiellen Eigenschaften als solche stimulieren die Nachfrage, sondern die Mitteilungen an andere und an sich selbst, die sich in ihnen verkapseln. Sie sind wie eine Sprache, die der Person erlaubt, sich mit anderen und mit sich selbst in Beziehung zu setzen. Nach außen teilen sie mit, was der Besitzer von sich selbst hält und wie er seinen Platz in der Gesellschaft sieht, und im inneren Dialog offenbaren sie sich als Quelle ergötzlicher Selbstbestätigung. Der Autonarr H. G. Bentz macht aus seinem Herzen keine Mördergrube: «. . . ich trete vom Fenster zurück und schleiche mich in die Garage, wo ein Etwas steht, blinkend in schwarzem Lack und Chrom, das mir soviel gilt wie dem Kapitän sein Schiff oder dem Araber sein Vollblut. Ich öffne, mit einem erwartungsvollen Prickeln über der Wirbelsäule, die eisenbeschlagene Tür und bleibe wie üblich einen Augenblick in benommener Bewunderung stehen. Lang und breit und niedrig lauert es wie die Granate im Kanonenrohr . . . ‹Na, wie geht es dir denn, Boxie?› frage ich und klopfe ihm auf das breite Hinterteil . . . Ich hole mir einen Benzinkanister vor den Kühler und setze mich drauf. Wenn ich so ganz niedrig hocke, wirkt der Wagen noch mächtiger, fast beängstigend, wie er da auf mich einstürmt mit den Kristallaugen seiner Scheinwerfer, dem Kühlergitter, das wie die Fensterfront eines Wolkenkratzers aussieht, und der breiten Stoßstange. Aus dieser wohlig-gruseligen Betrachtung weckt mich ein Rostfleck, den ich am rechten Stoßstangenhorn entdecke. Nanu – da muß ich doch gleich mal . . .»[79]

Autobesitz, das ist nicht lediglich eine statistische Größe, sondern oft ein Erlebnis von narzißtischer Qualität. Das glitzernde Etwas in der Garage, es ist mein und noch dazu vollkommen! Styling, Farbe, Komfort oder technische Rafinesse rufen im Besitzer Gefühle wach, die, seien es Stolz oder Fahrgenuß, Erregung oder Behaglichkeit, sich darin gleichen, daß sie Bezirke der Selbstbefriedigung eröffnen. Was einer hat, das ist einer wert, diese Losung der warenintensiven Kultur, für die das Glück mit dem Konsum von Gütern und Dienstleistungen daherkommt, hat auch den Bedeutungshof des Automobils kräftig eingefärbt. Dabei stellt das Auto, die prominenteste Ware des Industriesystems, den vorläufigen Höhepunkt eines gut zweihundert Jahre zurückreichenden Umbaus der Gefühle dar, im Zuge dessen die Menschen sich darauf einrichteten, ihre Befriedigung eher von Dingen statt von Personen zu erwarten. Was einstmals Eigentätigkeit, vom Brotbacken bis zum Häuserbauen, oder die lokale Gesellschaft, vom Burgfrieden bis zu Festumzügen, leistete, dafür treten heute weitgehend Waren ein – Sättigung und Sicherheit, Unterhaltung und Abenteuer versprechend. Der Erlebnisraum jedes einzelnen ist mit einer Fülle von Waren möbliert; sie prägen unsere Empfindungen so sehr, daß unsere Gefühle gleichsam zu Abdrücken der Warenwelt werden. Nicht anders beim Auto: die Erlebnisse, die es hervorruft, werden Teil unserer Selbsterfahrung und der Wunsch nach Selbsterfahrung treibt uns wiederum ins Auto.

Vor diesem Hintergrund treten Neuheiten als Einladungen zur Persönlichkeitsverbesserung auf. Indem sie auf den kleinen, innovativen Unterschied pochen, stellen sie neue, bisher nicht dagewesene, Erfahrungen an Komfort, an Geschwindigkeit oder auch an Pfiffigkeit in Aussicht und appellieren an die Selbstentfaltungswünsche des fahrenden Publikums. Wer denn will sich mit einem Fahrzeug von gestern zufriedengeben, wenn das neue Modell sich noch vollkommener einer noch größeren Zahl von Wünschen fügt? In der Propaganda, welche die Ankunft der Neuheiten umgibt, erscheint die Welt als in dauernder Veränderung, in unaufhaltsamer Vervollkommnung begriffen, ein Spektakel des unaufhörlichen Wandels wird da zelebriert. Sich diesem Wandel anzuschließen, verheißt dem Kunden, wie sehr er auch sonst von seinem Chef getreten oder von seiner Ehefrau herumgestoßen wird, ein Stück weit sein Leben zu verändern, eine neue Stufe des kleinen Glücks zu erklimmen, ein paar mehr Wünsche gelingen zu lassen. Da das tiefsitzende Bedürfnis, den Alltag zu transzendieren, nicht mehr in öffentlichen Festen oder religiösen Praktiken aufgehoben ist, bietet sich das Ritual der Neuheiten lautstark an, diese Aufgabe zu übernehmen und bebildert reichlich die kleinen persönlichen Utopien.

Dabei läßt sich die Kehrseite dieser fabrizierten Glücksbotschaften nicht übersehen: für die Werbung sind alle Menschen unvollständig und bedürftig und sie legt alles darauf an, ihnen dieses Mangelgefühl zur zweiten Natur werden zu lassen. Und das Produkt wird als die fehlende «bessere Hälfte», als Selbstergänzung der Person porträtiert: «Mensch und Automobil bilden im Idealfall eine Einheit, die physisch und psychisch perfekt funktioniert . . . Es ist deshalb wichtig, daß Sie jenes Automobil finden, das Ihre Persönlichkeit am besten ergänzt.» Und die Anzeige fährt fort und bietet BMW als Ergänzung zu einem Charakter an, dem hochwertige Effizienz lieb und teuer ist: «Wenn Sie Interesse an modernen technischen Einrichtungen haben, wenn Sie die jeweils effektivste Lösung erwerben möchten und für Sie konstruktive Qualität ein Bestandteil Ihres Anspruchs an Geräte und Werkzeuge Ihrer Umwelt ist, dann sollten Sie sich für einen BMW entscheiden. Sie gewinnen damit diese Übereinstimmung zwischen Ihren Ansprüchen und der Leistung sowie dem Charakter Ihres Automobils.» Gerade Werbeanzeigen der letzten Jahre zehren von der fortgeschrittensten Version des Besitzerstolzes, nämlich dem technologischen Narzißmus. Im Spiegel hochwertiger Technologie seine eigene Überlegenheit bewundern, sich mit ausgefeilter Elektronik oder raffinierter Antriebstechnik zu umgeben, und sich damit innerlich in die Brust zu werfen, das ist eine Erlebnisgestalt, die trefflich mit dem neuen Leitbild des effizienten, des ausgeklügelten Autos korrespondiert. Da kommen die Innovationen gepurzelt, da jagt eine Perfektion die andere, und der qualitätsbegehrliche Käufer kann sich im Besitz des jeweils letzten Raffinements sonnen: Technik als Genußmittel. Jede höherwertige Technologie entwertet die gerade vergangene und läßt ihrem Besitzer den Genuß, über das gerade Perfekteste zu verfügen. Da kommen selbst ernüchternde Erfahrungen mit dem Auto, wie Abgasbelastung oder Energieverschwendung, gerade recht, weil sie die Nachfrage nach technischen Lösungen, nach Neuheiten, fördern. «Porsche macht viel Dampf aus wenig Benzin. Warum? Weil Porsche auch schwierige technische Probleme perfekt zu lösen versteht.» Dabei kann es ausgerechnet bei Porsche nicht darauf ankommen, einfachhin Benzin zu sparen, sondern der motivierende Springpunkt ist eben die ingeniös ausgeklügelte Effizienz, der neue Komplexitätsgrad der Technologie, die man da in seinen Besitz nehmen kann. Jede Innovation erweckt Regungen, sich nicht lumpen zu lassen und sich auch diesen oder jenen Pfiff zu gönnen, auch wenn er, bei Licht betrachtet, am Gebrauchszweck gemessen überflüssig ist. Technische Raffinesse sein eigen zu nennen, spielt für das moderne Selbstgefühl eine große Rolle, heißt es doch, den technisch-industriellen Fortschritt, dieses Projekt der ganzen Gesellschaft, in seine persönliche Reichweite zu bringen, nicht bloß Zuschauer, sondern Mitspieler der Historie zu sein, und dem eigenen Selbstwertgefühl durch die Teilhabe an den Spitzenentwicklungen der Ingenieurskunst zu schmeicheln. Verführerisch ist die Überinstrumentalisierung; oder wer hat sich nicht schon selbst beobachtet, wie er, jenseits aller Notwendigkeit, an einem ausgefuchsten Kleinrechner oder Recorder der Spitzenklasse hängenblieb, also narzißtischer Überinstrumentalisierung zum Opfer fiel?

REISEN
UND DER TOURISTISCHE BLICK

«Wir fuhren erst um 1 Uhr von Dresden ab», so erzählt O. J. Bierbaum vom ersten Tag seiner viermonatigen Reise im Jahre 1903 nach Sorrent, «als Führer vor uns Herrn Weber, den Besitzer des bekannten Hotels, der es sich nicht nehmen ließ, uns den schönsten Weg zu zeigen, indem er uns mit dem Rade voranfuhr ... Herrn Weber verdanken wir es auch, daß wir den Weg durch das anmutige Müglitz-tal nahmen, über Dohna, Weesenstein, Glashütte, Altenberg. Unserem Motor wurde dadurch eine kleine Aufgabe gestellt, denn es geht unausgesetzt über 700 Meter bergan. Dafür fällt dann der Weg von dem ersten böhmischen Orte Zinnwald an recht scharf, und zwar durch einen richtigen alten Märchenwald, in dem noch viel Schnee

Landschaft als Konsumartikel.
A. E. Marty, «Promenade automobile», 1934

179

lag. Die Fahrt durch diese grün-weiße Einsamkeit werden wir nie vergessen. Sie versetzte uns in eine Welt, die fast überall bereits dem Untergange geweiht ist. Nur Großgrundherren vom Reichtum der böhmischen können sich noch solche Wälder leisten, in denen, so möchte man meinen, ein Rübezahl als Förster herrschte, dem jeder Baum heilig und jede Axt ein Greuel ist. Im stärksten Gegensatz dazu beginnt bald hinter dem königlichen Urwalde das Gebiet der Teplitzer Kohlenbergwerke, in dem der Natur alle ihre Schönheit brutal genommen ist . . .»[80]

Bierbaum brachte in diesen Zeilen eine Wahrnehmung zur Sprache, die sich bis heute eng um das Auto legt: das Auto, es eröffnet die andere, die Gegenwelt zum industrialistischen Alltag. Mit ihm kann man sich entführen lassen zu fernen Abenteuern, in anheimelnde Städtchen, zum zauberhaften Märchenwald, weg von öder Routine, funktioneller Häßlichkeit oder dem Diktat des Uhrzeigers. Erbaulich ist der «königliche Urwald» nur im Kontrast zu den «Teplitzer Kohlenbergwerken»; das Auto bietet die Chance, diesem angewidert zu entkommen und jenem sehnsuchtsvoll zuzustreben. Ein Paradox wird sichtbar, das gleichwohl in der Mentalitätsgeschichte der Technik immer wieder auftaucht: die gerade modernste Hervorbringung der Industrie wird mit anti-industriellen Motiven besetzt.

Die Fremde als Genußmittel

In den Fotoalben der Eltern und Großeltern kommen sie einem entgegen, in abgestumpftem Schwarz-Weiß, die Aufnahmen mit dem Auto vor romantischer Kulisse, der Hintergrund weitet sich zu einem Ansichtskartenblick und im Vordergrund lehnt zumeist ein weibliches Wesen gespreizt-anmutig an der Kühlerhaube: die Gletscher des Großglockner oder die Stadtmauern Rothenburgs künden von einer ergötzlichen Autoreise. Auch die alten Automobilzeitschriften sind voll von Routenbeschreibungen und Reiseberichten, von abenteuerlichen und andächtigen Schilderungen über die Freuden des Auto-Tourismus; sie bezeugen, wie sehr das Auto als Vergnügungsmittel wahrgenommen wurde und noch kaum einer, man kann sagen für ein halbes Jahrhundert, in ihm ein Vehikel für den Berufspendler erblickte. Mit dem Auto erst wurde die touristische Welterfahrung populär, das Automobil eröffnete nicht nur neue Bezirke der Selbsterfahrung, sondern tauchte auch den Raum, die Geographie in ein neues Licht.

Aus: Die Dame, Dezember 1928

Der touristische Blick sucht die Welt nach drei Motiven ab; er ist gefesselt von der «unberührten Natur», den «unverdorbenen Gebräuchen» und den «unvergleichlichen Sehenswürdigkeiten». Fels und Eis etwa, einst als bedrohlich erlebt, werden zur Augenweide, in Prozessionen und Trachten, sonst als rückschrittlich angesehen, kommt das

181

unverfälschte Leben entgegen, und Stadttore und Giebelhäuser, bei
Bedarf zum Abriß freigegeben, werden zu erbaulichen Zeugen einer
befremdlichen Vergangenheit. Wie man durch ein Bilderbuch blättert,
so gondelt man durch die Lande, angerührt und amüsiert zugleich,
und hält Ausschau nach dem Sonderbaren, dem Ungewöhnlichen,
dem Einzigartigen. «Vor allem aber», so schwärmt ein Tourist 1929
über seine Frühlingsfahrt, «vor allem anderen aber: die Poesie der
Fahrt, die Märchenwelt der Straßen und Fernen und ihre Wunder und
Abenteuer ... Diese Idylle, in die man unversehens hineinversetzt
wird: ein stiller Feldweg, über dessen Rain Kornblumen und roter
Mohn aus wogendem Saatfeld grüßen, spielende Kinder in winkligen
Dorfgäßchen, fern auf Bergeshöhen ragende Burgen, Abendröte in
tiefen Ebenen des Flachlandes, Wälder, durch deren Laub Sonnenlicht
tänzelt, daß es die Sinne verwirrt, Mondschein auf Paßhöhen, blonde
Mädchen, die grüßend winken ... Und nun noch eines: nicht nur in
großen Zügen kann man die Landschaft trinken, auch da und dort mit
kleinem Genießerschluck nippen und weilend verharren.»[81] So ziemlich alle Klischees romantisierender Naturbetrachtung sind hier versammelt, das Land gerinnt zur Idylle, die Natur zur Märchenwelt –
und das Benzinautomobil, das krachende und stinkende, als die Fee,
die einen dorthin entführt! So ist das Auto mit einer Sicht verbunden,
welche Natur und Menschen als Rohstoff zur Erbauung der Gemüts-
kräfte betrachtet, wo der Wechsel der Landschaften ebenso wie die
Lebensart der Bewohner den Charakter eines Genußmittels annehmen. «Die Landschaft trinken, da und dort mit Genießerschluck
nippen», die Sprache offenbart, wie der Reisende wahrnimmt, was an
seinem Weg liegt: unter dem touristischen Blick wird die Welt zum
Konsumartikel. Dabei ist klar, daß diese Wahrnehmung sich nur aus
der Ferne entwickeln kann und sich völlig von der Wahrnehmung der
Bewohner unterscheidet, ja sogar im Gegensatz dazu steht. Wer an der
Cote d'Azur mit Fischen sein Geschäft macht oder im Schwarzwald
vom Ausstoß an Holzmetern lebt, der schenkt dem Meer oder dem
Wald eine ganz andere Art von Aufmerksamkeit, die mit der Sicht des
Reisenden nicht viel gemein hat. Nur der Außenseiter, nur der
Fremde, für den nichts auf dem Spiele steht, kann sich den touristi-
schen Blick leisten; diese Wahrnehmung, sie lebt von der Distanz.
Selbst die Schinderei von Hafenarbeitern kann da zum ästhetischen

Schauspiel werden: «Wer den Hamburger Hafen in seinem Sonntagskleide sehen will, der muß ihn an einem sonnigen Arbeitstage sehen. Ich kenne kein überwältigenderes Bild der Arbeit als dieses. Hier scheinen sich alle Geräusche der Welt zu vereinigen zu einer sausenden, rollenden, surrenden, hämmernden, knirschenden, pfeifenden, klirrenden, heulenden, stöhnenden, donnernden Symphonie der Arbeit. Hier sind wir nicht mehr in einem kleinen Staate, hier sind wir in der Welt.»[82] So spricht jemand, der sich dort nicht plagen muß, der kein Arbeiter ist, wie auch nur derjenige «die Landschaft trinkt», der selbst nicht pflügen muß. Im Gegenteil: die touristische Attraktion eines Ortes wächst mit dem Maße seiner Entfernung von den Lebensumständen des Reisenden. Der Kontrast zum Alltag läßt romantische Gefühle sprießen.

In der Erlebnisgestalt der Auto-Reise fand ein Motivstrom wieder seinen historischen Ausdruck, der bis in die Anfänge des 19. Jahrhunderts, ja für England gar bis ins 18. Jahrhundert zurückreicht: die Natur als erbauliches Gegenbild zur kalten und unerbittlichen Gesetzmäßigkeit der industriellen Gesellschaft zu erfahren. Die «Landschaft» ist das Konstrukt einer Gesellschaft, die nicht mehr unmittelbar von der Scholle lebt; die «bäuerlichen Gebräuche» kommen zu romantischen Ehren, wo die Städter sich selbst als die Produzenten des Reichtums betrachten; und auch die «Sehenswürdigkeiten» umgeben sich erst mit einer Aura von Ehrfurcht, wenn eine eigensinnige Gestaltung in den Ordnungsvorstellungen von Stadtingenieuren untergeht. Nicht umsonst sah das 19. Jahrhundert das Entstehen der Landschaftsmalerei, wo liebliche Natur ganz ohne Menschen, scheinbar unberührt von deren Eingriff, dargestellt wurde. Besungen wurde die freie Flur, da man in ihr Ursprünglichkeit und Harmonie aufscheinen sah, geschwärmt wurde von den Seligkeiten der Waldeinsamkeit und des Wanderns, weil sie ein unentfremdetes Lebensgefühl versprachen; die Natur war als ideale Gegenwelt zum rechenhaften Getriebe entdeckt, das sich in grauer Städte Mauern auszubreiten begann. Und es begannen die ersten Reisen um des Vergnügens an der Landschaft willen; die düsteren Höhen Schottlands, die blaue Grotte von Capri wie das Rheintal mit seinen Felsen und Burgen und dem Zaubergesang der Loreley wurden zu klassischen Orten der Erbauung, und auch professionelle Hilfe trat auf den Plan: 1839 brachte der Koblenzer Buchhändler Karl Baedeker seinen ersten Reiseführer (über den Rhein) heraus und 1841 gründete der Wanderprediger Thomas Cook in London das erste Reisebüro.

Thomas Cook organisierte Reisen mit der Eisenbahn, und mit der Eisenbahn war es auch, daß der touristische, auf weitflächigen Konsum von Landschaftsbildern bedachte Blick eine enorme Popularisierung erfuhr. Durch das Abteilfenster gesehen bot sich die Landschaft wie ein Panorama in wechselnder Szenenfolge dem Auge an, wobei der Vordergrund vorbeisausend verblaßte (W. Schivelbusch). Eingeschlossen im Coupé, war auch nichts von der Welt draußen zu riechen oder zu hören, so daß die Projektionen des Reisenden eher als seine hautnahe Erfahrung die Wahrnehmung der Landschaft bestimmen konnten. Selbst wilde Gegenden machte die Technik zugänglich und schaffte doch gleichzeitig Distanz; daher konnten menschenleere Hochmoore als malerisch und gähnende Abgründe als spannende Unterhaltung erlebt werden. Die Eisenbahn inszenierte eine Landschaft, welcher monumentale Würde zukam. Diese Wahrnehmungsüberlieferung prägte auch die Reiseerfahrung mit dem Automobil, und erhielt doch eine charakteristische Wendung: das Auto brach mit der starren Perspektive aus dem Abteilfenster, weil es, befreit von der Schiene, nach Belieben Richtung und Geschwindigkeit verändern konnte. Statt dessen wurde die Landschaft vielseitig zugänglich, so daß sich die festgelegte Perspektive in eine Fülle von Ansichten, in eine Vielzahl von Aussichtspunkten auflöste. Überdies verwandelte das Auto den Reisenden in einen potentiellen Entdecker, der neue Ziele auftun und sich den alten in neuer Weise nähern konnte, mit der Folge, daß der touristische Blick nunmehr aktiv suchend bis in die letzten Winkel streifen konnte.

Gerade mit Anbruch des 20. Jahrhunderts, nach den großen, gewalttätigen Urbanisierungsschüben, wird der Drang ins Freie und Grüne zu einem oft diskutierten Thema. Insofern als der romantisierende Blick die Kehrseite der Fortschrittserfahrung in den Großstädten darstellt, stieg dort mit dem Lärm, der Überfüllung, der Armut, dem sozialen Umbruch auch das Bedürfnis des Bürgertums sich all dem zu entziehen und eher die blaue Blume zu suchen. Das Auto beerbte diese Wünsche und gab ihnen einen neuen Ausdruck. Abgesehen vom Reisen, bekam die herkömmliche Stadt-Natur-Spannung eine bisher fast unbekannte Variante: den suburbanen Lebensstil. Schon Bierbaum schwante Weitreichendes: «Mit dem Automobil läßt es sich ermöglichen, ein paar Bahnstunden von der Stadt entfernt zu wohnen und doch in der Stadt seiner Beschäftigung nachzugehen.»[83] Der Drang in die Vorstadt galt der frischen Luft und den blühenden Bäumen; er war und ist ein raumgreifender Versuch, die Vorteile der Stadt zugleich mit den Vorteilen der Naturnähe zu genießen, ohne von den Nachteilen beider berührt zu sein. Besonders in den USA schien das Auto einen Weg aus der Krise der Großstadt zu zeigen, es schien ein Mittel, die an Industrielärm, Pferden und Landflüchtigen erstickende Stadt «ökologisch» umzugestalten und eine Versöhnung von Stadt und Land herbeizuführen: «Stellen Sie sich eine gesündere Generation von Arbeitern vor», schrieb schon 1904 ein amerikanischer Autor «. . . die am späten Nachmittag in ihren eigenen komfortablen Fahrzeugen zu ihren kleinen Höfen oder Häusern auf dem Land oder an der See 20 oder 30 Meilen entfernt gleiten! Sie werden gesündere, glücklichere, intelligentere und selbstbewußtere Bürger sein, denn sie haben das Glück, auf dem Land zwischen Wiesen und Blumen zu wohnen und nicht in den überfüllten Straßen der Stadt.»[84] Zu kurieren war die Stadt, nach einem Wort von Henry Ford, indem man sie verläßt! Nicht erstaunlich allerdings, wenn man sieht, welche besondere Art von Umweltverschmutzung die Gemüter bewegte: die Pferde hinterließen in New York täglich 2,5 Millionen Pfund Pferdeäpfel und nicht weniger als 60 000 Gallonen Urin, wie auch im Jahr 15 000 Pferdekadaver von den Straßen zu schaffen waren![84]

Beräderte Erholung

Urlaub und Auto! Wieviele denken nicht an Sand und Sonne, an Ferne und Fremde, wenn sie ein Auto kaufen! Die Urlaubsfahrt ist die mythische Schlüsselsituation schlechthin, der Stoff, aus dem viele Autoträume sind: «Wieder einmal steht unser kleiner Mathis vor seinem Schuppen, vollgepackt mit allem, was man auf einer großen Fahrt braucht. Nichts Überflüssiges ist dabei, trotzdem ist im Gepäckraum kaum noch Platz vorhanden für eine Thermosflasche und etwas Mundvorrat. Ein geräumiges Kampzelt samt Decken liegt quer über dem Allwetterverdeck. Prüfend wird anhand der Liste nachgesehen, ob alles da, ob alles in Ordnung ist . . . Morgen soll es losgehen! Wir träumen noch einmal in dieser Nacht den Traum der letzten Monate: von blauem Himmel, blauem Meer, hohen Palmen, schlanken Pinien, schroffen Felsen, fremden Häusern, fremden Menschen. Die französische und die italienische Riviera ist das Ziel der nächsten Wochen.»[86] Diese Aufbruchstimmung aus dem Jahre 1929, seither von Millionen ersehnt und erlebt, wird in vielen Phantasien über das Automobil ausgekostet. Da verbindet sich die lang erwartete Freiheit von Regel und Routine mit dem Vergnügen an der Selbstbeweglichkeit; in beidem wirkt der Wunsch nach dem unreglementierten Leben, diese gemeinsame Wurzel hält sie zusammen. Und wieder hat damit eine der populären Ausbruchshoffnungen aus dem ehernen Gehäuse der Industrie das Auto in Beschlag genommen: das Verlangen nach einer Gegenzeit und einer Gegenwelt, nach Urlaub von der Arbeitszeit und nach Abstand von Großstadtgetriebe, hat sich mit dem Automobil verschwistert. Das Auto ist, in diesem Sinne, ein zutiefst romantisches Gefährt.

Dazu kommt, daß die Urlaubsreise und das Automobil zeitlich etwa parallel in die Gesellschaft Eingang gefunden haben und dann zu Massengütern geworden sind. Um den Blick kurz zurück zu wenden: bis zu Beginn des 19. Jahrhunderts hatten sich drei Reisekonzepte ausgeprägt: die «Grand Tour» durch Europa, besonders von der Jugend mit dem Marschallstab im Tornister zum Zwecke der Selbsterziehung unternommen, die Italienreise als Station der Selbstfindung in Auseinandersetzung mit der Antike, und die Reise um die Welt als Reise zurück in die Zeit zur wilden Natürlichkeit des Urzustands. Im Unterschied dazu fingen dann (besonders englische) Aristokraten und reiche, kouponschneidende Bürger damit an, das Meer und die Luft und die Sonne zu genießen und sich zu Bade- und Seereisen aufzumachen. Zuerst ganz um körperlicher Gebrechen willen, dann für Erholung und Muße. So steht etwa die oben erwähnte Autoreise ans Mittelmeer im Jahre 1929 am Ende einer charakteristischen Entwicklung: Nizza zum Beispiel war Anfang des 19. Jahrhunderts eine Winterzuflucht für kränkliche englische Aristokraten, wurde dann zunehmend für die europäischen Oberschichten zu einem extravaganten Winterquartier, um sich erst in den dreißiger Jahren des 20.

Jahrhunderts zu einem Sommerferienparadies für die Mittelklasse und später für den Massentouristen zu verwandeln. Entscheidend war der Übergang von den Mußeklassen, die nach einem milden Winter in exklusiver Atmosphäre strebten, zu den abhängig beschäftigten Klas-

Aus: Elegante Welt 13/1926

sen, die in zwei Wochen Erholung bei Sonne und textilfrei die Gegenwelt zur Lohnarbeit suchten. Schließlich war der Urlaub im Sinne bezahlter Erholungszeit ja bis zum Jahre 1875 unbekannt, als den Reichspostbeamten 8 bis 10 Tage gewährt wurden und bis diese Praxis

187

Camping.

Wir Deutschen sind führend geworden in der Automobilindustrie, wir waren es auch, die das Bedeutungsvolle der Zuverlässigkeitsfahrten zu gebührender Geltung brachten, kurz, wir haben einen großen, vielleicht den größten Anteil an dem sieg- und zukunftsreichen Werdegang des Automobils; aber an manchem, was es der Lebenskunst gewährt, sind wir achtlos vorbeigegangen. Das liegt uns nun einmal im Typ als arbeitendes Volk. So wie der Franzose sein schäumendes, explosives Temperament an den sensationellen Schnelligkeitsrennen immer und immer wieder befriedigt, so werden wir im Prinzip immer die gründliche, zweckmäßig tätige Nation bleiben. Der Engländer dagegen weiß manche Strenge des Sportgetriebes nicht unglücklich durch einen gemütlichen, fast schnurrigen Humor zu ersetzen, durch eine Freude am geruhigen, behaglichen Leben. Dies ist uns durchaus verwandt und wird es noch mehr, wenn der Engländer zu solchen Stunden freundlichen Daseins die Natur aufsucht. Darum möge unser gesundes Anpassungsvermögen, das wir bekanntlich allen Nationen voraus haben, uns auch hier wieder einmal eine nachahmenswerte, reizvolle Seite des Automobilismus bescheren: das «Camping». Der Engländer versteht unter «Camping» das burschikose Lagern in freier Natur, das sich tage-, oft sogar wochenlang ausdehnt und eine originelle Verbindung zwischen Kultur und Natur ist.

Tief versteckt in schweigender Landschaft, auf einer hochgrasigen Waldwiese, in der Nähe eines sanften Flüßchens, steht der Kraftwagen. Ihn überspannt ein regendichtes Zeltdach. Daneben sind die «Wigwams», gleichfalls aus freundlich hellgrauem oder weißem Tuch aufgeschlagen. Ein Holzfeuerchen flackert unter summendem blauen Emaillekessel, den die feine Hand der Lady bedient. In ihrer Stadtwohnung würde sie den Tee nicht bereiten, hier aber tut sie es, denn Dienstboten nimmt man zum «Camping» nicht mit; sie läßt man ebenso selbstverständlich zu Hause, wie man den sonst gewohnten wertvollen Schmuck in den Tresor der Bank legt, es sei denn, man fährt in großer Gesellschaft. Weiß und luftig ist auch die durchaus legere Bekleidung, vielleicht geht man gar barfuß oder trägt Strohpantöffelchen. Die Kinder springen in denkbar ungezwungenster Aufmachung herum, ihre Freude mag mit den aufgelösten Mädchenhaaren um die Wette flattern. – Eben kommt der «Häuptling» des Lagers. Die Ärmel sind hochgekrempelt und lassen zwei braungebrannte Unterarme sehen, die eine Hand trägt die Angelrute, die andere ein zusammenklappbares Aluminiumeimerchen, in dem das geduldig erangelte Abendessen – es wird Bratfisch geben – sich tummelt. Stolz trägt er, der eine der bedeutendsten Persönlichkeiten der obersten Zehntausend ist, die selbstverdiente Nahrung. In wenigen Minuten ist das zusammenklappbare Mobiliar aus dem Grunde des großen Koffers genommen und aufgestellt, ein Tischtüchelchen kommt darüber, und nun steigen aus dem Grunde des reizenden Picknickkörbchens, welches alle die leckeren, süßen Geheimnisse birgt und das während der Fahrt bequem im Pneumatikkoffer Platz gefunden hatte, viele entzückende Kleinigkeiten: die Kakesdose, die Zuckerschale, ein Rumfläschchen – – –

Nein, man entbehrt wirklich nichts in diesem Weltwinkel, der so völlig abgeschlossen liegt, daß eben ein so bedeutendes Hilfsmittel, wie der Kraftwagen es ist, dazu gehört.

Aus: Allgemeine Automobil-Zeitung, April 1914

Aus: Elegante Welt 16/1926

in der Folge allen Beamten und Angestellten in Handel und Industrie zugutekam, um ihre Loyalität und Treue zum Betrieb zu festigen. Arbeiter hatten da noch länger zu warten; abgesehen von Gunstbeweisen sozial gesinnter Unternehmer kannten sie keinen Urlaub bis in die zwanziger und dreißiger Jahre. Während all dieser Jahrzehnte wuchsen die Sehnsüchte nach Reise und Erholung und verbanden sich mit den Wünschen nach einem Auto zum Streben nach der motorisierten Eroberung des Raumes als Erholungsgebiet – übrigens regierungsamtlich verheißen von der «Kraft durch Freude»-Propaganda der Nationalsozialisten und dann realisiert im Nachkriegsdeutschland des Wirtschaftswunders.

Statt dem Alpenglühen in der Schweiz oder dem Roulette an der Riviera konzentrierten sich die Erholungswünsche der weniger Betuchten lange auf die Sommerfrische und den Sonntagsausflug. Und auch hier baute sich eine neue Welt rund um das Auto auf: «Dem Autobesitzer bedeutet Wochenend im Auto Erholung, Schonung der

Nerven, Möglichkeiten zu Wassersport, zu Geselligkeit in freier Natur, in ungezwungener Formlosigkeit . . . Gibt es doch nichts Schöneres als eine Frühlings- oder Sommerfahrt ins Blaue, durch Felder und Wälder, über Hügel und Tal. Man rastet, wo die Natur dazu einladet, und fährt weiter, in ungebundener Planlosigkeit, wenn Neigung sich dazu einstellt. So lernt der Autofahrer alle Schönheiten der Heimat kennen und lieben, wie es in früheren Zeiten nicht möglich war.»[87]

Um das Auto herum wachsen neue Maßstäbe, was im Leben schön und wichtig und erstrebenswert ist, sozusagen eine automobilzentrierte Konstruktion von Wirklichkeit, welche die Natur sowie den Raum in ein neues Licht taucht und bislang kaum bekannte Erlebnisse und Vergnügungen zur Geltung bringt. Ganze Regionen werden zu Erholungslandschaften umgedeutet (und dann auch umgebaut), die für den Ausflügler eine abwechslungsreiche Kulisse abgeben können, und entsprechende Praktiken und Verhaltensleitbilder – die Fahrt ins Blaue, Skifahren, Camping – kommen in Schwange. «An vielen Stellen der Heimat, vornehmlich an Seen mit bewaldeten Ufern, entstehen am Wochenende improvisierte Auto- und Campingstädte, von vielen Hunderten lebensfrohen Autofahrern bevölkert. Und es entwickelt sich ein eigenartiges, reizvolles Leben von einer gehobenen Primitivität und völlig ungezwungener Formlosigkeit in freier Natur oder im mitgeführten Zelt. Man kocht und schläft, man ißt und spielt, tanzt zu Grammophon- oder Radiomusik, paddelt im mitgeführten Faltboot, schwimmt, rudert und treibt sonstigen Sport.» So kristallisierte sich ums Auto ein neuer Zeitrhythmus, ein neuer Lebensstil; wie man zur Landschaft steht, was einem am Wochenende wichtig ist, bei welchen Erlebnissen man sich erholt fühlt, die Welt rückt sich in der Perspektive des Autos zurecht.

RAUM UND ZEIT
ALS RESSOURCEN

Anläßlich der Eröffnung einer Kraftpostlinie zwischen Friedberg und Bad Nauheim stellte 1906 die *Allgemeine Automobil-Zeitung* eine Betrachtung an über die Differenz zwischen der überlieferten Fortbewegungsart, dem Pferdegespann, und dem neuzeitlichen Fortbewegungsmittel, dem Kraftwagen, welche in den Sätzen gipfelte: «Wer früher die Schönheiten unseres deutschen Vaterlandes sehen wollte, mußte viel Zeit haben und hatte viel Zeit, um mit den alten ehrwürdigen Beförderungsmitteln ans Ziel zu gelangen. Heute pulsiert das Leben schneller und der Reiseverkehr wird immer größer. Man will in möglichst kurzer Zeit möglichst weit befördert werden und unsere schnellebige Generation hat sich neue Beförderungsmittel geschaffen. Allenthalben entstehen neue Motorwagenverbindungen, welche die alten Stellwagen und Postlinien ersetzen.»[88]

In den Sätzen klingt befremdliches Erstaunen durch, die Erinnerung an bedächtigere Zeiten ist noch lebendig, doch unaufhaltsam zeigen sich die Zeitgenossen wie von einer fixen Idee besessen: «in möglichst kurzer Zeit möglichst weit befördert zu werden». Eile und Nervosität, Hast und Ungeduld durchflimmerten das Lebensgefühl der Großstädter, wie im Film – und Kinos begannen sich zu verbreiten – jagte ein Ereignis das andere und stürzte vorbei, ja selbst die Geographie schien zu wanken: was in New York sich zutrug, schien nicht minder bedeutsam, als was vor der Haustür passierte. Telegraf und Telefon, Rotationspressen und die Flut von Fotografien brachten selbst die ferne Welt vor jedermanns Augen und Ohren und zogen die Ereignisse in schneller Abfolge vorbei. Der Alltag um die Jahrhundertwende war zunehmend von Zeitnot und Entfernungsliebe beherrscht, man schaute dem Zeppelin nach und beschleunigte den Schritt: unter längeren Wehen war aus dem 19. Jahrhundert schließlich die «schnelllebige Generation» geboren. So verbissen sie auch mit den Minuten geizt, so großzügig geht sie mit den Kilometern um; im Automobil fand diese ihre Haltung zur Welt ihren adäquaten materiellen Ausdruck.

Wie zur Eisenbahn die Bahnhofsuhr, so gehört zum Automobil die Armbanduhr. Während derselben Jahrzehnte, in denen das Auto in die Gesellschaft eingedrungen ist, setzte sich auch die Armbanduhr durch und hat den unwillkürlichen Blick auf die Uhr zur markantesten Geste des Industriezeitalters gemacht. Die Armbanduhr war ein Abkömmling der Fabrik- und der Bahnhofsuhr, die beide für jenes Regime der Zeit stehen, das sich im 19. Jahrhundert über die ganze Gesellschaft gelegt hatte. Mit der Fabrikuhr waren die Arbeiter in den Betrieben unter den unerbittlichen Takt der Minuten und Stunden gezwängt worden, um ihnen zum höheren Wohle des Güterausstoßes jeglichen Müßiggang und jegliche Selbstbestimmung auszutreiben. Auch hatte die Fabrikuhr aus dem Leben einen gesonderten Block an Arbeitszeit herausgeschnitten: indem der Uhrzeiger sowohl den Arbeitsbeginn wie auch das Arbeitsende kontrollierte, dehnte er seine Herrschaft bis in die Familien hinein aus und unterwarf auch die Welt jenseits der Fabriken seinem Regime. Mit der Bahnhofsuhr hatte sich der Kult der Pünktlichkeit über die ganze Gesellschaft ausgebreitet; über die Bahnhöfe wurde nach 1850 der Stand des Uhrzeigers, der vorher noch dem örtlich verschiedenen Gang der Sonne gefolgt war, gesellschaftsweit vereinheitlicht, so daß nunmehr dieselbe Zeit für alle verbindlich war. Nicht zufällig waren die großen europäischen Bahnhöfe um die Uhr herum gebaut worden; mit ihren Portalen, Kuppeln und Hallen wirken sie oft wie Dome, die dem auf Minuten abgestimmten Empfang und Versand von Menschenmassen geweiht sind. Noch war der Uhrzeiger, der Arbeiter und Passagiere zur Eile trieb, auf öffentlichen Zifferblättern montiert, doch mit der Taschenuhr begann dann jeder einzelne seinen eigenen mahnenden Zeiger mit sich zu tragen; der rationelle Umgang mit Minuten und Stunden war damit zur Sache der beständigen Selbstkontrolle geworden. Und vor dieser Selbstkontrolle war bald keine Nische des Alltags mehr verborgen, die Küchenuhr präsidierte den Mahlzeiten und mit dem Wecker arbeitete sich die Pünktlichkeit an die Betten vor. Und die Armbanduhr löste den bedächtigen Griff in die Westentasche ab, so daß nun jede

Regung durch ein unwillkürliches Drehen des Handgelenks auf ihre zeitliche Zulässigkeit befragt werden konnte. Allgegenwärtig war der mahnende Zeiger und bis ins Gefühlsleben verinnerlicht, was immer man tat, wurde im Blick auf ihn überwacht. In einer Zeit universellen Respekts vor der Zeit war es nur folgerichtig, daß das Auto als, wie man sagte, «Zeitspar-Maschine» begrüßt wurde.

Beschleunigter Absatz

Was für den reiselustigen Automobilisten der touristische Blick, ist für den absatzfreudigen Geschäftsmann der effizienzheischende Blick. Jede Ware drängt nach ihrer Herstellung zum Verkauf, anders läßt sich kein Erlös erzielen, der das eingesetzte Kapital, möglichst aufgepolstert mit Gewinn, in die Kassen des Unternehmens zurückspielt. Von Gütern in Lagerhallen können nur Rost und Schimmelpilz leben, erst wenn ihr Absatz reibungslos vonstatten geht, lösen sie ihre Bestimmung ein und halten das Rad der Produktion in Schwung. Daher lassen sich Produktivitätsgewinne in der Fabrik nur realisieren, wenn der Absatz expandiert, also der Markt sich geographisch ausweitet und die Waren schneller in die Hand des Käufers finden. Wirtschaftliches Wachstum nährt sich von beschleunigtem Umsatz ebenso wie von gestiegener Produktivität; daher sucht der ökonomische Blick unablässig danach, die Güter und Dienste weiter und dichter im Raum zu verteilen und schneller in der Zeit umzuschlagen. Solange Raum und Zeit unbewegliche Hindernisse darstellen, solange Entfernungen eine festgelegte Zeit kosten und eine Zeiteinheit nur für eine unverrückbare Entfernung reicht, bleiben Umsatz und damit Wachstum gebremst; erst seitdem Schiff, Eisenbahn und dann auch das Automobil den Raum und die Zeit beweglich gemacht haben, so daß sie verkürzt und gespart werden können, kann Wachstum auf Touren kommen. Für den ökonomischen Blick verdünnen sich Raum und Zeit zu bloßen Ressourcen, die durch Verkehrsmittel zu verdichten und effizienter zu nutzen sind, um den Absatz der Güter und Dienste zu steigern. Diesem Bestreben kam das Auto entgegen und führte es zu neuer Blüte: «Beim Geschäftsreisenden», so heißt es in einem Text von 1923, «kommen noch eine Reihe anderer Argumente hinzu, die zugunsten des Automobils schwer in die Waagschale fallen. So zum Beispiel die Möglichkeit ... den Kunden, sofern er im Augenblick nicht anzutreffen ist, zu einer anderen geeigneten Zeit des Tages wieder aufsuchen zu können, ihn eventuell, sofern er sich in einem Nachbarort befindet oder, wie das bei uns oft vorkommt, bei der Feldarbeit, ihn sogar auf dem Felde aufzusuchen ... Vor allem aber, und das ist das Ausschlaggebende, die Ermöglichung einer viel intensiveren, in kürzeren Intervallen folgenden Bearbeitung des einzelnen Kunden durch eine vermehrte Besuchsmöglichkeit, ohne Vermehrung des Reisendenpersonals, das sind in kurzen Worten zusammengefaßt die Vorteile des Reisens mit dem Automobil.»[89] Raum und Zeit, in ihren Grenzen muß man sich nicht mehr notgedrungen einrichten, sondern sie sind zu manipulierbaren, ausschöpfbaren Ressourcen geworden, die bei effizienter Nutzung den Zugriff auf den Markt verfeinern und erweitern, um den Umschlag der Geschäfte zu steigern.

Gerade Berufsgruppen, die innerhalb eines Umkreises von mittlerer Entfernung operierten und daher mit der Eisenbahn schlecht bedient waren, wie Kaufleuten, Landwirten und Landärzten, wurde das Auto um der rationellen Nutzung von Raum und Zeit willen wichtig. Nachdem mit der Eisenbahn die Parole «Zeit ist Geld» im Ferntransport Einzug gehalten hatte, ließ sich nun der regionale Verkehr beschleunigen; das Auto wurde zum Schlüssel für die feinteilige Erschließung regionaler Märkte. Ärzte und Gutsbesitzer, Feuerwehrleute und Sanitäter, sie sahen seit der Frühzeit im Auto ein Instrument, um Zeit zu akkumulieren und die gewonnene Zeit in weitere Entfernung umzusetzen. Die Trennkraft des Raumes schneller zu überwinden, war insbesondere geboten, wenn man im Wettbewerb mit anderen Anbietern die Nase vorne behalten wollte; der Kampf um Marktmacht gründete sich – für Ärzte ebenso wie für Obsthändler – auf Beschleunigung. Je mehr der ökonomische Blick die Vorherrschaft erlangte, alle anderen Sichtweisen ausstach und den Umbau der Gesellschaft bestimmte, um so mehr konzentrierte sich Verkehrspolitik darauf, die Städte, die Dörfer, die Landschaft auf die geschwinde Zirkulation von Waren hin zuzuschneiden, weil ja Wettbewerbsvorteile einen immer durchlaßfähigeren Raum erfordern. Es wurde ein Diskurs selbstverständlich, für den sich, wie in bald jeder Politikerdebatte zu beobachten, alles um den «Engpaß» dreht: weil er das Gespenst einer stockenden Zirkulation heraufbeschwört, muß er mit neuen Verkehrsanbindungen und schnelleren Verkehrsmitteln bekämpft werden, sonst, so wird gesagt, kollabiere das Wachstum. Deutlich aber auch, daß dieser Diskurs in die Sackgasse führt: der Konkurrenzdruck bringt immer wieder Zirkulationsengpässe auf neuer Stufenleiter hervor; sie zu beseitigen ist eine Anstrengung ohne Ende, die letztendlich nur einen durchlöcherten Raum hinterläßt.

Verdichteter Alltag

Während für den Produzenten oder Händler sich im Auto die Chance vergegenständlicht, Minuten und Kilometer ausschöpfend, die Zirkulation der Erzeugnisse zu beschleunigen, macht sich für den Verbraucher im Auto die Chance fest, sich in diese Zirkulation einzuschalten und mehr Waren und Dienste in seine Reichweite zu bringen. Mit dem Auto findet man Anschluß an die farbige Konsumwelt der Stadt, mit dem Auto läßt sich der Rhythmus der alltäglichen Geschäfte verdichten. Schließlich resultiert die Zeitknappheit des Konsumenten in der fortgeschrittenen Warengesellschaft daraus, daß zunehmend mehr Angebote, von Käsesorten bis Kinofilmen, ihren Anspruch auf seine nicht vermehrbare Zeit geltend machen.

Wie solche Verdichtung einen neuen Bedarf an Planung und Rationalisierung des Alltags schafft, dafür liefern folgende Empfehlungen aus dem Jahre 1931 ein schönes Beispiel: «Es ist vielmehr notwendig, eine Autoreise gewissenhaft vorzubereiten, wenn man all das aus ihr herausholen will, was sie in sich birgt an Schönheiten. ... Deshalb prüfe man anhand der Karte mit Hilfe von Reiseführern die beabsichtigte Reiseroute genau und setze eine genügende Zeit für die Besichtigung dieser Dinge an. ... Der erfahrene Autoreisende, der entlegene Gegenden besuchen und kennenlernen will, verliert nicht seine kostbare Zeit mit dem Besuche näherliegender Orte. Denn es ist unterwegs oft schwer, ja fast unmöglich, jedesmal festzustellen, was es zu sehen gibt, wie weit man von dort zu einem bestimmten Ort zu fahren hat. Es ist deshalb sehr empfehlenswert, wenn aus den Reiseführern mit Stichworten ganz kurz das Wichtigste auf besonderen ‹Tageszetteln› vermerkt wird.»[90]

Seit etwa hundert Jahren durchzieht, zuerst in den höheren Schichten, die Klage über Zeithetze den Alltag, die Stunden des Tages scheinen nicht auszureichen, um alle Wünsche, Absichten und Anforderungen unterzubringen. Generell gesprochen, stellt sich das Gefühl der Zeitknappheit ein, wenn sich so viele Attraktionen und Verpflichtungen aufdrängen, daß sie die verfügbare Zeit zu sprengen drohen. Die Erwartungen übersteigen dann die Fähigkeiten und die Diskrepanz zwischen dem Sollen und dem Können wird chronisch. Mit der zunehmenden Fülle an Erlebnismöglichkeiten, mit der steigenden Zahl an glückversprechenden Waren und Diensten setzt sich in der Alltagserfahrung das Grundgefühl fest, immer mehr zu brauchen und nie genug zu kriegen und erledigen zu können; Zeithetze entspringt einem chronischen Defizitbewußtsein. Damit spiegelt sich im Mikrokosmos des Alltags, was das 19. Jahrhundert für den Makrokosmos der Geschichte postulierte: die Zukunft, sie überrage unendlich die Gegenwart und die fortschreitende Produktion von Gütern und Dienstleistungen komme den unendlichen Bedürfnissen der Menschen entgegen und führe sie zu immer größerem Glück. In diesem Gesellschaftsentwurf werden die Menschen als immerwährend bedürftige Wesen gezeichnet, die um ihrer Zufriedenheit willen auf die Belieferung mit immer ausgeklügelteren Produkten aller Art angewiesen sind. Sobald jedoch die Vorstellung zur gängigen Münze geworden war, daß unbegrenztes Wollen – und dies war im 18. Jahrhundert ein entscheidender Bruch in der Geschichte der Tugend – sowohl moralisch in Ordnung wie rational gefordert sei, mußte sich über kurz oder lang ein Konflikt auftun: das unbegrenzte Wollen stieß gegen die begrenzte Zeit. Schließlich war, allem Fortschritt zum Trotz, der Tag in seiner konservativen Art noch immer nur 24 Stunden lang und auch die Uhren liefen genauso schnell oder vielmehr langsam wie vor Jahrhunderten: weil die Stunden nicht vermehrbar sind, bleibt nur, sie unter Druck zu setzen und aus ihnen durch Eile oder Planung mehr herauszuholen. Je mehr Erlebnismöglichkeiten, je mehr reizvolle Angebote um die begrenzten Stunden konkurrieren, desto wertvoller wird die Zeit; sie erscheint als kostbares Gut, das es zu sparen, auszunützen und sorgfältig zu planen gilt. Zeit in der Gegenwart zu verlieren, wird zu einem Sakrileg, wenn dem Morgen allemal eine höhere Attraktion als dem Heute zukommt, wenn das gelingende

Leben in jedem Falle eine Aufgabe der Zukunft ist. Für ein solches Lebensgefühl wird die Beschleunigung aller Vorgänge fast zu einer moralischen Pflicht, steht doch der Drang nach Glück dauernd im Wettlauf mit der vergehenden Zeit.

Dieses erste Mal konnte ich nicht allein nach La Raspelière fahren, wie ich es an den anderen Tagen tat, während Albertine malte. Sie wollte mit mir kommen. Sie meinte, wir könnten vielleicht hier und dort am Wege haltmachen, hielt aber für unmöglich, daß wir zuerst nach Saint-Jean-de-la-Haise, das heißt in anderer Richtung fahren und damit einen Ausflug machen könnten, der einen besonderen Tag für sich in Anspruch zu nehmen schien. Sie erfuhr im Gegenteil von dem Chaffeur, daß nichts leichter sei, als nach Saint-Jean zu fahren, wo er in zwanzig Minuten sein würde, und daß wir, wenn wir wollten, mehrere Stunden dort bleiben oder noch weiterfahren könnten, da er von Quetteholme bis La Raspelière nicht mehr als fünfunddreißig Minuten brauche. Es wurde uns klar, als der Wagen in einem Ruck zwanzig Schritte eines ausgezeichneten Pferdes zurücklegte. Entfernungen sind nur die Beziehung zwischen Raum und Zeit und wandeln sich mit ihr. Wir drücken die Schwierigkeit, die wir haben, uns an einen Ort zu begeben, in einem System von Meilen, von Kilometern aus, das nicht mehr stimmt, sobald diese Schwierigkeit sich verringert hat. Auch die Kunst wird von diesem Wandel betroffen, da ein Dorf, das in einer anderen Welt zu liegen schien als jenes andere, innerhalb einer Landschaft, deren Dimensionen verändert sind, in dessen Nachbarschaft rückt. Auf alle Fälle hätte Albertine weniger gestaunt, wenn jemand ihr gesagt hätte, es existiere vielleicht eine Welt, in welcher zweimal zwei fünf und die Gerade nicht der kürzeste Weg von einem Punkt zum anderen sei, als von dem Chauffeur zu hören, es sei ganz leicht, am gleichen Nachmittag nach Saint-Jean und La Raspelière zu fahren. Douville und Quetteholme, Saint-Mars-le-Vieux und Saint-Mars-le-Vêtu, Gourville und Balbec-le-Vieux, Tourville und Féterne, die bislang hermetisch, gleich Gefangenen in der Zelle, jedes für sich in bestimmte Tage eingeschlossen waren wie früher Méséglise und Guermantes, auf welchen die gleichen Augen nicht am selben Nachmittag hatten ruhen können, waren jetzt durch den Riesen in Siebenmeilenstiefeln befreit und gruppierten ihre Türme und ihre Belfriede, ihre alten Gärten, welche der davorliegende Wald sich freizugeben beeilte, rings um unseren Nachmittagstee.

Es mag so aussehen, als ob meine Liebe zu den fabelhaften Fahrten mit der Eisenbahn mich hätte hindern müssen, das bewundernde Staunen Albertines dem Automobil gegenüber zu teilen, welches sogar einen Kranken dorthin fährt, wo er hin will, und verhindert, die Lage eines Ortes – wie ich es bisher getan hatte – als ein individuelles Merkmal, die unersetzliche Essenz seiner

197

unverrückbaren Schönheiten zu betrachten. Zweifellos machte das Automobil nicht – wie früher, als ich von Paris nach Balbec gekommen war, die Eisenbahn – aus dieser festen Verankerung ein von den Zufällen des gewöhnlichen Lebens unabhängiges Ziel, das, rein idealer Natur bei der Abfahrt und auch bei der Ankunft in jener großen Wohnung, welche niemand bewohnt und die von der Stadt nur den Namen hat, im Bahnhof nämlich, diese letztere endlich zugänglich zu machen und selbst bereits ihre Materialisation darzustellen scheint. Nein, das Automobil führte uns nicht in so märchenhafter Weise in eine Stadt, die wir zunächst nur in dem Bild ihres Namens verdichtet und mit den Illusionen des Theaterbesuchers im Zuschauerraum erblicken. Es trug uns unmittelbar in die Kulisse der Straßen hinein und blieb stehen, wenn man von einem Einwohner eine Auskunft brauchte. Aber die Kompensation für ein so geheimnisloses Eindringen bilden auf der anderen Seite die tastenden Bemühungen sogar des Chauffeurs, der seines Weges nicht sicher ist und manchmal wieder umkehren muß, wie auch die wechselseitige Verschiebung der Perspektive, durch die beim Näherkommen ein Schloß mit einem Hügel, einer Kirche und dem Meer Bäumchenverwechseln spielt, obwohl es sich – vergebens – hinter seinem jahrhundertealten grünen Bewuchs verbirgt, sowie die immer engeren Kreise, die das Automobil um eine (nachdem sie zuvor nach allen Seiten zu entschlüpfen versuchte) wie gebannt daliegende Stadt beschreibt, um schließlich pfeilgerade in der Tiefe des Tals, in der sie geduckt am Boden liegt, auf sie niederzustoßen; so kommt es, daß das Automobil die individuelle Lage an einem einzigartigen Punkt zwar des Geheimnisses entkleidet zu haben scheint, das ihr zur Zeit der Expreßzüge anhaftete, uns andererseits aber den Eindruck schenkt, sie erst selbst zu entdecken und wie mit dem Kompaß zu bestimmen, und uns dazu verhilft, mit verliebt sich vortastender Hand und in feinster Präzision der wahren Geometrie, dem schönen Maß der Erde nachzuspüren.

Aus: Marcel Proust: Auf der Suche nach der verlorenen Zeit

Es liegt in der Logik dieses Weltentwurfs, daß Raum und Zeit als Feinde des Glücks, als Grundformen der Behinderung, erlebt werden, die mit allen Mitteln bekämpft werden müssen (G. Anders). Jeder Weg, der sich zwischen das Bedürfnis und seine Befriedigung schiebt, wird zum Ärgernis, jedes Warten, das die Befriedigung aufschiebt, wird zum Verlust; Entfernungen in Kilometern und Entfernungen in Stunden auszulöschen, ja nichts weniger als Raum und Zeit abzuschaffen, darin liegt die geheime Utopie einer zukunftsversessenen

Gesellschaft. Wenn das Gelingen immer aussteht, weil am Horizont der Zukunft fortlaufend neue Verheißungen auftauchen, werden die Vergänglichkeit der Zeit und der Widerstand des Raumes zur existentiellen Bedrohung; was liegt da näher als alle Anstrengung aufzubieten, der Gleichzeitigkeit und Gleichörtlichkeit näher zu kommen? Anders ist der Lobpreis nicht zu verstehen, mit dem 1906 das Auto-

Paul Colin, «Peugeot accélération», 1935

mobil empfangen wurde: «. . . ist dem Automobil auf die bisher vollkommenste Art und Weise die Überbrückung des Raumes und der Zeit geglückt. Von einem gewissen Standpunkt aus sind alle technischen Bestrebungen des Menschen eben nur darauf gerichtet, Raum und Zeit zu überwinden. Der Telegraf überträgt das geschriebene

199

Wort in kleinsten Zeitteilchen auf große Entfernungen hin, ebenso das Telefon das gesprochene Wort . . . Dampfeisenbahn und elektrische Eisenbahn, Dampfschiff, Fahrrad, Luftschiff – all das dient dem Zwecke, den Raum zu besiegen und die Zeit zu besiegen, in möglichst kurzer Zeit möglichst weite Räume zu durcheilen.»[90] Im Kampf gegen Weg und Dauer um der gelingenden Wünsche willen liegt der metaphysische Sinn der Verkehrsrevolution; sie ist eine technologische Offensive gegen die Vergänglichkeit des Lebens.

Wie diese Leidenschaft, die Entfernung gegen Null zu zwingen, um die Zeit in ihrer Fülle zu behalten, die Phantasie der Ingenieure anspornte, macht folgende Zukunftsutopie anschaulich, welche aus der Perspektive des Jahres 1909 über die Verkehrstechnik des Jahres 1965 spekuliert: «Damals nun packten mich meine amerikanischen Freunde bei der Ehre. Sie verlangten energisch meine Mithilfe bei der Durchführung einer Tunnelbahn New-York–Paris, die mit Schallgeschwindigkeit laufen sollte . . . Das alte Rohrpostprinzip sollte auch hier zur Anwendung kommen. Die Tunnels waren genau zylindrisch gearbeitet, und die Züge trugen vorn und hinten Dichtungsscheiben, die wie die Kolben einer Maschine in den zylindrischen Tunnel paßten . . . An dem vor dem Zuge befindlichen Tunnelende saugten Riesenpumpen in der Sekunde hunderttausend Kubikmeter Luft ab und stellten während der Fahrt ein ziemlich vollkommenes Vakuum im Tunnel her, während am anderen Tunnelende aus enormen Behältern Druckluft in den Tunnel strömte und den Zug vorwärts schieben half. Bereits im Jahre 1965 war diese Bahn fertig, und wir machten die erste Fahrt von Paris nach New-York. Die Tunnellänge betrug genau siebentausend Kilometer, und wir sollten sie rechnungsmäßig in fünf Stunden und fünfzig Minuten zurücklegen . . . Bevor wir in Paris zum Tunnel hinunterstiegen, verweilten wir kurze Zeit auf der ersten Plattform des Eiffelturms und sahen, wie die Sonne langsam im Westen sank, wie ihre rotgoldene Scheibe den Horizont berührte und hinter ihm verschwand. In dem Augenblick, da sie versunken war, ergriff mich mein amerikanischer Partner beim Arm und rief: ‹Jetzt schnell in den Zug hinunter, dann holen wir sie bis New-York wieder ein› . . .»[92]

ENTZAUBERUNG

DAS ALTERN DER WÜNSCHE

«Der Saft geht ihnen aus, denkt Rabbit Angstrom, während er hinter den sommerstaubigen Fenstern im Ausstellungsraum von Springer Motors steht und den Verkehr auf der Route 111 beobachtet, einen Verkehr, der irgendwie dünn und verschüchtert ist, verglichen mit dem, was er einmal war. Dieser dreckigen Welt geht das Benzin aus. Aber ihn werden sie nicht drankriegen, noch nicht, weil keiner von den Klapperkästen da draußen sparsamer im Verbrauch und billiger in der Wartung ist als seine Toyotas. Siehe Consumer Reports, April-Ausgabe. Mehr braucht er den Leuten gar nicht zu erzählen, wenn sie in den Laden kommen. Und sie kommen, die Leute spielen allmählich verrückt, sie merken, daß die große amerikanische Autofahrt zu Ende geht.»[93]

Mit diesen Sätzen eröffnet John Updike seinen Roman ‹Bessere Verhältnisse› über Glanz und Elend der siebziger Jahre und bringt gleich ein Lebensgefühl zur Sprache, das die Gin trinkende und in Selbstzufriedenheit erstarrte Welt des Rabbit Angstrom im kleinbürgerlichen Brewer durchzieht: die große amerikanische Autofahrt, sie geht zu Ende. Abgeflacht ist die Begeisterung über das Automobil, Müdigkeit macht sich breit, und in der politischen Arena schlagen Konflikte hoch. In den siebziger Jahren wuchs erstmals und plötzlich das Mißvergnügen mit dem Auto: Väter mußten ihrer Familie Abstriche verordnen, um die Benzinpreise zahlen zu können, und Politiker mußten mit einemmale um die Popularität fürchten, wenn sie sich nicht angesichts zahlloser Bürgerproteste einer distanzierten Haltung ums Auto befleißigten. Vorbei die Tage der vielversprechenden Hoffnungen, vergangen die Zeiten der vollmundigen Planungen, Ernüchterung schiebt sich nach vorne und selbst Zynismus bricht durch. Was ist passiert mit dem hochfliegenden Projekt der Automobilisierung?

Wo sind sie geblieben die Erwartungen und Sehnsüchte, die Hoffnungen, endlich, auf ein besseres Leben? Nicht daß sie verschwunden wären, 1,2 Millionen Besucher zollten 1983 auf der Internationalen Automobil-Ausstellung den neuesten Schöpfungen ihre Bewunderung, doch der selbstverständliche Konsens der früheren Jahrzehnte ist zerbrochen: während die einen glänzende Augen bekamen, tanzten draußen die anderen mit höhnischem Lachen um ein goldenes Kalb. Der große Aufbruch der fünfziger Jahre, unter dem Trommelwirbel von Fortschritt und Wohlstand, hat es weit gebracht und zweifellos das Antlitz Deutschlands tiefgreifend verändert, doch er hat ganz woanders hingeführt, als unsere Väter sich erhofften. Die Luft ist raus, die Wünsche sind schal geworden, und selbst der Lobgesang der Unverdrossenen klingt nach trotzigem «Dennoch»: erkaltet ist die Liebe zum Automobil.

Das historische Projekt der Automobilisierung – seit Anfang des Jahrhunderts ökonomisch von der Industrie vorangedrückt, gesellschaftlich durch das Vorrangstreben sozialer Klassen eingemeindet und kulturell mit aufregenden Weltentwürfen und Wunschbildern eingefärbt – hat im Augenblick des Triumphes seine Überzeugungskraft verloren, so weit, daß manche gar das Rad der Geschichte zurückdrehen wollten, wenn sie nur könnten, und das nicht nur Demonstranten gegen landschaftsfressende Autobahnen, sondern auch Minister auf Regierungsbänken. Ein Themenwechsel hat sich vollzogen: während früher im Automobil die Antriebe und Ambitionen ganzer Gesellschaftsepochen ihren Widerhall gefunden hatten, ist in den 70er Jahren dieser Gleichklang zerbrochen und verkehrt sich zu Schrilltönen. Nicht weil das Auto als solches sich geändert hätte, sondern weil die Passionen und Utopien, die sich in ihm verkörpern, ihre Schwungkraft eingebüßt haben und neue Bilder vom guten Leben an Boden gewinnen, für die das Automobil (und mit ihm das Ideal der autogerechten Gesellschaft) geradezu zum Inbegriff modernisierter Armseligkeit geworden ist. Die Verheißungen der Automobilisierung, so scheint es, haben Automobile ohne Verheißungen zurückgelassen.

Wenn ein Bundesminister das Auto zum «Umweltfeind Nr. 1» ausruft, wenn Straßenbauprojekte Demonstrationen hervorrufen, oder wenn das Fahrrad sich neuer Beliebtheit erfreut, dann ist offensichtlich, daß ein Bruch die Begeisterungsgeschichte des Autos durchzieht. Wunsch und Objekt, so zeigt sich, sind nicht auf ewig miteinander verheiratet; sie können in Konflikt geraten und auseinanderdriften, bis ihr Verhältnis zerrüttet ist. Die Wünsche ziehen sich zurück, wenn sie auf Dauer enttäuscht und von gegenläufigen Erfahrungen untergraben werden.

Sie können sich andere Objekte suchen, die der technische Fortschritt anbietet – und wer in diesen Tagen aufmerksam der Begeisterung über Mikrocomputer lauscht, der wird manch einem Motiv aus der Frühzeit des Automobils wiederbegegnen. Oder die Wünsche selbst werden in einen Strudel von Zweifeln gezogen und büßen dermaßen an Geltungskraft ein, daß sie zunehmend von neuen Werten und Hoffnungen überlagert werden. So wie jene Bedürfnisse, die im Auto ihren Ausdruck gefunden haben, grob gesagt, in der zweiten Hälfte des 19. Jahrhunderts geboren wurden, was damals einen Bruch in der Geschichte der Bedürfnisse darstellte, so können sie am Ende des 20. Jahrhunderts auch wieder altern und vergehen, wiederum einen Einschnitt in der Kulturgeschichte markierend. Bedürfnisse sind keine Naturtatsachen; sie werden erlernt und können auch verlernt werden, wenn ihnen die Umstände keine Heimat mehr bieten.

Von Stau zu Stau

«Die Sommerzeit ist doch die schönste Zeit, da haben alle Leute Zeit. Und wenn die Sonne scheint, wollen alle Leute nichts wie weg hier: schnell, schnell ans Meer oder in die Berge. Obacht, jetzt wird Urlaub gemacht! Zwischen Wunsch und Wirklichkeit zieht sich die Autobahn dahin, 7919 Kilometer lang in der Republik, ein graues Band, das vom Ziel trennt und mit ihm verbindet. An den Wochenenden zwischen Juni und September ist die Hölle los auf deutscher Trasse, und das jedes Jahr wieder. Alle Urlauber brausen zur gleichen Zeit in die gleiche Richtung, wollen möglichst noch am Tag ihrer Abfahrt die Ankunft erleben. Im Stau hat es sich dann ausgebraust – zur großen Verblüffung aller . . . Schrittempo, Wartezeiten, Unfälle – bei Temperaturen über 30 Grad. Ein Polizeisprecher nannte die Autobahn: die längste Sauna der Welt.»[94]

Am meisten schadet der Attraktion des Automobils – sein Erfolg. Es ist die Massenmotorisierung selbst, die in ihrem Schlepptau Erfahrungen mit sich bringt, welche die Auto-Begeisterung unterhöhlen. Diese Faszination wurde nämlich zu einer Zeit begründet, als das Auto noch Seltenheitswert hatte; sein Wert beruhte darauf, daß nur wenige es besaßen. Das Gefühl, unabhängig von der Masse und vom Fahrplan beweglich zu sein, gedieh, solange die Straße noch frei von Autolawinen und Verkehrsregulationen war, ebenso wie die sportliche Freude an der Geschwindigkeit ihre Anziehungskraft gewann, als noch freie Bahnen winkten und es eine Lust war, triumphierend an den Karren, Kutschen oder Kleinstwagen vorbeizubrausen. Zu einem guten Stück rührt die Freude am Autofahren von relativen Vorteilen, das heißt von Vorteilen, die sich daraus speisen, daß andere sie nicht besitzen, weil sie kein Auto haben, also vergleichsweise unbeweglich und langsam sind. Doch mit der Massenmotorisierung hat sich dieses Bild geändert und die relativen Vorteile, welche das Auto verleiht, schwanden zusehends: je mehr Autos, desto weniger Freude. Da sehen sich die Herren über Raum und Zeit in verstopften Straßen gefangen, da bleibt auf vollen Autobahnen und bei motorstarken Konkurrenten die Lust am Tempo auf der Strecke. Die Wünsche werden brüchig, weil die Bedingungen, unter denen sie einst am Auto emporwuchsen, nicht mehr gegeben sind: Autofahren ist nicht mehr wenigen vorbehalten, die ihre Privilegien auf Kosten der anderen genießen können, sondern viele klemmen sich nunmehr hinter das Steuer, so daß ihre Autos sich behindern und ihre Wünsche sich im Wege stehen; in der gegenseitigen Blockade verflüchtigen sich die Privilegien und Enttäuschung greift um sich. Es altern die Wünsche, weil die Erfahrung sie fortlaufend dementiert; der moderne Straßenverkehr zerschlägt jene Hoffnungen, die ihn hervorgebracht haben. Die Utopie der Massenmotorisierung, so zeigt sich im Rückblick, lebte von der Illusion, daß das Vergnügen der frühen Automobilisten sich in der Masse zum allgemeinen Mobilitätswohlstand summieren ließe, eine Utopie, der verborgen blieb, daß – bei nur begrenzt vermehrbarer Fläche – die Wünsche der einzelnen im Raume sich stoßen und sich wechselseitig herabmindern, so daß der erhoffte Wohlstand weit hinter den Erwartungen zurückbleibt. Das Automobil gehört zu jener Klasse von Gütern, die sich nicht beliebig vermehren lassen; da seine Attraktion vom

Ausschluß der Masse lebt, führt die Demokratisierung seines Besitzes zum Schwinden seiner Vorteile.

Je mehr Autofahrer die Straße bevölkern, desto mehr schrumpft der begehrte Vorsprung an Geschwindigkeit, doch in Situationen allgemeiner Verstopfung – am Spätnachmittag in der City, am Sonntag-

abend auf der Autobahn – schwinden nicht nur die relativen Vorteile, sondern es wachsen überdies die Belastungen. Jenseits einer bestimmten Verkehrsdichte trägt jeder hinzukommende Autofahrer ganz unfreiwillig zur allgemeinen Verlangsamung bei: die Zeit, die er allen anderen raubt, ist um ein Vielfaches größer als die Zeit, die er selbst gewinnt. Von Stau zu Stau verlängert sich die Zeit, die man braucht, um vom Büro nach Hause oder von zu Hause in den Urlaubsort zu kommen; mit jedem zusätzlichen Auto ist jede Minute weniger an Entfernung wert. Da kommt Ärger hoch, jeder stiehlt dem anderen hinterrücks seine kostbare Zeit, Verdruß allenthalben und Wut: die Lust an der gewonnenen Zeit kehrt sich in den Zorn über die geraubte Zeit. Und schon drängt sich, angesichts der verstopften Straße, der Ruf auf die Lippen, der in der Geschichte der Motorisierung immer wieder zum schrillen Chor aller frustrierten Autofahrer angeschwollen ist: mehr Straßen müssen her und zwar sofort! Unter der Überschrift «Die Verkehrskrise der Großstädte» und mit dem Untertitel «Die stets verstopften Straßen – Der Fußgänger schneller als das Auto» stimmte schon 1926 die *Berliner Illustrirte Zeitung* diesen Ruf an: «Nicht nur in dem allzu engen New York, selbst in dem weitläufigen Berlin gibt es zu bestimmten Zeiten an gewissen Punkten, zum Beispiel am Brandenburger Tor, langwierige Stockungen . . . Auf der gleichen Anzahl von City-Straßen wie vor dem Krieg fahren heute drei-, vier-, fünf- und sechsmal soviele Gefährte, heute meistens Kraftfahrzeuge . . . Es handelt sich darum, die Fahrbahnen zu vermehren, es ist ein Problem für den Städtebauer, nicht für den Polizisten. Der Städtebauer muß endlich die – unterirdischen und oberirdischen – Tunnel- und Brückenstraßen konstruieren, das ist die einzige Lösung. Sie muß rasch kommen . . .»[95] Seither wurde unverdrossen am Export der Verstopfung mittels neugebauter Straßen gearbeitet. Die immer wieder bedrohten Wünsche verlangten nach Vorwärtsverteidigung: Umgehungsstraßen und Stadtringe, Schnellstraßen und Autobahntrassen wuchsen im Kampf gegen den Stau aus dem Boden, um die geraubte Zeit durch zusätzliche Umgehungskilometer wieder einzuholen. Und in schöner Regelmäßigkeit wiederholte sich die alte Geschichte: die neuen Asphaltbänder lockten im Nu den Bus- und Straßenbahnfahrer ins Auto und ermunterten längerfristig zu Autobesitz und Umzügen in die Vororte; nichts war so verkehrsstimulierend wie der Straßenbau. Und sobald sich die ersten Staus auf dem neuen Stadtring bildeten, war zur Entwertung der Minuten noch die Entwertung der Kilometer getreten: da man jetzt auf den neu ausgebauten Umwegen langsamer fuhr, war man auf der Fahrt ins Büro nunmehr länger und auch weiter unterwegs. Wenn die Massenmotorisierung oft das – zweckwidrige – Ergebnis hat, daß man für dieselbe Strecke länger braucht oder in derselben Zeit weniger vorankommt, dann sind alle schlechter dran als vorher: Kein Wunder, daß es im Gebälk der Wünsche knirscht.

Einsamkeit mit allen

Ähnlich wie die Überlistung der Zeit oftmals in der Verstopfung endet, so findet der Drang zur romantischen Ferne häufig nur mehr das Altbekannte vor. Das Automobil hatte die Sehnsucht nach Flucht aus dem beengten Alltag der Städte – hin zur unberührten Natur und den unverdorbenen Gebräuchen – zum Allgemeingut gemacht; mit der Massenmotorisierung machen sich nun ganze Völkerwanderungen auf, mit ihren vier Rädern die blaue Blume zu suchen. Die Utopie der Freizeitgesellschaft, wo jedermann, obwohl voll in der Lohnarbeit eingebunden, am Feierabend oder Wochenende auch deren Gegenwert genießen, also flink vom Büro in die Berge und vom Geschäft in den Garten wechseln kann, diese Utopie ist eng mit dem Auto verschwistert und treibt viele auf die Straßen: 1975 wurden ca. 80% des Freizeit- wie des Urlaubsverkehrs mit dem Auto abgewickelt.

Freilich hat auch hier die Massenmotorisierung die Regeln des Spiels verändert: neben dem Vorteil, schneller als andere zu sein, schrumpfte auch der Vorteil, weiter als andere fahren zu können. Beruht doch die Attraktion eines entlegenen Ortes – sei es ein verschwiegener Weiher oder eine einsame Bucht – darauf, daß nur wenige dorthin gelangen. Sobald jedoch zum Wochenende Millionen Naturhungrige ihre Campingtische und Surfbretter auf das Wagendach schnallen und auf der Suche nach Einsamkeit und Landschaftsgenuß ausschwärmen, verbünden sie sich alle unfreiwillig darin, genau jene Einsamkeit und jenen Genuß durch ihre Anwesenheit zu zerstören, den sie alle aufsuchen. «Noch bleibt abzuwarten,» schrieb Jürgen Dahl in *Die Zeit* 1971, «wieweit ein Volk von Autofahrern wirklich auf die Länge willens und imstande ist, darauf zu verzichten, bis zum letzten Platz der Ruhe, zur erwünschten Oase, mit dem Wagen vorzufahren und mit Lärm und Auspuffgasen die Oase zu zerstören. Flucht, und wenn sie noch so gut vorbereitet ist, bleibt stets ein Notbehelf: Die organisierte Massenflucht kann nur enden wie die Geschichte vom Hasen und vom Swinegel: Wenn die Flüchtenden am Ziel sind, finden sie das vor, dem sie entfliehen wollten.»[96] Die Attraktion des entlegenen Ortes lebt vom exklusiven Zugang; sie verfällt, wenn Automobilheere dort einbrechen. Straßen umzingeln das Seeufer und Parkplätze verstellen die Alm, die Gegenwelt zum industrialistischen Alltag wird selbst industrialisiert: Verdruß und Enttäuschung sind nicht zu vermeiden. Auch der um das Auto herumgebaute suburbane Lebensstil ist davor nicht gefeit: sobald die anderen ins Grüne nachziehen, rückt das freie Land wieder weg und die drohende Verstädterung treibt die nächsten Häuslebauer noch weiter in das Umland der Städte hinaus. Und natürlich führt die naheliegende Antwort, sich dem Verschleiß der Landschaft durch Flucht zu noch entlegeneren Zielen zu entziehen, nur weiter in die Sackgasse: der Raum verliert vollends sein Geheimnis und für den touristischen Blick halten sich keine Überraschungen mehr bereit.

Weil so die Vorteile des Autos mit seiner Demokratisierung abnehmen, schoben sich in den siebziger Jahren, neben den physischen Grenzen von Energie und sauberer Luft, auch soziale Grenzen fortschreitenden Automobilkonsums in den Vordergrund. Es erschöpfen sich nicht nur das Benzin, nicht nur die Atemluft, sondern auch die Wünsche. Denn mit der Massenmotorisierung addieren sich die vorteilsheischenden individuellen Absichten in der sozialen Summe schnell zu fatalen Konsequenzen, welche die ursprünglichen Absichten in ihr Gegenteil verkehren. In einer Art kontraproduktivem Zusammenwirken handelt jeder einzelne für sich rational, aber alle zusammen irrational. Dieses Dilemma teilt sich in mannigfachen Erlebnissen mit und zehrt an den Hoffnungen, die einstmals das Auto umgaben: während nach einer Allensbacher Umfragereihe 1960 noch 63% der Autobesitzer große Freude am Autofahren finden konnten, schlossen sich 1981 nur mehr 41% dieser Bekundung an.

210

Eingeholt von Hinz und Kunz

Im Jahre 1911 las sich die Mitgliederliste des noch jungen deutschen Automobilclubs wie ein «Who is Who?»: es wimmelte von Bankiers, Fabrikanten, Rittmeistern. Automobilbesitz zeigte an, welchen Platz man in der Gesellschaft einnahm; wer mit Glücksgütern gesegnet war, führte sein Auto vor, um auffällig-unauffällig mitzuteilen, wohin er gehörte und welche Welten ihn vom Mann auf der Straße trennten. Es diesen gleichzutun und sich gegenüber neidisch nachdrängenden Habenichtsen auszuzeichnen, diese Aussicht ließ den Wagen vor der Tür überlebensgroß erscheinen und senkte das Verlangen nach einem Automobil in die Gemüter der Menschen. Gerade in den fünfziger Jahren stand das Auto im Brennpunkt vieler Aufstiegshoffnungen, und in der Tat haben sich, so erweist die Statistik, im Laufe der Nachkriegsgeschichte die Einkommensklassen Stufe für Stufe von oben nach unten mit Autos eingedeckt. Muß es nicht diese Anziehungskraft des Autos unwiederbringlich beschädigen, wenn aus den wenigen Glückskindern ein ganzes Volk von Autobesitzern geworden ist? Etwas wehmütig blickt 1981 ein Journalist zurück: «Sicher, das lief erst langsam an, aber darin lag ja auch ein Kitzel: es gab Autos zu sehen, erst unerreichbar, weil unerschwinglich für jene, die erst für die nackten Kalorien sorgen mußten. Dann konnte man wenigstens schon mal ausrechnen, wie lange zu sparen wäre, und die Träume wurden ein bißchen konkreter. Schließlich war es irgendwann soweit: . . . der Wagen stand vor der Tür. Und das richtige Leben konnte beginnen: samstags Auto waschen, Lack wienern, Chrom putzen, dann Wochenendausflug; den Neid von Nachbarn und Kollegen genießen; die Kinder trösten, wenn sie von autolosen gleichaltrigen Mißgünstlern eins auf die Nase bekommen hatten. Die Autowelt schien heil, die Branche wurde zum wichtigsten Wirtschaftsfaktor . . . Es ist eben alles nicht mehr so wie früher. Eine heile Welt nach der anderen erweist sich als Seifenblase. Da sind auch obenhängende Ventile kein Trost.»[97] Das einstige Luxusgut ist mit der Massenmotorisierung zur Allerweltsware herabgesunken, der Rausch ist dahin und der Alltag kehrt ein: was zum banalen Inventar in jedermanns Haushalt geworden ist, kann keinen mehr veranlassen, die Nase hoch zu tragen. Weil das Auto nicht mehr knapp ist, taugt sein bloßer Besitz nicht mehr zur

Selbstauszeichnung und verliert seine Kraft als Unterscheidungssymbol; das Verlangen nach sozialer Überlegenheit heftet sich nicht mehr ans Auto.

Wenn viele ein Auto besitzen, wird es wichtiger, welches Auto man fährt; die zunehmende Differenzierung der Autotypen nach Leistungsklassen seit Mitte der sechziger Jahre belegt, daß das Verlangen nach Auszeichnung sich auf den Drang zum höherklassigen Wagentyp verlagert hat. Ein großer, leistungskräftiger Wagen sichert wenigstens die kleinen Siege auf der Straße; er setzt soziale Überlegenheit in räumliche Überlegenheit um, indem er den gehörigen Abstand zwischen sich und der Meute legt. «Bei 140 km/h», heißt es 1970 in einer Werbung für den Citroën DS, «holt der DS wieder seinen Abstand zurück, bei 140 km/h beginnt alles wieder zur Ordnung zurückzukehren. Die linke Spur bleibt wieder dem DS vorbehalten und die anderen sehen ihm nach, wie er leise, aber unerbittlich davonzieht.» Freilich blieb auch die Freude am leistungsstarken Wagen nicht auf die Dauer ungetrübt. Wer 1963 mit einem Wagen über 1500 ccm durch die Straßen fuhr, konnte sich noch herausgehoben fühlen, da nur 18% aller Autos mit solcher Kraft ausgerüstet waren; 1979 hingegen ist dieser Vorsprung zusammengeschmolzen, da jetzt 50,5% der Fahrer einen solchen Wagen vorweisen können, so daß folglich von Exklusivität kaum mehr die Rede sein kann. Auch der Symbolwert des großen Autos ist über die Zeit einer Inflation unterworfen: wer immer sich in eine höhere Motorenleistung absetzte, um den Abstand zu den nachdrängelnden Klassen zu wahren, sah sich alsbald getäuscht, weil die Konkurrenten ebenfalls nach oben aufholten. Um ihre relative Position zu halten, müssen sich alle mehr anstrengen, dem Effekt einer rückwärts fahrenden Rolltreppe vergleichbar: es fällt zurück, wer stehen bleibt. Somit verlor auch Hochmotorisierung an Unterscheidungskraft, um so mehr noch, als dieses Symbol mit zunehmender Kaufkraft sogar von den *underdogs* leicht manipuliert werden kann: dann fahren, wie etwa bei den Schwarzen in den USA, ausgerechnet die sozial Deklassierten die größten Schlitten.

So wurde mit der Massenmotorisierung der Boden dafür bereitet, daß sich die Statuswünsche, ausgehend von den oberen Schichten, aus dem Automobil zurückziehen und sich anderen Prestigegütern wie Flugzeugreisen oder Bungalows zuwenden. Die Ausstrahlungskraft

„**W**as sagt Ihr Sohn denn jetzt zu Ihnen, wo Sie den großen Wagen verkauft haben?" „Er sagt weiter Papa zu mir."

Fiat Panda. Die tolle Kiste.

Unterstellt: Die Entzauberung der großen Wagen
Aus: ADAC-Motorwelt 9/1982

des großen Wagens verblaßt, ein kleinerer tut's jetzt auch, mit einem klotzigen Wagen kann nichts mehr bewiesen werden außer Geltungssucht. Auf diese unausgesprochene Übereinkunft spielen auch Werbeanzeigen an, wie jene, die einen Arzt und eine hübsche Frau vor der Krankenhauspforte im Gespräch über seinen eher bescheidenen Fiat-Ritmo darstellt. Sie fragt: «Warum fährst Du nicht einen repräsentativen Wagen wie andere Ärzte auch?» Er antwortet, etwas von oben

213

herab: «Vermutlich, weil ich Psychiater bin!» Seelisch reif also, wer sich, selbst als Arzt, lässig mit einem Ritmo begnügt! Jene Hoffnung, die seit einem halben Jahrhundert so viele Wünsche auf das Auto gelenkt hatte, ist nun verbraucht: der Besitz eines Autos erhebt einen so weit über Hinz und Kunz wie etwa der Besitz eines Staubsaugers.

Daß die Wünsche altern, ist das Resultat eines, im wahren Sinne des Wortes, dialektischen Prozesses: Die kulturelle Attraktion des Automobils war so durchschlagend, daß sie jene materiellen Bedingungen hervorbrachte, welche nunmehr die ursprüngliche Attraktion untergraben. Die Massenmotorisierung entwertete die früheren Hoffnungen und setzte gegenläufige Erfahrungen frei, die sich zur Protestbewegung gegen die autogerechte Gesellschaft auswuchsen. Der alte Konsens ist zerbrochen, das Auto ist in den siebziger Jahren zum politischen Zankapfel geworden. In der Falle der Entzauberung polarisierten sich die Einstellungen zum Automobil: während die einen nun erst recht ihr Glück erzwingen wollen und gegen die Verstopfung mit weiteren Straßen, gegen den Verschleiß der Landschaft mit der Erschließung neuer Gebiete und gegen das verlorene Prestige mit der Flucht in noch leistungsstärkere Motoren angehen, plädieren die anderen dafür, von den alten Wünschen Abschied zu nehmen und angesichts der Verstopfung die Vorzüge der Bedächtigkeit zu entdecken, angesichts der übererschlossenen Ferne die Nähe zur Heimat umzubauen, und im souveränen Verzicht auf das Auto ein neues Statusprivileg zu erblicken.

DIE HERRSCHAFT
DER WEITEN STRECKE
UND DER
SCHNELLEN ERLEDIGUNG

In der griechischen Mythologie steht drohend eine Gestalt bereit, den Hochmut der Menschen vor den Fall zu bringen: wer die Götter versucht, den lockt Nemesis, die Göttin der Rache, in die Verstrickung und läßt die Folgen seines hochfahrenden Tuns auf ihn zurückschlagen. Schon Ikarus – entgegen dem Sinn der Sage von mancher Triumphgeschichte des Verkehrs als der erste Flugingenieur vereinnahmt – wurde grausam in seine Grenzen verwiesen: das Wachs, welches seine Schwingen aus Vogelfedern zusammenhielt, war den heißen Strahlen der Sonne nicht gewachsen, er stürzte ab und versank im Meer. Rückblickend auf die Begeisterungsgeschichte des Automobils scheint es, als ob auch hier die Göttin Nemesis ihre rächende Hand im Spiel gehabt hätte: was als grandioser Anlauf zur Befreiung begonnen hatte, endete in einem Netz feingestrickter Abhängigkeiten. Nicht die Sehnsüchte nach automobiler Freiheit waren falsch, sondern die Versprechungen der Automobilisierung erwiesen sich als trügerisch; denn mit der Befreiung durch das Auto ist der Zwang zum Auto gewachsen. Auch wenn die Wünsche sich verbraucht haben, können wir das Auto nicht mehr leichthin abwählen, weil es sich von einem Luxusspielzeug in einen vermeintlich überlebenswichtigen Ausrüstungsgegenstand verwandelt hat. Alle Türen scheinen zugeschlagen, kein Weg mehr aus der transportintensiven Gesellschaft herauszuführen; hat da, so fragen gerade Jüngere, die Zukunft noch eine Chance?

Auf der Suche
nach der gewonnenen Zeit

Immerhin 36% der befragten Autofahrer fanden bei der Allensbacher Umfrage 1981 keine große Freude beim Autofahren, sie waren, wie sie angaben, eigentlich mehr deshalb unterwegs, weil sie mußten. Da hat sich der Enthusiasmus abgeflacht, da schiebt sich das Gebot der Notwendigkeit nach vorne; für viele scheint sich das Auto in seiner Erlebnisqualität von einem Genußgut zu einem aufgenötigten Gebrauchsgut verändert zu haben. Was immer die Motive im einzelnen, Autofahrer wider Willen sind im allgemeinen nichts anderes als die Erben jener Hoffnung, mit dem Automobil «in immer kürzerer Zeit immer weiter zu fahren». Diese Aussicht, man wird sich erinnern, hatte die frühen Automobilisten beflügelt und verlockte in der Folgezeit viele, mit dem Kauf eines Autos der flüchtigen Zeit und dem trägen Raum ein Schnippchen zu schlagen. Doch auch hier erwies sich der Erfolg als Bumerang: der Vorsprung an Tempo und Strecke, an dem sich noch einzelne Autobesitzer gütlich tun konnten, ist mit der Massenmotorisierung zusammengeschmolzen, ja schlimmer noch: was einstmals ein Vorsprung war, ist nun zur generellen Münze geworden, aus deren Geltungsbereich es nur schwer ein Entrinnen gibt. Jedermann rechnet damit, daß der andere über ein Auto verfügt und erwartet unausgesprochen automobile Beweglichkeit: die Schule verlegt den Förderunterricht auf den Nachmittag, weil die Lehrer ja schnell wieder reinkommen können; der Therapeut richtet sich in der abgelegenen Villengegend ein, weil seine Klienten sowieso motorisiert sind, und der Betrieb verlangt pünktliches Erscheinen zur Unzeit, weil die Arbeiter mit ihrem Wagen sich ja rechtzeitig auf den Weg machen können. Sicher, mit dem Auto ist Zeit gewonnen, doch der Gewinn macht keine Freude, wenn er gleich wieder als Verpflichtung abkassiert wird. Aus den vormaligen Sehnsüchten sind die heutigen Verpflichtungen geworden, der einstmalige Vorsprung ist verallgemeinert und in den Rhythmus der Alltagsgeschäfte eingelassen; in einer Gesellschaft, deren Zeitregime auf dem Auto gründet, nehmen nicht die Menschen das Auto in den Dienst, sondern sie werden von diesem in den Dienst genommen.

Dennoch ist die gewonnene Zeit nicht spurlos verschwunden. Allerdings findet man sie nicht dort, wo man sie zunächst erwartet: entgegen weitverbreiteter Auffassung – und das belegen haarklein eine Fülle von Studien aus aller Herren Länder – verbringen Autofahrer nicht weniger Zeit im Verkehr als Nicht-Autofahrer! Beide Gruppen wenden täglich im Durchschnitt 70–80 Minuten für ihre Mobilität auf. Auch sind Autofahrer kaum häufiger unterwegs, sie verlassen nur wenig häufiger als Nichtmotorisierte das Haus! Wer sich mit einem Auto, jener früh gepriesenen «Zeitsparmaschine», ausrüstet, der atmet nicht auf und freut sich der gewonnenen Stunden, sondern er geht her und nimmt weitere Strecken unter die Räder. Das Auto spart nicht Zeit, sondern ermächtigt, das Fahrtziel in weiterer Ferne zu suchen; seine Geschwindigkeitskräfte werden nicht in weniger Mobilitätszeit, sondern in längere Fahrtstrecken umgemünzt. Das Auto vor der Tür lädt einen dazu ein, sich einen Job im nächsten Landkreis statt am Ort zu suchen oder abends das Lokal in der Innenstadt der Kneipe um die Ecke vorzuziehen. Der Blick des Autofahrers schweift in die Ferne und faßt Ziele ins Auge, die in größerer Reichweite liegen. Seine Lebensweise ist raumgreifender; sei es zum Möbelkauf oder bloß zum Schwimmen, wie mit Siebenmeilenstiefeln wird er einen weiteren Umkreis durchmessen: mit der Automobilisierung explodiert der Aktionsraum. Die gewonnene Zeit wird zurückinvestiert in längere Entfernungen.

Mobilitätsfressende Entfernungen

Dies alles wäre noch voll im Sinne der Hoffnungen, die im Automobil eingelagert sind, doch im Rückblick zeigt sich der blinde Fleck in dieser Utopie von der immerzu steigenden Mobilität: die Orte, wo wir die Freunde treffen, den Arzt aufsuchen oder nur die Brötchen kaufen können, hielten nicht still, sondern sind auch zum guten Teil weggewandert, die Siedlungsverhältnisse bleiben nicht die gleichen, sondern wachsen dem explodierten Aktionsradius nach. Die Stadt und auch das Dorf entmischen sich, und Ziele, die früher in der Nachbarschaft lagen, wandern in einen immer weiteren Umkreis aus. Ob wir einkaufen, Freunde besuchen oder zur Arbeit wollen, wir müssen längere

Distanzen überbrücken; denn der Tante Emma-Laden ist verschwunden, die Freunde sind in die Trabantenstadt gezogen, und der Betrieb liegt nun am anderen Ende der Stadt. Das Leben zerfasert sich im Raum, weil Privatpersonen wie Institutionen bei ihrer Standortwahl oft fest mit dem Auto rechnen. Da zogen zwischen 1959 und 1979 in Hamburg 226 000 Personen – bevölkerungsmäßig die Größe Braunschweigs – von der Kernstadt ins Umland und erkauften sich Naturnähe mit langen Distanzen, da wurde zusammengelegt, verdichtet, zentralisiert und rationalisiert, und Einkaufszentren wie Mittelpunktschulen, Freizeitzentren wie Industrieparks trugen dazu bei, den engeren Umkreis der Nachbarschaft auszudünnen und den Kunden auf lange Wege zu zwingen. Die Städte und der ländliche Raum wurden so umgebaut, daß bald jeder zum Auto genötigt ist; die explodierten Entfernungen lassen fast keine andere Wahl, als einen transportintensiven Lebensstil zu führen. Allenthalben fährt man weiter – zwischen 1960 und 1980 hat sich die durchschnittliche tägliche Reiseweite von 13,2 km auf 22 km erhöht –, doch ob aus Lust und Laune oder eher aus Pflicht und Schuldigkeit, das bleibt dahingestellt.

Wenn darunter also mancher Kilometer ist, der aufgenötigt wurde, weil die ehemals nahen Ziele in die Ferne gerückt sind, ist es dann nicht widersinnig, die Zunahme an Transportkilometern als gestiegene Mobilität und mithin als Durchbruch zur Lebensqualität zu feiern? «Wenn der Milchmann nicht mehr an die Haustür kommt, dann ist es ein fauler Trick, daß man die Möglichkeit, die Milch mit dem Auto selber zu holen, als liebenswerte Mobilität ausgibt. Und die Freiheit, bei der Berufsausübung jede denkbare und erwünschte Mobilität walten zu lassen, ist nichts als das mindestnötige Äquivalent dafür, daß man auf dem Arbeitsmarkt, statt sich zu bewegen, auch aufs übelste bewegt werden kann . . . Der Großeinkaufsmarkt auf dem freien Felde weit vor der Stadt wurde erst möglich durch die private Motorisierung; gäbe es sie nicht, so würde uns ein Einzelhandel versorgen, der jetzt aus Gründen des motorisierten Wettbewerbs in Agonie liegt. Und so fort. Aus der Möglichkeit zur Fortbewegung wurde der Zwang zur Fortbewegung, die Freiheit der Ortsveränderung erbrachte die Nötigung, sich gefälligst fortzubewegen, wenn man überhaupt einem Beruf nachgehen oder Waren erwerben oder sonst irgend etwas tun will, was vor gar nicht langer Zeit mit einem

Minimum an Fortbewegung bewerkstelligt wurde . . . Daß Immanuel Kant sich sein ganzes Leben nicht aus Königsberg fortbewegt hat, macht ihn in den Augen unserer schnellen Zeitgenossen bedauernswert bis lächerlich, weil sie nicht mitzählen, daß im 18. Jahrhundert in Königsberg zu bleiben weitaus weniger peinigend war als die Zumutung, im 20. Jahrhundert an Düsseldorf gefesselt zu sein . . .»[98] Der Traum von der freiheitsstiftenden Beweglichkeit endete somit in einem Teufelskreis: Man legt sich ein Auto zu – man fährt weiter – wichtige Ziele wandern aus der Nähe ab – sie sind ohne Auto nur schwer erreichbar – so daß andere sich gezwungen sehen, aufs Auto umzusteigen . . .

Ein Volk von Passagieren und Pendlern

Die Verlängerung der Wege hat fast so etwas wie eine anthropologische Mutation herbeigeführt: seit einer Generation sind viele Menschen kaum mehr in der Lage, ihren Alltag zu fristen, ohne auf Motoren geschnallt zu sein. Ein neues Grundbedürfnis ist neben so ehrwürdige wie das Bedürfnis nach Kleidung, Nahrung und Behausung getreten: das umfassende Bedürfnis nach Transport. Undenkbar noch für unsere Großväter, die, wenn sie nicht in den zwei, drei Millionenstädten wohnten, sich allenfalls zu einer gelegentlichen Eisenbahnfahrt aufmachten, ansonsten aber den Umkreis ihrer täglichen Welt mit Hilfe von Pferden oder der eigenen Beine bewältigen konnten. Ob reich oder arm, ob Autofahrer oder Straßenbahnkunde, gleichviel, wenn 1982 77% aller Erwerbstätigen, die aushäusig tätig sind, mittels Motorenkraft an ihren Arbeitsplatz geschafft werden, dann sind alle zu Gefangenen des Transports geworden. Und vor dieser fundamentalen Verschiebung nimmt sich auch das Gezerre zwischen Auto-Interessenten auf der einen und Anhängern öffentlicher Verkehrsmittel auf der anderen Seite wie ein Streit um den geschickteren Weg in dieselbe Gefangenschaft aus: die herkömmlich linke Utopie des öffentlich organisierten Verkehrs (womöglich noch zum Nulltarif) wäre zwar demokratischer, würde aber ebenso in der

219

Konsequenz zu etwas wie einer demokratischen Despotie führen, wo alle sich gleichen – in ihrer Abhängigkeit vom Transportsystem.

Mit seiner rasanten Karriere zum Massentransportmittel, und das ist ein entscheidender Umbruch, hat das Auto seine Dignität als Einzelstück (G. Anders) verloren und wurde zum bloßen Geräteteil einer umfassenden Maschinerie herabgestuft. Damit kam ihm die Aura abhanden, ein Genußmittel zu sein, statt dessen ernüchterte die Einsicht, daß der eigene Wagen nur das private Anschlußstück an eine gesellschaftsweite Transportmaschinerie darstellt, die nach ihrer Logik Fahrten aufzwingt, die nichts mehr mit den Vergnügungstouren der frühen Jahre zu tun haben. Die weiten Strecken und das verdichtete Zeittempo im Alltag lassen oftmals keine andere Wahl, als sich einen Wagen zuzulegen; in einer autozentrierten Gesellschaft wird der Autokauf leicht zu einer Sache der Selbstverteidigung, um – auf dem Arbeitsmarkt oder auch im privaten Leben – einer sozialen Deklassierung zu entgehen. Mehr Autos muß hier wahrlich nicht mehr Lebensqualität bedeuten; oder wer weiß schon, wie viele der Neuzulassungen in Wirklichkeit Verteidigungsakte sind, um sich nicht zu verschlechtern, und keine Genußakte, um ein Stück dem guten Leben näherzukommen?

Aus den Verheißungen sind somit Verpflichtungen geworden und aus dem einstigen Vergnügungsgerät ein Verteidigungsinstrument; die Herren über Raum und Zeit finden sich wieder als Sklaven von Entfernung und Eile.

DER VERFALL
DER AUTONOMEN BEWEGLICHKEIT

Je eifriger die Auto-Enthusiasten die Welt aus der Windschutzscheibenperspektive zurichteten, desto nachdrücklicher drängte sich eine
Einsicht auf, die eigentlich nichts weiter als ein Gemeinplatz ist: selbst
der leidenschaftlichste Autofahrer geht einmal zu Fuß.

Wie erhebend auch die Gefühle hinter dem Steuer sein mögen, bei
24 Millionen Autos ist unübersehbar, daß jedes Gefährt eine Schleppe
von Folgen hinter sich herzieht, die weit über die Abmessungen der
Karosserie hinausreicht. Anders als etwa beim Staubsauger oder beim
Rasierapparat, handelt es sich beim Auto um ein Gerät, das nicht
betrieben werden kann, ohne Unbeteiligte in Mitleidenschaft zu ziehen; es produziert notgedrungen externe Effekte, wie die Ökonomen
das nennen. Lärm, Schadstoffe, Unfälle, Flächenverbrauch, jedes
Kind kann heute den Sündenkatalog des Autos hersagen; kein Grün
mehr auf den Tannen und platt wie Flundern enden die Frösche, Blei
in den Adern und vom Lärm vibrieren die Nerven; die Wünsche von
gestern haben die Alpträume von heute hervorgebracht.

Die Verschmutzung der physischen Umwelt wird noch eingeholt
durch die Verschmutzung der sozialen Umwelt. Straßen zerhacken das
Gehen und Kreuzungen verdrießen das Auge, Hektik untergräbt die
Gelassenheit und Entfernungen zerfasern die Heimat: mit der Auto-
mobilmachung verfielen auch jene Umweltbedingungen, unter denen
eine nicht-motorisierte Lebensweise gedeihen kann. Der Drang zum
Unterwegs-Sein hat Stadt und Land so verändert, daß das Da-Sein
keine rechte Freude mehr macht. Wozu sonst aber ist man unterwegs?

Unwirtliche Nähe

Die Herrschaft der weiten Strecke hat eine Umwertung des Raumes mit sich gebracht: der Blick richtet sich auf die fernen Orte jenseits der Nachbarschaft und die Welt in der Nähe büßt an Bedeutung ein. Die Attraktion der Ferne wird mit einer Deklassierung der Nähe erkauft. Was in der Ferne gewonnen wurde, ging oft in der Nähe verloren: in den Dörfern und Stadtvierteln schrumpften die Gelegenheiten, Einkäufe zu machen, eine Reparatur erledigen zu lassen, Freunden zu begegnen oder sich einfach vom Getriebe der Welt mittragen zu lassen. Statt dessen wurde es für alte Leute schwerer, ihren Arzt zu erreichen, die Kinder finden keine Wiesen und Bäche mehr und die

Hausfrauen sehen sich in Schlafstädten zurückgelassen. Die «Entleerung der Dörfer» und die «Verödung der Innenstädte» sind geradezu sprichwörtlich geworden; sie entstanden im Windschatten des entfernungshungrigen Automobils. Es verkleinerte sich der Ausschnitt der Gesellschaft, welcher mit den eigenen Augen sichtbar, mit Hilfe der eigenen Beine zugänglich ist. Es tut sich nichts mehr in der Nachbarschaft, der Laden um die Ecke kapituliert vor dem Verbrauchermarkt am Stadtrand, der Handwerksbetrieb verliert seine Kunden an das Kaufhaus in der Innenstadt, die Spaziergänger streben im Auto dem Waldlehrpfad zu, und in die Kneipe zieht eine Fahrschule ein. Jener lokale Umkreis, der mit Leichtigkeit vom Fußgänger oder auch vom Radfahrer beherrscht werden könnte, dünnt aus und bietet immer weniger interessante Ziele. Es zerreißen jene Sozialgewebe, die sich fußläufig zusammenfügen. So ist ein paradoxer Effekt zu verzeichnen: die Automobilisierung der Gesellschaft, jenes Projekt der flinken Erreichbarkeit von allem und jedem, hat gleichzeitig ein Stück wichtiger Welt – vor allem für diejenigen, die kein Auto haben – fortgerückt und damit unerreichbarer gemacht. Mit der Mobilität der Motorisierten stieg zugleich die Immobilität der Unmotorisierten.

Mehr noch: der Nahraum mit seinen Winkeln und Gassen, mit seinen Sturheiten und Eigenarten, steht im Wege, er bremst die Geschwindigkeit derer, die im Hochgefühl ihrer motorisierten Macht auf schnellstem Wege den fernen Zielen zueilen wollen. Gerade wo die Nachbarschaften auf die kurzen und wendigen Strecken des Fußgängers hin zugeschnitten sind, worin ja die Pointe jeder mittelalterlichen Stadtstruktur mit ihrem dichten Netz von engen Gassen lag, da wurde abgetragen, durchstoßen, begradigt und vereinheitlicht, bis der Dorfanger zur Durchgangsstrecke und der Biergarten zum Parkplatz umgebaut war. Durchlaß, ein möglichst geradliniger dazu, ist Trumpf, da wurde den Nischen und Vorgärten, den Sträßchen und Plätzchen, in denen das subtile Geflecht nachbarschaftlicher Beziehungen ihren architektonischen Halt gefunden hatte, der Kampf angesagt. Für den entfernungshungrigen Blick verkommen die Lebensräume der Nähe zu bloßen Durchgangsstrecken, zum toten Raum zwischen Start und Ziel, den es zeitsparend zu überwinden gilt. Die Ergebnisse dieser Durchquerungswut sind allenthalben zu besichtigen: auf Straßen, die vor nicht allzu langer Zeit, überschattet von Bäumen und gesäumt von

Lädchen und Cafés, mit spielenden Kindern, klatschenden Nachbarn, dösenden Alten, geschäftigen Passanten bevölkert waren, herrschen nun Blech, Beton und endloses Getöse. Gerade der Streifraum von Kindern wurde so drastisch beschnitten, daß heute vielfach die Aufforderung «Geh auf dein Zimmer!» an die Stelle von früher «Geh auf die Straße!» getreten ist. Aus urbanen Lebensräumen sind Transportbänder mit Stellplätzen geworden. Sie wurden gebaut im Namen der schnellen Verbindung und haben doch auch zur Trennung der Menschen geführt; denn jede Durchgangsstrecke durchschneidet nicht nur Wohngebiete, sondern auch Kontaktnetze und kann gerade für Kin-

der und Alte zur unüberwindlichen Hürde werden. In jedem Fall aber beschleunigt sie den Durchgangsverkehr auf Kosten der Fußgänger und Radfahrer, die nach Überwegen suchen und die Grüne Welle abwarten müssen. Außerdem bleiben natürlich Lärm, Dreck und Unfallrisiko bei den Anwohnern hängen und auch über die moderne

Form des Landraubs haben sie zu klagen: statt 6,9% im Jahre 1950 waren bis zum Jahre 1974 14,5% der gesamten Fläche Frankfurts vom Verkehr besetzt. So wurde der Nahraum der Ferne dienstbar gemacht und zum Transportraum herabgewürdigt.

Wem gehört die Straße? Als diese Frage in den ersten Jahrzehnten des Jahrhunderts zu Gunsten des Automobils entschieden war, konnte man noch nicht ahnen, daß eines Tages die Herrschaft des Autos über die Straße in Beton gegossen würde. Solange nur polizeiliche Verordnungen seinen Vorrang befestigten, ja solange nur die nackte Macht des Motors sich Bahn verschaffte, da war diese Herrschaft noch leichter revidierbar. Heute aber, wo sie in Schnellstraßen und Siedlungsstrukturen eingelassen ist, kommt ihr fast naturhafte Qualität zu; denn manche Straße taugt zu nichts anderem mehr als zum Transportraum. Nicht nur, daß sich Unmotorisierte nicht den Straßenraum aneignen dürfen, folgenreicher noch: sie können es auch nicht mehr. Wo der Raum auf die Bedürfnisse des durchlaßheischenden Autos zugeschnitten ist, da gibt es für den Fußgänger kaum mehr etwas zu erleben, zu schauen und zu tun; der tempokonforme Raum zerstört den fußgängerkonformen Raum. Der Fußgänger (und auch der Radfahrer) liebt das Kleinteilige, er fühlt sich wohl, wo die Gebäude ihr Gesicht wechseln, wo das Auge über Bäume, Vorgärten und Balkone wandern kann, wo Menschen zu treffen und zu beobachten sind, wo er verweilen, mitmachen und sich einmischen kann, wo auf kurzem Weg sich eine Vielzahl von Eindrücken und Anregungen versammelt. Dem Maß der Eigenfortbewegung entspricht der zusammenhängliche, der vielgestaltige und der ereignisreiche Raum. Ganz anders dagegen für den Autofahrer: er haßt Überraschungen und verlangt Berechenbarkeit, nur langgestreckte Eintönigkeit gibt ihm Sicherheit, nur großflächige Reklametafeln können seine Aufmerksamkeit erhaschen, nur gerade, breite und ereignisfreie Strecken garantieren ihm eine schnelle Durchfahrt ohne Unterbrechung.

Abwechslung verträgt der Autofahrer nur im Rhythmus von Kilometern, der geschwindigkeitskonforme Raum aber ist für die Augen des Fußgängers gesichtslos und langweilig.

Die neue Straßenordnung.
Rechte und Pflichten des Fußgängers.

Polizeipräsident Zörrgiebel sprach gestern abend im Berliner Rundfunk über die kommende Berliner Straßenordnung. Die nachstehenden Ausführungen des Pressechefs im Berliner Polizeipräsidium sollen unsere Leser mit den wichtigsten Punkten der neuen Verordnung bekanntmachen.

Die Red.

*

Auf der Straße ist jedermann verpflichtet, Rücksicht auf den Straßenverkehr und andere Wegebenutzer zu nehmen und die zur Wahrung der Ordnung, Sicherheit und Leichtigkeit des Verkehrs erforderliche Vorsicht und Aufmerksamkeit anzuwenden.

*

An einer Haltestelle haltende Straßenbahnzüge dürfen auf der Seite, auf der die Fahrgäste ein- und aussteigen, nur in Schrittgeschwindigkeit und nur in einem solchen zeitlichen Abstand überholt werden, daß die Fahrgäste nicht gefährdet werden.

In Verkehrsstraßen erster Ordnung ist das Radfahren in der Längsrichtung werktags zwischen 8 und 19 Uhr im Durchgangsverkehr zu verbieten.

*

Verkehrsstraßen erster Ordnung dürfen von Fußgängern nur auf den Schutzwegen überschritten werden.

*

Das Gehen in Reihen von mehr als drei Personen nebeneinander auf der Gehbahn ist verboten.

*

Es ist daher dringend erforderlich, daß endlich mit dem Durcheinander der Anstalten und der Selbstherrlichkeit geschäftstüchtiger Gemeindebehörden Schluß gemacht wird durch Schaffung eines einheitlichen deutschen Straßenrechts, dessen Bestimmungen im Einklang mit der Verkehrsentwicklung zu stehen haben.

Aus: Berliner Tageblatt vom 5. Juli 1928

Damit trug das Auto dazu bei, jene baulichen und sozialen «Ökosysteme» zu ruinieren, in denen Fußgänger und Radfahrer sich heimisch fühlen können. Der Fußgänger braucht die dichte, verflochtene, ja verwinkelte Nähe; nicht umsonst ähneln Orte, welche ihre Bewohner nach eigenem Maß gebaut haben, oft Labyrinthen, man denke nur an eine moslemische Medina oder einen mittelalterlichen Stadtgrundriß. Das Labyrinth nämlich ist die ideale Baugestalt für eine Bevölkerung, die nur auf die Kraft ihrer eigenen Beine zählen kann: es erschließt auf engstem Raum eine vielgesichtige Welt und schafft Geborgenheit für den, der dort täglich lebt, jedoch Verwirrung für den Fremden. Das genaue Gegenteil dazu ist die autogerechte Raumplanung; um der raschen Durchfahrt willen kann sie nicht umhin, fußgängerfreundliche Umwelten zu planen. Die Lebensgrundlagen für unmotorisierte Fortbewegung zu zerstören, darin liegt – auch beim rundum «sauberen» Auto! – die einschneidendste Folge der Automobilisierung. Oder wie ein Spruch heißt, der in Los Angeles umgeht: «Ein Fußgänger ist ein Mensch, der gerade zu seinem Auto geht oder von seinem Auto kommt.» Damit hat die Automobilisierung ein radikales Monopol aufgerichtet, das nicht Firmen, sondern Lebensäußerungen von der Bildfläche verschwinden läßt: «Diese tiefgreifende Herrschaft der Transportindustrie über die natürliche Mobilität», schrieb Ivan Illich 1974, «begründet ein viel beherrschenderes Monopol als etwa das kommerzielle Monopol, das Ford auf dem Automobilmarkt gewinnen könnte, oder das politische Monopol, das die Automobilhersteller gegenüber der Entwicklung des Eisenbahn- oder Busverkehrs ausüben mögen. Ford kann das Mittel zur Überwindung einer Entfernung einem Monopol unterwerfen, und mittels der Bahn kann Fords Monopol gebrochen werden. Das überschnelle Beförderungsmittel tut mehr: es schafft entfremdende Entfernung. Wegen seines verborgenen und tiefgreifend strukturierenden Charakters nenne ich es ein radikales Monopol.»[99]

Die im Schatten . . .

Das Recht auf Bewegungsfreiheit hat sich im Gefolge der Automobilisierung in die Pflicht zur Beförderung verwandet. Denn transportintensive Entfernungen sowie unwirtliche Nahräume haben Umwelten geschaffen, in denen man unmotorisiert nur schwer überleben kann. Was aber geschieht mit jenen, die nicht motorisiert sind? Schlecht dran ist, wer kein Auto hat: er steht vor der Wahl, entweder unter Mühe und Zeitverlust den öffentlichen Transport zu nehmen oder eben auf die gewünschten Ziele zu verzichten. Resigniert hebt mancher Opa auf dem Dorf die Schultern, wenn er Schuhe kaufen oder einen Arzt aufsuchen will; ohne Auto bleibt ihm nur die unerfreuliche Alternative, den halben Tag im Bus herumzuschaukeln oder besser gleich zu Hause zu bleiben. Auf der einen Seite findet er wenig mehr innerhalb der Reichweite seiner eigenen Beine vor, auf der anderen Seite sind wichtige Ziele in unerreichbare Ferne gerückt. Wer nicht mit einem Auto ausgerüstet ist, dessen Macht über den unmotorisiert beherrschbaren Raum ist zunehmend entwertet worden, während ihm der Zugang zum motorbeherrschten Raum vorenthalten blieb: die Automobilisierung brachte eine neue Form von Ungleichheit hervor.

In einer Fußgängerstadt früherer Tage, sagen wir im Tübingen des 19. Jahrhunderts, hatten ungefähr alle, außer den Lahmen, die gleiche Macht über den Raum, weil sie – mit Ausnahme der Kutschenbesitzer, und auch da war der Abstand nicht so groß – alle dem Maß ihrer Beine unterstanden. Mit der Motorisierung bekamen die dominierenden Schichten ein Mittel in die Hand, eine neue Macht über den Raum auszuüben, so daß Zugänglichkeit – vorher allgemein verfügbar – zu einem knappen Gut wurde, das nur durch den Kauf von Transportkilometern erhältlich war. Damit war die Basis für verkehrstechnisch begründete Ungleichheit gegeben; die Bessergestellten griffen schneller zu den jeweils neuen raumgreifenden Verkehrsmitteln als die weniger Betuchten nachziehen konnten. Die Distanz zwischen privilegierten und nicht-privilegierten Verkehrsteilnehmern spreizte sich auf – und die Unmotorisierten wurden zunehmend deklassiert, weil die autonome Beweglichkeit im Zuge dieses Klassenkonflikts unerbittlich unter die Räder kam.

Wer dennoch auf dem Gebrauch seiner Beine besteht, sieht sich vom Imperialismus der Motoren schnell in seine Schranken verwiesen. Eine Reporterin berichtet von ihrer Fahrradfahrt durch Frankfurt unter der Überschrift «Verloren in der Blechlawine»: «Erstes Dilemma auf der Berliner Straße, Einmündung Kornmarkt. Der Radfahrer fährt immer rechts, doch die rechte Spur führt um die Ecke. Geradeaus also in den rasenden Verkehr der beiden übrigen Verkehrsspuren einordnen. Den Theatertunnel umfahren – ein blaues Schild signalisiert: den Autos vorbehalten. Um nicht vom abbiegenden Verkehr niedergewalzt zu werden, hilft nur Vollbremsung. Ein Kieslaster kommt vorbei, die Steinchen fliegen . . . Ich kann mich nicht in Luft auflösen, wenn auch die schimpfenden Autofahrer dies zu verlangen scheinen. Ich quetsche mich also irgendwie in die zweite Spur, innerlich den Kopf eingezogen . . .»[100] In der Tat, jener «Weckruf» des Freiherrn von Pidoll aus dem Jahre 1913, der davor gewarnt hatte, den Gemeingebrauch der Straßen vom Monopolanspruch des Autos zugrunde richten zu lassen, hatte fast hellseherische Qualität: wer sich nicht von der Straße vertreiben läßt, dem droht Gefahr an Leib und Leben. 1980 waren 56,3% der Verkehrsopfer innerorts Fußgänger oder Radfahrer; während bei einem Unfall im Schnitt nur 3% der Fußgänger unverletzt davonkamen, blieben 79,5% der Autoinsassen ungeschoren. Dabei ist der Gebrauch der eigenen Beine weitaus mehr im Schwange, als man aus der Windschutzscheibenperspektive wahrhaben möchte: 1976 wurden im bundesdeutschen Durchschnitt 40% aller Wege (ohne Kinder unter zehn Jahren!) zu Fuß oder mit dem Rad zurückgelegt; würde man die Kinder mitzählen, dürfte es sich gut und gerne um etwa die Hälfte aller Wege (einschließlich Fernverkehr) handeln, für die kein Motor zum Einsatz kam!

Warum – trotz Gefährdung und Verdrängung – ist der unmotorisierte Verkehr weit stärker als im Überschwang der Motorisierung vermutet? Die Antwort ist ebenso einfach wie überraschend: weil auch nur ein gutes Drittel der bundesdeutschen Bevölkerung beständig über ein Auto verfügt. 18,6 Mill. Pkw waren 1978 von Privatleuten angemeldet, ihnen standen 62 Mill. Bürger gegenüber. 61,8% aller Haushalte hatten 1979 ein Auto vor der Tür stehen; wo der Haushalt nur aus einer Person besteht, wo wenig verdient wird, und wo man schon im vorgerückten Alter ist, da kann man oft nicht auf Pferdestärken zurückgreifen. Doch auch bei den motorisierten Haushalten vermag sich nicht jedes Familienmitglied hinters Steuer zu setzen. Da scheiden zunächst einmal die Kinder und Jugendlichen aus, dann hat nicht jeder Erwachsene einen Führerschein in der Tasche, denn beim Auto, da geben die Männer den Ton an: keine Fahrerlaubnis besaßen nur 17% der Männer, hingegen 58% der Frauen. Überblickt man die untermotorisierten Gruppen in der Summe, dann landet man bei einem schlichten Tatbestand: die Mehrheit der Bevölkerung bleibt im toten Winkel der Automobilisierung. Beschleunigt wurden in erster Linie die erwerbstätigen, 25- bis 60jährigen, männlichen Teile der

Bevölkerung; Kinder, Jugendliche, alte Leute, Hausfrauen, Einkommensschwache konnten nur am Rande profitieren. Gewiß, die Motorisierungswelle hat Klassenungleichheiten im Besitz an Automobilen weitgehend beseitigt – Arbeiter liegen nicht mehr dramatisch hinter Beamten, Selbständigen oder Landwirten zurück –, doch sie hat einen neuen Typ von Ungleichheit befestigt: die Bruchlinie liegt zwischen den produktiven und den unproduktiv gehaltenen Mitgliedern der Gesellschaft. Die motorisierte Macht über den Raum ist nach der Nähe bzw. Ferne zum geldwirtschaftlichen Produktionsprozeß verteilt; wer nicht im Dienste des Outputs steht, der kann sich gefälligst auch langsamer bewegen. Beschleunigt werden die einen, verlangsamt die anderen, der Zeitgewinn der einen schlägt im Zeitverlust der anderen zu Buche, das Nettoergebnis mag sich gleichbleiben, doch die Mobilitätschancen haben sich polarisiert – und sich keinesfalls pauschal erhöht. Im Mythos von der «Autogesellschaft» wird die Minderheit der finanziell Produktiven für das Ganze der Gesellschaft genommen; die im Schatten aber sieht man nicht.

~~~~~~

Gehen. Es gibt Bücher, in denen sind Wörter jeweils ähnlicher Bedeutung zusammengestellt. In einem dieser Nachschlagebücher steht unter «gehen»: «1. einen Fuß vor den anderen setzen, sich fortbewegen, sich begeben, sich wenden, sich verfügen, einen Weg einschlagen, zurücklegen, betreten, begehen, 2. schreiten, wandeln, wallen, spazieren, spazierengehen, lustwandeln, schlendern, bummeln, flanieren, stapfen, stiefeln, trotten, traben, schweifen, trippeln, fußeln, dappeln, tänzeln, stelzen, stöckeln, gleiten, tappen, seinen Weg tasten, zotteln, schleichen, zuckeln, trödeln, trampeln, treten, stampfen, trappeln, schlurfen, tapsen, zockeln, latschen.»

Aus: D. Garbrecht: Gehen. Plädoyer für das Leben in der Stadt, 1981

~~~~~~

DIE ENTDECKUNG DER GELASSENHEIT
ODER: DIE LIEBE ZUM FAHRRAD

Zukunftsbilder ziehen ihre Farbe aus dem Kontrast zur Gegenwart. Das Auto faszinierte die Gemüter, weil es leichtfüßig zu überwinden versprach, was die Zeitgenossen beschwerte: die Befürchtung, an einem Ort gefesselt, im Alltag eingeschnürt und den hinfälligen Körperkräften ausgeliefert zu sein. Die automobilen Wünsche lebten aus dem Kontrast zu einer unbeweglichen Welt, sie waren gespeist von der Angst festgelegt zu sein; nur auf dem Boden sozialer Klaustrophobie konnte die Mobilitätswut gedeihen. Anders seit den siebziger Jahren: nicht mehr Furcht vor Immobilität nährt die alternativen Zukunftsentwürfe, sondern, im Gegenteil, eher die Angst vor Heimatlosigkeit. In einer Gesellschaft auf Rädern verliert das Versprechen von mehr Geschwindigkeit oder mehr Motorenmacht leicht an Reiz; wo alles fährt und keiner mehr ankommt, wo alle sich bewegen und keiner mehr sich trifft, da gewinnen andere Wünsche an Gestalt. Ernest Callenbach zeichnet in seinem *Ökotopia* eine nach-automobile Utopie: «Ich gab meine Reisetasche in Verwahrung und ging los, um mich ein wenig umzusehen. Der erste Schock traf mich sofort, als ich die Straße betrat. Über allem lag eine eigenartige Ruhe. Ich hatte erwartet, wenigstens sein bißchen von der erregenden Geschäftigkeit unserer Städte vorzufinden – hupende Autos, heranbrausende Taxis, Menschenmassen, die sich in der Hast des Stadtlebens drängen. Als sich meine Überraschung über die Stille gelegt hatte, mußte ich feststellen, daß sich die Market Street – einst eine belebte Geschäftsstraße, die durch die Stadt bis hinunter ans Meer führte – in eine Promenade mit Tausenden von Bäumen verwandelt hat. Die Straße selbst, auf der nur wenige Taxis, Kleinbusse und Lieferwagen fahren, ist zu einer zweispurigen Winzigkeit zusammengeschrumpft! Den verbleibenden riesigen Raum nehmen Radfahrwege, Brunnen, Skulpturen, Kioske und

231

kuriose, mit Bänken umstellte Gärtchen ein. Die fast unheimliche Stille wird nur vom Surren der Fahrräder und dem Geschrei von Kindern durchbrochen. Gelegentlich hört man sogar Vogelsang – und das auf der Hauptstraße der Landesmetropole!»[101]

Minderheiten zwar, aber wortmächtige, haben in den vergangenen zehn Jahren – empört über planierte Wälder und durchstoßene Stadtviertel – mit Gegengutachten und Demonstrationen gegen die Asphaltierung der Landschaft gekämpft («Hier betoniert das Land Hessen im Auftrage der Bundesrepublik Deutschland den Rest derselben.») und dabei auch neuen, automobilfernen Lebensbildern Geltung verschafft. In den Bürgerinitiativen fand der historische Umbruch seine Sprache.

Für den Fortschritt nur ein Achselzucken

Daß die Versprechungen von anno dazumal an Wert verloren, daß die Massenmotorisierung ein Gespinst von Zwängen und Transportverpflichtungen heraufbeschwor, daß die Welt für Menschen, insofern sie nicht gerade hinter dem Steuer sitzen, unwirtlicher wurde, diese Erfahrungen häuften sich seit den sechziger Jahren und mußten allmählich dem überkommenen Auto-Triumphalismus das Wasser abgraben. Freilich, nicht jedermann hatte eine Antenne für den Umbruch. In den Bürgerinitiativen war die hochbeschulte Jugend weitgehend unter sich, vor allem 20- bis 35jährige mit Abitur oder Diplom fielen vom Glauben der Väter ab. Schließlich hatten sie in den sechziger Jahren ihre politisch prägende Zeit erlebt; daher reagieren sie auf die Überzahl und nicht den Mangel an Autos. Gerade die Hoffnungsvollsten der Wirtschaftswunderkinder hatten nichts anderes als Spott für den Wachstumsjubel ihrer Väter übrig: gleichgelagerte historische Erfahrungen prägten ihren Blick und formten aus ihnen – über eine bloße Altersgruppe hinaus – eine soziale Gruppe, verbunden in einem gemeinsamen, abweichenden Lebensgefühl: Fortschritt – nein, danke!

Und was gerade noch Gegenstand der Begeisterung war, löste zunehmend Verachtung aus: ein neues Autobahnteilstück ließ Bitterkeit hochsteigen und manche abgeholzte Allee trieb auch den braven

232

Bürger zu den Umweltschützern. Zum «Umweltfeind Nr. 1» avancierte das Automobil; wenn so ein Gerät auf 100 000 km einen Kiloklumpen Blei in die Luft ausstößt, wenn im Bodenseegebiet die klassifizierten Straßen Landschaftsinseln von im Schnitt 6,3 qkm herausschneiden, so daß ein Spaziergänger nach drei Kilometern spätestens wieder vor einem Autowechsel steht, wenn in der jungen Geschichte der Bundesrepublik knapp eine halbe Million Menschen auf dem Altar der Autofreude geopfert wurde, dann mußte auf Dauer jener Fortschrittsoptimismus zusammenbrechen, der den kulturellen Aufstieg des Autos beflügelt hatte. Dabei gewann der Streit um diesen Waldgürtel oder jenes Fachwerkhaus eine Dynamik weit über den einzelnen Fall hinaus, ja gerade jene Leute stellten sich schützend vor die Bäume, die oft nicht mal eine Buche von einer Eiche unterscheiden konnten. In diesen Auseinandersetzungen manifestierte sich die Entzauberung jenes Fortschrittsglaubens, wie er vom Ende des 19. Jahrhunderts bis in unsere Tage reichte, für den die Zukunft mit ihren Verheißungen allemal die Gegenwart überstieg, weil ja stetes Güterwachstum die Geschichte auf einer aufsteigenden Linie hielt. Der gefällte Baum und das abgerissene Haus wurden zum Symbol für die Einsicht, daß dieser Fortschritt auf einer gigantischen Kostenverschiebung beruhte, bei der das Vergnügen des Autofahrers daran hängt, daß die Gesellschaft als Müllplatz für seine Nebenfolgen herhält. Der Müll stieg, die Lebensqualität sank, dahin war die Überzeugung, daß «größer, weiter, schneller» dem guten Leben näherbringt, jene Zukunftsversessenheit, ohne die weder die Geschwindigkeitswut noch Neuheitssucht oder Zeithetze je hätten in Blüte kommen können. Im Gegenteil, mit dem Fortschritt schien der Rückschritt zu marschieren, Technologie schien zu befreien, indem sie unterjocht, und was noch verhängnisvoller ist: die Auswege scheinen geschlossen, der Weg zurück versperrt, ausgerottet die Alternativen, kolonisiert die Zukunft. Wo der Sachzwang regiert, hat die Zukunft ausgespielt und auch die Hoffnung; anscheinend verurteilt zur Vollmotorisierung, bleibt uns nur noch, sie zu verwalten. *No future.* Was von Minderheiten artikuliert wurde, scheint selbst bei der Mehrheit der Bevölkerung an Boden zu gewinnen: 1956 lebten – nach einer Allensbacher Umfrage – noch 56% in dem Glauben, «daß die Menschen einer besseren Zukunft entgegengehen» würden, doch 1981 nur mehr 28%.

Wie sehr sich doch Callenbachs ‹Ökotopia› aus dem Jahre 1976 von der Utopie des ‹Neuen Universums› aus dem Jahre 1913 unterscheidet! Wo einem damals Bilder einer mit Tunneln unterhöhlten und von Flugrouten überzogenen Welt entgegenkamen, wo der voll durchlässige Raum die Phantasie beherrschte, da tauchen heute eher beschauliche Bilder auf: begrünte Häuserblocks, Fahrräder, die Brunnen und Skulpturen – und natürlich Vogelsang. In der Krise blüht die Kreativität, mit Vorstellungen die tief in der romantischen Tradition verankert sind: das Begehren nach einem Leben, das unversehrt bleibt von der Übermacht der Apparate, das ist der Motivstrom, der die Verkehrsinitiativen ebenso wie die Anti-Atom- und die Friedensbewegung durchzieht. Zur Debatte steht nicht mehr in erster Linie, wie die Früchte des Fortschritts verteilt werden sollten, sondern wie der Kolonialisierung von Natur und Lebenswelt Einhalt geboten werden könnte. «Natur», «Gesundheit», «Autonomie» wurden zu Kampfbegriffen gegen die allesverschlingenden Sachzwänge; ob für den Baumschützer, den Müesli-Esser oder den Alternativ-Projektler, für alle drehte es sich darum, ein Stück unbeschädigten Lebens gegen den ökonomischen Imperialismus im eigenen Land zu behaupten. Die Geschichte der Wünsche trennte sich von der Geschichte des Automobils. Und wer trotzdem nicht vom Lenkrad lassen kann – er hat von nun an ein schlechtes Gewissen.

Ohne Motor sein eigener Herr

Die neuen Aspirationen auf eine sanfte Gesellschaft haben nichts mehr mit dem Auto im Sinn, sie heften sich vielmehr ans Fahrrad. War der Radfahrer nicht Herr seiner Bewegung, ohne gleichzeitig seine Mitmenschen mit einem Schadensteppich zu überziehen? Das Fahrrad, einst das Aschenputtel der Automobilisierung, stieg plötzlich zu einem Symbol menschenfeundlicher Technik auf, bietet es doch mit Kette, Kugellager und Leichtstahlbau den Gewinn hochstehender Technologie, ohne auf der anderen Seite die Umwelt mit Vergiftung, Verletzung oder Vertreibung zu bedrohen. Es steht überdies nicht nur für entgiftete Natur und unversehrte Menschen, sondern auch für ungebrochene Autonomie. In die Pedale zu steigen, ist zwar bisweilen anstrengend, doch auch Ausdruck eines Vertrauens in die eigene Kraft, weil es auf einen selbst ankommt und Körper und Sinne nicht durch ein komfortables Gehäuse ausgeschaltet sind. Die politische Idee des Radfahrens beruft sich auf Natur und Leiblichkeit, um damit eine moralisch gewichtige Basis gegenüber dem Anspruch der Apparate zu gewinnen. Wer, so geht der kulturelle Entwurf, ein Stück seines Lebens in die eigene Regie nehmen und dem bloßen Klienten- und Konsumentendasein ein Schnippchen schlagen möchte, der fährt mit dem Fahrrad.

«Ich hatte es satt», erläutert 1982 die Hamburgerin Carol Carl-Sime in der Zeitschrift *Brigitte*, «jeden Morgen 15 Minuten mit dem Auto zur Firma zu fahren und dann noch mal genauso lange um den Häuserblock zu kurven und einen Parkplatz zu suchen. Ich sagte mir: Hamburg ist flach und hat relativ viele Radwege. Mit dem Rad kannst du losfahren, wann du willst, mußt nicht in nervigen Staus herumstehen, kommst durch die Bewegung frisch ins Büro und sparst obendrein noch Zeit und viel Geld.»[102] Plötzlich kehren mit dem Fahrrad altbekannte Motive wieder: losfahren, wann man will; auf dem Weg hier und da kleine Umwege und Unterbrechungen einlegen; sich nicht im Stau mit der Masse herumärgern zu müssen; im Zeitalter der Pendler und Passagiere verbindet sich die Idee der Unabhängigkeit mit dem Fahrrad! Keine Verstopfungen mehr, keine Verspätungen, nicht mehr zur Werkstatt und nicht mehr zum Finanzamt: nachdem mit der Massenmotorisierung das Auto seine Dignität als Einzelstück verloren hatte und zum selbstbeweglichen Teil einer Transportmaschinerie degradiert war, tauchen im Kontrast Fahrrad–Auto Erlebnismotive auf, die einst für den Kontrast Auto–Eisenbahn bestimmend waren. Unabhängig von Staus, von gewalttätigen Straßenführungen, von Serviceketten und Infrastrukturplänen, von Pipelines und Tankern, so präsentiert sich das Fahrrad. Das Auto, so hat sich gezeigt, ist nur scheinbar auto-mobil. Zwar werden wir mit dem eigenen Auto voneinander immer unabhängiger, doch nur, um vom Ganzen immer abhängiger zu werden: der Nachschub an Treibstoff geriete schon ins Stocken, wenn im Vorderen Orient ein Attentäter sein Ziel trifft. Die leise Angst vor der ebenso unerbittlichen wie unbeeinflußbaren Macht dieses Überbaus gibt dem Fahrrad seine Aura von Autonomie: so ein Drahtesel braucht nichts, kostet wenig, und ist flink. Wo im

Jenseits der Zwangsmobilität: Überlegenheit durch Fahrradfahren

Autokauf eine Bedienungsgeste für die Transportmaschinerie gesehen
wird, da gerät der Fahrradkauf zur Demonstration des Vertrauens in
die eigene Kraft.

Ja, der Verzicht auf das Auto kann sogar als Symbol der sozialen Überlegenheit herhalten, wie die Tatsache andeutet, daß seit einiger Zeit auch Fahrräder als Hintergrund zur Produktwerbung dienen. Zum Beispiel ist auf Anzeigen der Zigarettenmarke «Gauloises» ein junger Mann zu sehen, der, in aller Ruhe besagte Zigarette rauchend, auf dem Fahrrad mitten durch den schwersten Verkehr gondelt. Der Text formuliert das Bedeutungsprofil einer autolosen Lebensweise: «Wer langsam fährt, weil er schneller vorankommt, wer Persönlichkeit genug ist, um auf PS zu verzichten, wer Kraftstoff spart, um Kraft zu gewinnen», der, so läßt sich ergänzen, zeigt, daß er anders ist. Angesichts von Verstopfung, Zeithetze und allgemeinem Passagierdasein kommt dem Fahrradfahren eine neue Unterscheidungskraft zu. Wer sich die Unabhängigkeit, Gelassenheit und Körperbewußtheit, kurz: die Nonkonformität des Fahrradfahrens leisten kann, der demonstriert damit soziale Distanz zur Masse der Autofahrer, die nicht von ihrem Wagen lassen kann. Für die Kinder der vollmotorisierten Gesellschaft, die mit einemmal realisieren, daß sie unter der Herrschaft der weiten Strecke und der schnellen Erledigung leben, legt sich um das Fahrrad ein Hauch von Souveränität. Wer Rad fährt, ist wahrlich sein eigener Herr; er kann auf den Transportzwang pfeifen und unbeeindruckt von jeder Benzinpreiserhöhung bleiben. Überdies braucht er sich, wenn er die Flexibilität hat, auch nicht in Lohnarbeit zu stürzen, um das Geld für seinen Wagen aufzubringen; mit einer 30-Stunden-Woche kann er sich auch mehr Gemächlichkeit leisten! Es ist nunmehr der autolose Lebensstil, der den Lorbeer der Knappheit für sich hat; wo die meisten zum Auto gezwungen sind, gewinnt die Exklusivität des Autolosen eine neue Anziehungskraft.

In der Nähe heimisch

Werner Bergengruen erzählte in den zwanziger Jahren vom Reichtum der Wahrnehmungen auf dem Fahrrad: «Es kränkt mich, daß man mich bemitleidet, weil ich kein Auto habe, sondern nur ein Fahrrad. In der Tat wünsche ich mir kein Auto ... Mir liegt ja nichts an der Geschwindigkeit, aber alles an der Intensität der Reise. Dazu gehört das Erleben der kleinsten Verschiedenheiten, der Nuance – der Autofahrer erfaßt nur die großen Übergänge oder gar nur die krassen Unterschiede, ich erlebe jede Einzelheit des allmählichen Übergangs von einer Landschafts- und Menschenart zur anderen.»[103] Wer sich heutzutage in den Fahrradsattel schwingt, die Sinne von der Windschutzscheibenperspektive abgestumpft, ist überrascht, wie facettenreich, wie vielgesichtig die Welt sich darbietet, die er durchradelt. Der Radfahrer entdeckt abgelegene Wege und unerwartete Ansichten, ihm wird der Raum in seinem kleinteiligen Reichtum zugänglich und wahrnehmbar. Hinter dem Steuer sieht man nichts, hört man nichts und riecht man nichts; der Windschutzscheibenblick tötet den Raum zur Durchgangsstrecke. Für den Radfahrer jedoch gewinnen die Details der Nähe an Schärfe; nicht der Blick für die Ferne, sondern die Aufmerksamkeit für die Nähe geht mit dem Fahrrad einher.

Auch die Fahrt selbst hat nichts mehr von der geraden und entfernungsdeckenden Linie des Autos, sondern sie verläuft mit Abstechern und Aufenthalten. Wendiger ist das Fahrrad und ist auf einer Tür-zu-Tür-Entfernung von 4–5 km ohnehin schneller als jedes andere Verkehrsmittel. «Schließlich hat mir mein Rad», heißt es in dem *Brigitte*-Bericht, «auch neue Freiheiten gebracht. Ich sage mir einfach viel öfter: jetzt besorge ich das, dann fahre ich noch eben dort vorbei, und wenn ich schon in der Gegend bin, besuche ich gleich meine Freundin. Mit dem Auto würde ich das nie machen, denn da müßte ich mir dreimal einen Parkplatz suchen.» Weil das Fahrrad dazu einlädt, sich die Welt im lokalen Umkreis anzueignen, steht es für ein nach-automobiles Wunschbild: den Umbau der Nähe zur Heimat. Bewohnbare Straßen, Geschäfte und Betriebe um die Haustür, Fassadengrün, Dachgärten und Sonnenkollektoren, die Hoffnungen richten sich auf einen ökologischen Umbau der Stadt zu einem selbstbewußten Lebensraum. Sie bezeugen eine neue Vorliebe für ein zentriertes Leben, den Wunsch nach einem eigenen Ort, alles Gegenbilder zur zerfaserten Lebensführung, die das Auto aufdrängt. Das Fahrrad wird zum Paradebeispiel für eine Technologie, die zur lokalen Verflechtung herausfordert. Das Fahrrad ruft das Bild einer lokalen Demokratie hervor, wo jeder – ob reich, ob arm, ob jung – im Fahrradsattel seine Beweglichkeit um ein Vielfaches gegenüber dem Fußgänger erhöhen kann, ohne jedoch irgendeinen anderen in seiner Freizügigkeit zu beschneiden. Die Renaissance des Fahrrads belegt die Suche nach einer fortschrittsbefriedeten Gesellschaft.

AUSSICHTEN

KEINER WILL'S GEWESEN SEIN

Keiner hat das Ergebnis gewollt, aber alle haben daran mitgewirkt. Unter der Devise «Freiheit in der Wahl der Verkehrsmittel» folgte die halbe Bevölkerung den Versprechungen des Automobils und stieg um. Vernünftige Gründe kann dafür jedermann anführen, von Otto Julius Bierbaum bis zum namenlosen Fahrschüler unserer Tage. Doch keiner wollte je zu Lungenkrebs beitragen, die Tannenbäume um ihre Nadeln bringen oder die Kinder in ihren Zimmern festnageln. Denn für die private Nutzenabwägung schlagen nur die Vorteile zu Buche, sie lassen sich individuell zurechnen, während sich der Schaden aufs Feinste verteilt und in anderer Leute Rechnung aufscheint. Individualisiert wird der Nutzen, sozialisiert hingegen der Schaden. Obwohl privat rational, erweist sich die «freie Wahl» sozial geradezu als irrational; es muß noch lange nicht – und das ist der chronische Irrtum der Rede von der «freien Konsumentenentscheidung» – zum Glück der größten Zahl führen, wenn jeder einzelne seine Befriedigung zu maximieren sucht. Selbst wenn allen die Schadensfolgen bis zum Halse stehen, blockiert eine Art struktureller Verantwortungslosigkeit den nötigen Kurswechsel: wer aufs Autofahren verzichtet, für den ist nur gewiß, daß er einen Vorteil preisgibt, jedoch ist keinesfall sicher, ob andere seinem Beispiel folgen und damit erst der Schadensanfall vermindert wird. Ja, wahrscheinlich ist sogar das Gegenteil: wenn die Zahl der Autos auf der Straße sinkt, lohnt sich für andere das Autofahren wieder und der Verzichtler hat nichts bewirkt außer seiner Deklassierung! Deshalb stehen so viele – trotz aller Entzauberung – in Treue fest zum Auto, weil der individuelle Verzicht keine gesellschaftlichen Auswirkungen verspricht; der Autogegner macht höchstens dem Auto-Enthusiasten die Bahn frei. Selbst der Gesundheitsfreak, der Schweinefleisch als mit Schwermetallen belastet verschmäht, schreckt nicht davor zurück, die nächstbeste Reise mit dem Auto anzutreten und damit für den Nachschub an Blei in der Nahrung zu sorgen.

Verkehrspolitik sah sich quer durch die Jahrzehnte zum eilfertigen Vollzug der privaten Automobilnachfrage berufen; bis in die siebziger Jahre gab es nicht einmal den Versuch, die gesellschaftliche Rationalität der Motorisierung zu bedenken und dem Gemeinwohl durch eine entsprechende Politik zu seinem Recht zu verhelfen. So hat sich das Projekt der Automobilisierung an seinen Folgen festgefahren. Jeder zusätzliche Kilometer bringt immer weniger Vorteile; er zwingt mehr Leute in den Transport, verlangsamt die Unmotorisierten und läßt den Berg an Müll ansteigen. Jedes weitere Automobil nimmt auf der einen Seite weg, was es auf der anderen Seite verspricht; jedes Wachstum zerstört mehr Wert als es neue schafft. Ein Aufschwung an Personenkilometer und Kraftfahrzeugzahlen drückt die Lebensqualität ein Stück zu Boden, das ist es, was den gigantischen Leerlauf nicht nur des Verkehrsapparats ausmacht. Gleichzeitig ist der Rückzug versperrt, weil Autofahren oft überlebenswichtig geworden ist; die Wünsche von gestern schlagen als Zwänge von heute auf uns nieder. Jenes Projekt, das vor 80 Jahren als Befreiungsgeschichte begonnen hatte, findet sich heute eingekeilt zwischen Beförderungszwang auf der einen Seite und steigenden Belastungen auf der anderen Seite: Abhängigkeit zu immer höherem Preis. Entsorgungs- und Reparaturkosten – vom Katalysator über Lärmwälle bis zur Unfallchirurgie – sind im Steigen begriffen; es wird viel Aufwand kosten, auch nur den weiteren Verfall der natürlichen und sozialen Umwelt aufzuhalten. Diese Klemme zwischen sinkendem Nutzen und steigenden Belastungen, jene Sackgasse, in die die Verheißungen der Automobilisierung geführt haben, stellt den Hintergrund dar, vor dem in den achtziger Jahren über die Zukunft des Verkehrs und der Gesellschaft gestritten wird. Wohin soll es gehen? Die Krise wird zur Geburtsstätte neuer Entwürfe, die in der Debatte um die Zukunft nicht nur des Automobils im Umlauf sind.

STROMLINIENFÖRMIG DURCH
SUPERTECHNIK

«Eine noch windschlüpfrigere Form und eine leichte Karosserie aus hochfesten Stählen, Aluminium und Kunststoffen: so könnte das Auto im Jahre 2000 aussehen. Es soll mehr Sicherheit bieten, weniger Sprit verbrauchen und die Umwelt kaum noch belasten. Vielleicht wird es sogar ein quadratisches Lenkrad haben, das dem Monitor mitten auf der Lenksäule angepaßt ist. Dieser Bildschirm übermittelt dem Fahrer alle zum sicheren Beherrschen nötigen Informationen. Die Schaltarbeit erledigt ein Automat. Angetrieben wird das Gefährt von einem keramischen oder teilkeramischen Einspritzmotor. Diese Prognose stellte der Vorsitzende des TÜV Rheinland, Albert Kuhlmann, in Aachen vor Vertretern der Wirtschaft. Visionen von Experten sähen das Zukunftsauto sogar schon mit eingebautem Atlas oder Stadtplänen in Form von auswechselbaren Kassetten, die den Fahrer durch das Gewirr der Straßen lotsen. Solche Wagen würden über ‹automatische Straßen› rollen, die mit mikroelektronischen Einrichtungen den Verkehr lenken.»[104] Technologisch hochgerüstet kommt das Auto des Jahres 2000 daher; Forscher und Ingenieure beugen sich über das corpus delicti und tüfteln aus, wie es schadlos gemacht werden könnte. Die Autoindustrie selbst tritt zur Rettung der alten Wünsche an und setzt Intelligenz und Finanzkraft ein, um Kapital aus der Abwehr jener Krise zu schlagen, als deren Mitverursacher sie zu Geld und Macht gekommen war. Wenn die transportintensiven Lebensumstände als unabänderlich betrachtet werden, wenn zudem der beförderungs-industrielle Komplex der Volkswirtschaft als Exporteur, Arbeitsplatzgeber und Konjunkturlokomotive für unantastbar gilt, dann bleibt nur ein Weg aus der Wachstumsklemme: das bessere Auto und der bessere Verkehrsfluß.

243

Das rationale Auto

Auf einer Werbeanzeige von Siemens sieht man Autos auf jeder Straßenseite vorbeiflitzen. Berufsverkehr. Auf der Mitte der Straße eine junge Mutter, die vorsichtig einen Kinderwagen vor sich herschiebt. Das Kind etwa auf Höhe der Auspuffrohre. Im Text heißt es: «Noch immer ist der Mensch von Abgasen bedroht. Moderne Technologie aber wird uns helfen, diese Schadstoffimmissionen zu reduzieren. Durch die elektronische Zündsteuerung werden nicht nur die Schadstoffe in den Abgasen entscheidend gesenkt, sondern auch der Benzinverbrauch – Elektronik, die uns täglich hilft!» Die Botschaft ist klar: saubere Luft durch Spitzentechnologie! Zum wahren Umweltschützer spielt sich niemand anders auf als – Siemens. Während Ökologen noch über die Krise klagen, hat so manche Industrie begonnen, Honig aus der Zerstörung zu ziehen. Vor einigen Jahren noch sah man mit der Umweltkrise das Ende des Industrialismus heraufdämmern; heute jedoch scheint sie den Aufstieg einer neuen Generation von Technologien zu beflügeln und ein neues soziales Projekt hervorzubringen: die Industrialisierung durch Superindustrialisierung zu rationalisieren.

Schon während der siebziger Jahre war in der Selbstdarstellung der Autohersteller ein Themenwechsel zu beobachten. Da erglänzten die Gefährte nicht mehr im Licht von Kraft, Geschwindigkeit, Prestige, sondern wetteiferten darin, sich als die besten Retter vor sich selbst darzustellen. Die Werbeanzeigen verrieten, daß sich die Aufmerksamkeit der Kunden verschoben hatte; denn die Autofirmen präsentierten sich als Krisenbewältiger, die die Schadensfolgen des automobilen Fortschritts mit einer neuen Runde technischer Innovationen unter Kontrolle bringen würden. Dem Zyklus der öffentlichen Diskussion folgend wurden die Fahrzeuge als abgasarm, sicherheitsfreundlich, lärmgezähmt und schließlich benzinsparend angepriesen; Einspritzmotor und Knautschzone, Flüstermotor und Aerodynamik sind jene Anbauten an die überlieferte Technik, welche die neuen Ansprüche des Publikums an das Produkt Auto binden sollten. Nicht mehr gefragt war Leistung um jeden Preis, sondern Leistung durch Reduzierung des Aufwands. Auch das Auto-Design der siebziger Jahre spiegelte die Verschiebung in den Aspirationen wider: die Keilform – flach zulaufende Front und senkrecht hochgezogenes Heck – setzte sich als Grundform allenthalben durch. Sie steht für sparsame Effizienz; in ihr gewinnt das Idealbild des «rationalen Autos» seine handgreifliche Form.

Mit dem Aufstieg der Mikroelektronik zur Basistechnologie des für die nächsten zehn Jahre erhofften superindustriellen Durchbruchs steigen die Möglichkeiten, das Auto mit der Aura sparsamer Effizienz auszustatten. «Jahrzehntelanger technischer Fortschritt», so sinnt 1980 die Elektronik-Zeitschrift *Elektor* über die historische Mission der Mikroprozessoren nach, «jahrzehntelanger technischer Fortschritt nach den Maximen ‹Größer, Schneller, Teurer› hat uns ein Vehikel beschert, das nach Meinung einiger ebenso wenig in die veränderte Umwelt des ausgehenden zwanzigsten Jahrhunderts paßt wie ein Dinosaurier. Da wir uns aber kaum an ein Leben ohne Auto

◆◆◆◆◆◆◆◆◆◆◆◆◆◆◆◆◆◆◆◆◆◆◆◆◆◆◆

Ein früher Vorschlag, Geschwindigkeitsbegrenzung in den Motor einzubauen

Die wichtigste aller Anforderungen und Bedingungen für die weitere Gestattung des Automobilverkehres auf öffentlichen Straßen ist die absolute Sicherung einer verminderten Schnelligkeit der Automobile. Hierfür gibt es nur ein Mittel: Die allgemein bindende Vorschrift, daß auf den öffentlichen Straßen, Wegen und Plätzen nur solche Kraftfahrzeuge verkehren dürfen, welche nach ihrer technischen, behördlich zu prüfenden Konstruktion also ganz unabhängig von dem Belieben ihres Lenkers, eine gewisse, behördlich festzusetzende Höchstgeschwindigkeit überhaupt nicht überschreiten können. Diese letztere muß, den Verhältnissen des allgemeinen Verkehres entsprechend, beschränkt werden . . .

Es wird die Aufgabe der Technik sein, für Automobile, welche in und außerhalb geschlossener Ortschaften verkehren und daher eine mehrfache Höchstgeschwindigkeit haben dürfen, einen Apparat zu konstruieren, vermöge dessen die Automobile auf eine geringere oder auf eine größere Maximalgeschwindigkeit eingestellt werden können. Die tatsächliche Funktion dieses Apparates wird jederzeit äußerlich leicht erkennbar, respektive kontrollierbar sein müssen.

Aus: Michael Freiherr v. Pidoll: Der heutige Automobilismus.
Ein Protest und Weckruf. Wien 1912, S. 75 f.

◆◆◆◆◆◆◆◆◆◆◆◆◆◆◆◆◆◆◆◆◆◆◆◆◆◆◆

**"Nix kaufen diese Auto.
Nur drei Zylinder. Nix gut!"**

Suzuki–Alto
Dreihundertdreißig Zentimeter Präzisionsarbeit von Suzuki. Hinten große
Klappe, vorne der energiesparende Dreizylindermotor mit 800 ccm und
30 kW (40 PS). Der Zweitürer mit allem Drin, Drum und Dran.

**"Zu wenig Sprit verbrauchen!
Ich müssen für 39 Frauen Kleider kaufen!"**

Suzuki Alto FX
Mit dem gleichen, sparsamen 4-Takt-Motörchen und Frontantrieb wie beim
Alto – jedoch mit vier Türen und hochklappbarer, rahmenloser Heckscheibe.
Alles, was man braucht ist serienmäßig.

"Böse Kiste brauchen weniger als Kamel! Wovon ich soll neue Swimming Pool bezahlen?"

Suzuki Carry
Steigen Sie ein wo Sie wollen: vorne, hinten oder in der Mitte. Nehmen Sie Platz. Unter Ihnen befindet sich der Motor. 4-Zylinder 4-Takt mit 800 ccm und 20 kW (37 PS). Bevor der Tank leer ist, sind Sie über alle Berge.

"Verdammte Spardose mich schon Haufen Geld gekostet!"

zuki–eljot
r kleine, große Sieger im Geländewagen-Rennen. Für immer
hr Leute ist er der beliebteste Vierradantriebler geworden.
rigens, die größten Siege hat er bei Parkplatzjagden errungen.

Verletzter Nationalstolz als Verkaufsargument. Aus: Stern 17/1981

anpassen können (und wollen), muß das Auto an die veränderten Bedingungen der nächsten Jahrzehnte angepaßt werden. Sparsam sei das Auto, sicher und sauber, so lautet die neue Forderung. Und wie es der Zufall will, ist just jetzt die Elektronik so weit, daß man sie in großem Stil im Automobil einsetzen kann, wo man sie einsetzen muß, um unseren geliebten ‹Dinosaurier› vor dem Aussterben zu retten.»[105] Mehr PS und ein protziges Styling sind Forderungen von gestern, das Altern der Wünsche ist nicht ohne Spuren geblieben. Auf der Tagesordnung steht nicht die Expansion der Kraft, sondern ihr kluger Einsatz. Die Zukunft liegt in diesen unauffälligen Bausteinen unter dem Blech: Computer steuern mit – sie messen, rechnen, regeln. Der Chip, er verspricht ein neues Zeitalter der Effizienz; er verheißt einen Ausweg aus Vergiftung und Verschwendung, jenen wachstumserstickenden Krankheiten der siebziger Jahre, indem er sie durch Steuerungsintelligenz kleinarbeitet. Mikroprozessoren wandern in erster Linie in den Motor und das Getriebe, um die Maschine zum Sparen und zur Sauberkeit anzuhalten. Die elektronische Einspritzanlage reguliert das Kraftstoff-Luft-Gemisch und die elektronische Zündung den Zündzeitpunkt in einer Weise, daß kein unnötiger Kraftstoff verbraucht und weniger Abgase in die Luft entlassen werden. Beide Elemente kommen in der digitalen Motorenelektronik unter der Steuerung eines Mikroprozessors zusammen, der pausenlos Daten wie Luftmenge, Temperatur und Drehzahl verarbeitet und Steuerbefehle für Einspritzung und Zündung errechnet. Ähnliches gilt für das Getriebe: Elektronik heißt da, Automatik zu fahren und dennoch zu sparen, weil der Computer überlegter und fleißiger schaltet als der Mensch. So macht sich die Mikroelektronik daran, jene gegenläufigen Erfahrungen zu entschärfen, die zum Verdruß am Auto geführt haben. Wären keine Grenzen des Wachstums hervorgetreten, dann hätte sie keinen historischen Ort; so aber liegt ihre Mission darin, gegen Verschmutzung und Verschwendung anzutreten; ihre Botschaft heißt Entgiftung und Effizienz. Und nicht nur das: auch für Unfallsicherheit beanspruchen die Mikroprozessoren zuständig zu sein. Beim Antiblockiersystem (ABS) hindern sie durch blitzschnelle Veränderung des Bremsdrucks, daß die Räder bei Vollbremsung blockieren, und Systeme wie eine Radar-Abstandsmessung kommen dem offenbar dringenden Bedürfnis entgegen, voll in eine Nebelwand hineinfahren zu können.

Sparsam und sauber und sicher, die Botschaft moderner Autotechnik spielt auf der Klaviatur der Aspirationen, die im Gegenzug zur Vollmotorisierung aufkamen. Trotz aller gricsgrämigen Polemik gegen Umweltschützer operieren die Autohersteller auf der Grundlage des historischen Umbruchs in den Automobilerfahrungen: sie definieren das herkömmliche Auto um zu einer Quelle von Gift und Gefahr – um dann unter Fanfarenklängen ihre neuesten Technologien als umweltfreundlich verkaufen zu können. Die Verantwortung für unsere Umwelt erfordere nicht weniger Autos, sondern, wie ein Werbetext verlautbart, «die Verantwortung für unsere Umwelt fordert modernste Technik. BMW liefert sie . . . Sich für einen BMW zu entscheiden, war schon immer ein Zeichen kritischen Sachverstands. Heute ist es auch ein Beweis wachen Umweltbewußtseins. Exklusivität bedeutet heute beim Automobil viel mehr: Neben den hohen Anspruch muß das kritische Bewußtsein treten. Deshalb lohnte es sich niemals mehr als heute, von Standardlösungen umzusteigen zu intelligenter, d. h. von Verantwortungsbewußtsein geprägter Technik . . . Nichts ist heute exklusiver als höchste Effizienz.» Undenkbar wäre dieses Leitbild des BMW-Fahrers ohne die ernüchternden Erfahrungen der siebziger Jahre, die grenzenlose Expansion der Wünsche ist verabschiedet, was zählt, ist ihre Konsolidierung bei abnehmender Schadenswirkungen. Die Entzauberung der triumphalistischen Wünsche läßt die Autoindustrie keineswegs in ein Nichts stürzen, sondern die ökologische Skepsis aus den siebziger Jahren dient vielmehr als kulturelles Gleitmittel, mit Hilfe dessen eine neue Generation von Innovationen sich die Gesellschaft erobert. Die Mikroelektronik gibt vor, die technologische Antwort auf die vielgesichtige Krise des Wachstums zu sein; nicht mehr die umbekümmerte Plünderung natürlicher Ressourcen ist das Signum der Superindustrialisierung, sondern ihr Kern liegt darin, mittels Steuerungsintelligenz möglichst viel aus begrenzten Ressourcen herauszuschlagen. Sie ist darauf gerichtet, die Flut der Belastungen durch ungezählte Kanäle abfließen zu lassen, um damit die Wünsche zu retten.

Die intelligente Autobahn

Die Computerisierung der Gesellschaft, jenes heraufziehende technisch-kulturelle Projekt, führt sich als Unternehmen zur Entsorgung der alten Industrialisierung ein. Industrielles Wachstum bestand wesentlich darin, mehr Bedürfnisse an den Ausstoß von Waren und Dienstleistungen durch Fabriken und Behörden zu binden – Strom statt Briketts, Instantpulver statt Kartoffeln vom Feld, Krankenhaus statt Familienpflege, Autos statt Zufußgehen –; daher führte es dazu, natürliche Ressourcen zu plündern, Bürokratien aufzublähen und allerlei Müll zu hinterlassen. Genau daran drohen heute die Industriegesellschaften zu ersticken; die Mikroelektronik jedoch macht sich anheischig, mit dem Schlamassel aufzuräumen und durch technologische Aufrüstung jene Misere zu beseitigen, welche die alte Industrialisierung angerichtet hat. Sekretärinnen durch Textautomaten zu ersetzen oder auf dem Bildschirm den Ressourcenfluß in der Fertigung zu überwachen, heißt nichts anderes, als die Gesellschaft auf teure Diät zu setzen, um das Übergewicht der Expansion loszuwerden. Die feinabgestimmte Gesellschaft ist das verborgene Ideal der mikroelektronischen Revolution, eine Gesellschaft, in der alle technischen und sozialen Prozesse so ausgesteuert sind, daß weder Reibung noch Rückstände auftreten.

Während das computerisierte Auto gegen Vergiftung und Verschmutzung antreten will, leben die Pläne zu einer elektronischen Straße von dem Anspruch, der Verstopfung Herr zu werden.

«Nicht nur in der Bundesrepublik Deutschland, sondern überall in den europäischen Ländern sind die Etats der Verkehrsministerien für den Bau neuer Straßen und Autobahnen erheblich zusammengeschrumpft. Aber trotz sinkender Produktions- und Zulassungszahlen von Kraftfahrzeugen rechnen die Verkehrsplaner noch mit einer Zunahme im Verkehrsaufkommen. Damit wird der verfügbare Verkehrsraum kleiner, Staus werden häufiger und als Folge erhöht sich damit theoretisch auch die Unfallhäufigkeit. Es gilt also in Zukunft mit dem vorhandenen Straßensystem rationeller umzugehen.»[105] Mehr Fahrzeuge auf gleichem Verkehrsraum, das würde vom Fahrer verlangen, die Verkehrsdichte zu überblicken, Staus vorauszusehen, rechtzeitig Umwege einzuschlagen, die angemessene Geschwindigkeit zu wählen.

Natürlich reichen dazu seine organischen und geistigen Fähigkeiten nicht aus; weder kann er wie ein Vogel das Verkehrsgeschehen auf Kilometer überblicken, noch ist er in der Lage, die Vielzahl der Vorgänge rasch und bündig in Verhaltensanweisungen umzusetzen. Ein computergesteuertes Navigationssystem hat den Überblick und die Verarbeitungskapazität: Sensoren in oder an den Straßen beobachten den Verkehr und senden ihre Daten an ein Bordgerät, das die Lage mit dem einprogrammierten Fahrtziel vergleicht und per Display entsprechende Anweisungen erteilt. Eine BOSCH-Anzeige erklärt, was Sache ist: «Sie wollen von Recklinghausen nach Dortmund. Setzen Sie sich in Ihr Auto und tippen Sie vor Fahrtantritt in Ihr ALI-Bordgerät die Zielortnummer 1 140 980 (Dortmund) ein. Das Anzeigegerät gibt Ihnen dann an, in welche Richtung Sie fahren müssen, wann Sie abbiegen sollen, ob Sie Glätte, Nebel oder Staus erwarten. ALI leitet Sie auf dem schnellsten Wege zu Ihrem Ziel, da ALI weiß, was im Straßennetz los ist... Mit ALI ist der Verkehr flüssiger – man kommt schneller und sicherer ans Ziel, spart Energie und entlastet die Umwelt.»

Verkehrsleitsysteme sind ein Element in jenem Zukunftsentwurf einer feinabgestimmten Gesellschaft, wo durch Supertechnologie der Vergeudung natürlicher Ressourcen und auch der Vergeudung von Nerven und Zeit Einhalt geboten werden soll. Sind nicht gerade die Gutsituierten von allerlei Waren und Geräten beansprucht, wachsen ihnen nicht all die Sonderangebote, Termine und Veranstaltungen über den Kopf, so daß sie nur in aller Hast über die Runden kommen? Hier setzt die Elektronisierung des Alltagslebens ein: sei es die «denkende Waschmaschine», der bargeldlose Supermarkt oder das elektronische Karteisystem, mikroelektronische Innovationen kommen mit dem Anspruch daher, die Menschen von Organisationsroutine und Informationsüberlastung zu befreien. Die «intelligente Autobahn» ist dabei ein Beispiel für den Umbau der kulturellen Aspirationen im Zeitalter des Chips. Das Automobil lebte noch von dem Versprechen, die physische Schwäche mit maschineller Kraft zu überbieten, doch die Elektronik hat ihre Pointe darin, die psychische Belastung mit informationstechnischer Horizonterweiterung zu überwinden. In der Erlösung von Streß und nicht mehr in der Erlösung von Schweiß liegt die Verheißung der Informationstechnologie.

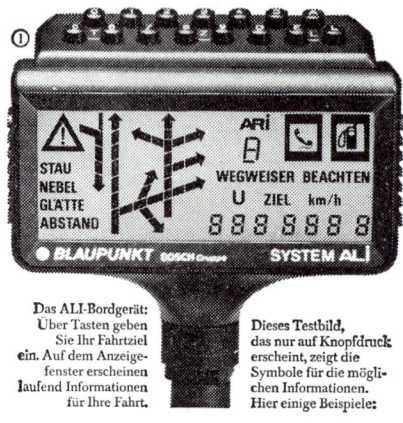

① Das ALI-Bordgerät: Über Tasten geben Sie Ihr Fahrtziel ein. Auf dem Anzeigefenster erscheinen laufend Informationen für Ihre Fahrt.

Dieses Testbild, das nur auf Knopfdruck erscheint, zeigt die Symbole für die möglichen Informationen. Hier einige Beispiele:

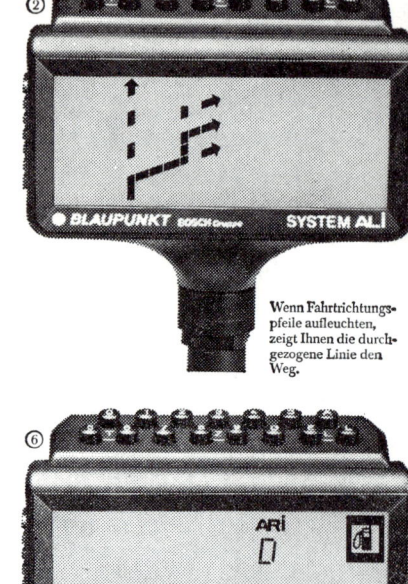

② Wenn Fahrtrichtungspfeile aufleuchten, zeigt Ihnen die durchgezogene Linie den Weg.

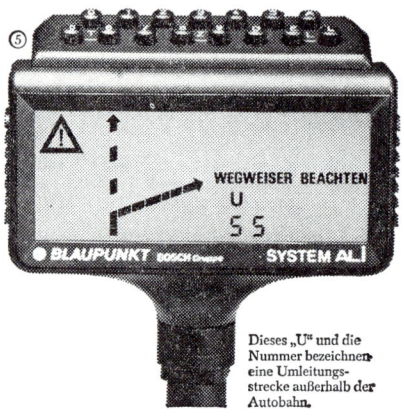

⑤ Dieses „U" und die Nummer bezeichnen eine Umleitungsstrecke außerhalb der Autobahn.

⑥ Per Funktionstaste können Sie die Entfernung bis zur nächsten Autobahntankstelle

oder den Kennbuchstaben des nächsten ARI-Verkehrsfunksenders abrufen.

Die intelligente Auto

Das Autofahrer-Leit- und Informationssystem ALI hat einen Großversuch in Nordrhein-Westfalen erfolgreich bestanden. 89 Prozent der Teilnehmer äußerten sich positiv über ihre Erfahrungen.

Sie wollen von Recklinghausen nach Dortmund: Setzen Sie sich ins Auto und tippen Sie vor Fahrtantritt in Ihr ALI-Bordgerät die Zielort-Nummer 114 098 0 (Dortmund) ein. Das Anzeigegerät gibt Ihnen dann an, in welche Richtung Sie fahren müssen, wann Sie abbiegen sollen, ob Sie Glätte, Nebel oder Staus erwarten. ALI leitet Sie auf dem schnellsten Weg zu Ihrem Ziel, da ALI weiß, was im Straßennetz los ist.

Wie ALI arbeitet? In die Fahrbahndecke sind Induktionsschleifen eingelassen. Sie sind gleichzeitig Empfangs- und Sendeantennen für die neben den Fahrbah-

nen installierten elektronischen Geräte. Diese sind Rechnern verbunden und teilen dem Autofahrer i das ALI-Bordgerät durch Symbole oder über Ansage mit, ob er die normale Route oder eine A weichstrecke fahren soll.
Utopie?

Für einen Langzeitversuch wurden 100 Autoba kilometer zwischen Recklinghausen, Bochum Dortmund für das ALI-System ausgerüstet.
An dem Projekt beteiligt waren unter anderem Volkswagenwerk, der TÜV Rheinland, der Bun minister für Forschung und Technologie. Berate Ingenieure: Heusch/Boesefeldt. Die Leitung hatte B punkt, also Bosch. An dem etwa einjährigen Test r men 400 Autofahrer teil mit zusammen 1,5 Millio: Fahrkilometern. Neun von zehn Versuchsteilnehm

ZWB A1 IN·1082   L, C & LB

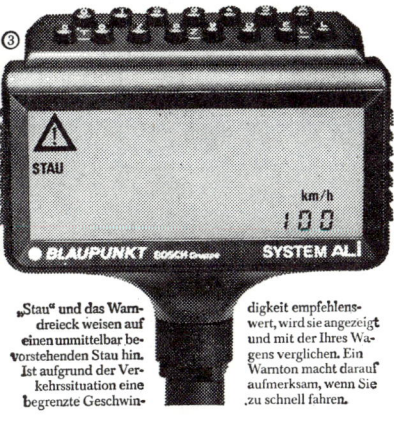

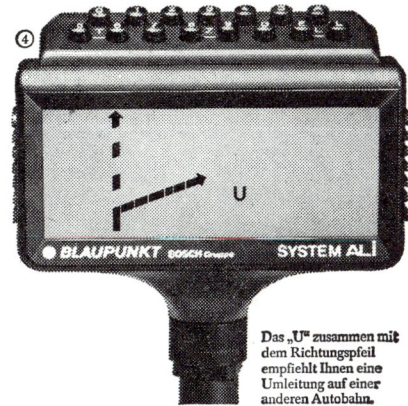

"Stau" und das Warn-
dreieck weisen auf
einen unmittelbar be-
vorstehenden Stau hin.
Ist aufgrund der Ver-
kehrssituation eine
begrenzte Geschwin-

digkeit empfehlens-
wert, wird sie angezeigt
und mit der Ihres Wa-
gens verglichen. Ein
Warnton macht darauf
aufmerksam, wenn Sie
zu schnell fahren.

Das „U" zusammen mit
dem Richtungspfeil
empfiehlt Ihnen eine
Umleitung auf einer
anderen Autobahn.

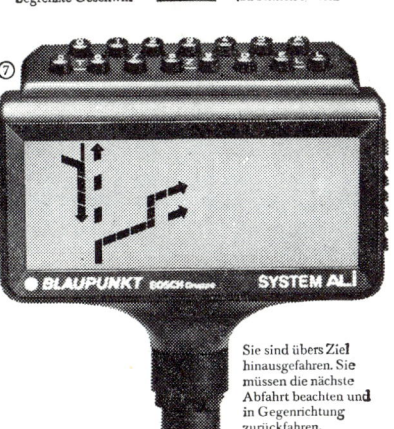

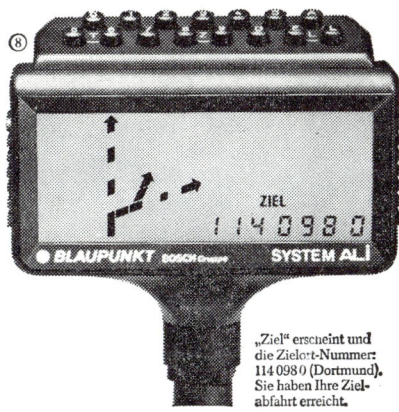

Sie sind übers Ziel
hinausgefahren. Sie
müssen die nächste
Abfahrt beachten und
in Gegenrichtung
zurückfahren.

„Ziel" erscheint und
die Zielort-Nummer:
114 098 0 (Dortmund).
Sie haben Ihre Ziel-
abfahrt erreicht.

ahn ist keine Utopie.

en ein positives Urteil ab: Mit ALI ist der Verkehr
siger – man kommt schneller und sicherer ans Ziel,
t Energie und entlastet die Umwelt.

Jahre Bosch-Kommunikationstechnik.

9: Gründung der Fernseh AG, heute Robert Bosch
   GmbH, Geschäftsbereich Fernsehanlagen.
2: Blaupunkt, Mitglied der Bosch-Gruppe, bringt
   das erste Autoradio auf den Markt.
5: Erste deutsche Fernsehsendung wird ausge-
   strahlt. Kameras von Bosch sind dabei.
9: Blaupunkt entwickelt serienmäßiges Fernseh-
   gerät.
8: Bosch entwickelt Gemeinschaftsantennen-Anla-
   gen für den Rundfunkempfang, 1953 für den
   Fernsehempfang.

1949: Bosch baut das erste Hörgerät.
1953: Bosch beginnt mit der Entwicklung von mobilen
      Sprechfunkgeräten.
1964: Bosch baut das erste volltransistorisierte Hand-
      sprechfunkgerät in Europa.
1966: Erstes Vielkanal-Polizei-Sprechfunkgerät von
      Bosch.
1979: Das 25 000 000ste Blaupunkt Autoradio wird
      ausgeliefert.
1981: Beteiligung an Telefonbau und Normalzeit/TN.

 BOSCH

Aus: Der Tagesspiegel vom 7. September 1982

Der Verbrennungsmotor, jene Basisinnovation, die am Beginn dieses Jahrhunderts gegen Erschöpflichkeit und Mühsal angetreten war, ist nicht nur technisch und wirtschaftlich, sondern auch kulturell überholt. Die Entfernungen des Raumes durch Maschinenkraft physisch zu vernichten, dieses Motiv hat den energie-intensiven Transport von der ersten Lokomotive bis zum *space-shuttle* angetrieben und ist in unseren Tagen an seine Grenzen gestoßen. Ein neues kulturelles Motiv ist in der Kommunikationstechnik eingelassen: die Entfernung des Raumes durch Prozeßintelligenz psychisch zu vernichten. Die Abenteuer im mentalen Raum und nicht mehr die Abenteuer im geographischen Raum machen ihre Attraktion aus. Nachdem die Eroberung des geographischen Raums oft nur mehr in Verstopfung führt, kommt der Heimcomputer gerade rechtzeitig, um jenen Enthusiasmus wiederzubeleben, der dem Autofahrer abhanden gekommen ist.

FREIHEIT
DURCH GEMÄCHLICHKEIT

Zählebig sind die alten Hoffnungen; sie zu reparieren tritt eine neue Generation von Industriellen, Bürokraten und Ingenieuren an. Sie tüfteln an Motorkonzepten, experimentieren mit Treibstoffen, plazieren Chips unter Kühlerhaube und Straßenasphalt oder sehen ihre Träume von Hochleistungs-Schnellbahnen reifen. Im Namen einer sauberen Umwelt erschließen sich Industrielle neue Absatzmärkte, Bürokraten neue Kontrollbefugnisse und Ingenieure neue Karrierechancen. Sie profitieren von den Mißständen der Motorisierung und sprechen dem ernüchterten Publikum frischen Mut zum technologischen Aufschwung zu. Eine kapitalintensive, verwaltungsintensive und forschungsintensive Lösung der ökologischen Krise schwebt ihnen vor, um die ruhelose Gesellschaft vor ihren Folgen zu schützen. Und eine neue Runde im schon alten Spiel beginnt: Umweltschäden werden zur Quelle von Profit und Prestige, wie in der Geschichte der Industrialisierung zuvor schon Krankheit und Kriminalität. Kein Gedanke an Rückbau des Transportzwangs oder Bändigung des Automobils, nein, der Zubau an Reparaturforschung und Entsorgungsindustrien ist im Entwurf der Superindustrialisierung angesagt. Was vormals unentgeltlich zu haben war, nämlich saubere Luft, streßfreie Beweglichkeit, sichere Straßen oder Ruhe beim Schlafen, wird nunmehr kommerzialisiert und durch besondere Produkte und Planungen hergestellt. Mehr Aufwand kostet es, den Wohlstand zu behalten; mit der technologischen Aufrüstung wächst die Versorgungs- und Abhängigkeitstiefe unseres Lebens.

Zwei gegensätzliche Visionen über den Kurs der Gesellschaft befeuern den Streit um die Zukunft des Automobils, und nicht nur des Automobils. Jene Herren, die in grauem Flanell und mit schwarzem Samsonite-Köfferchen die Flughäfen bevölkern, sind möglicherweise unterwegs, um die supertechnische Fortschreibung der kulturellen Aspirationen von gestern zu planen, während jene, die sich, angetan mit Turnschuhen und Halstüchern, zu Fahrradsternfahrten aufmachen, den Obsessionen des 19. Jahrhunderts den Abschied geben wollen und von der Idee einer gemächlicheren Gesellschaft bewegt sind. Warum sollen wir, den Lemmingen gleich, unsere Zukunft unverändert im «Höher, Schneller und Weiter» suchen? Ist es nicht an der Zeit, den Sachzwang fortschreitender Motorisierung zu brechen und die Autotechnik ebenso wie die Siedlungsentwicklung der Art, wie wir zu leben wünschen, dienstbar zu machen? Das heißt nicht, daß das Automobil auf den Trümmerhaufen der Geschichte geworfen werden muß, wohl aber, daß allein eine angepaßte Verkehrstechnik mit dem Respekt vor der Natur und dem Freiheitsrecht, unabhängig von Motoren zu leben, zu vereinbaren ist. Heute hinkt nicht die Kultur der Technik, sondern die Technik der Kultur hinterher; auf der Tagesordnung steht ein Umbau der Technik, der nicht mehr aus der Wunschwelt des 19. Jahrhunderts lebt, sondern dem Verlangen nach einer forschrittsbefriedeten Gesellschaft Rechnung trägt.

Langsamere Geschwindigkeiten

So sehr auch die Werbung vom Eigenlob der Autohersteller widerhallt, die sich ihrer sparsamen und sauberen Fahrzeuge rühmen, so wenig läßt sich verleugnen, daß die Anstrengungen der Rationalisierungsingenieure darauf hinauslaufen, nicht das Auto zu zähmen, sondern vielmehr die Tempomobile, jene Monumente der Geschwindigkeitsliebe, mit umwelttechnischem Beiwerk stromlinienförmiger zu machen. Aerodynamische Karosserien, Leichtbauteile, elektronische Einspritzung, sind Teile einer Liturgiereform, die den überkommenen Glaubenskult in eine gewandelte Zeit hierüber retten soll: die eingebaute Hochgeschwindigkeit bleibt unangetastet, ja erreicht – nach der Effizienzkur – eine neue Stufe. Daher zeigt sich bei näherem Hinsehen, daß es mit dem «rationalen Auto» nicht so weit her ist; auch Supertechnik im ökologischen Gewand wird das Auto nicht zähmen, solange Autos nur als Tempomobile vorstellbar sind. So war etwa – trotz zehn Jahre Einsparungsrhetorik – der mittlere Treibstoffverbrauch der Fahrzeuge im Jahre 1970 noch wesentlich niedriger als heute, weil der Drang zu größeren und leistungsstärkeren Wagen die Einsparungserfolge beim einzelnen Fahrzeugtyp wieder aufgefressen hat.

Eigentlich ist der Weg zum angepaßten, zum sanften Automobil gar nicht so geheimnisvoll: wir brauchen behutsam motorisierte Fahrzeuge. Keine Tempomobile für Kraftmeier, sondern gemächliche Motoren für gelassene Menschen. Entscheidend ist dabei, nicht einfach Verkehrsschilder, Radarfallen und Strafmandate zu vermehren, sondern die Selbstbegrenzung der Geschwindigkeit in die Motoren selbst einzubauen. Warum soll der blinde Drang zu Tempomobilen ein Naturgesetz sein, wenn ein Rückbau der Motorenleistung neue Aussichten auf einen menschenfreundlichen Verkehr eröffnet? Denn Fahrzeuge, die sich mit einer Spitze von, sagen wir, 90 km/h begnügen und mit höchster Effizienz im Bereich von 30–50 km/h fahren, vermindern die Schadenswirkungen drastisch, ohne die Vorteile des Autofahrens dranzugeben. Das fängt an mit weit geringerem Benzinverbrauch, weil langsamer gefahren wird und die Motoren kleiner sind, geht über weniger Lärm, weil Rollgeräusche nicht mehr so ins Gewicht fallen, zu geringerem Flächenverbrauch, da Straßen nicht mehr auf Tempo ausgelegt werden müssen, und endet mit einem radikalen Rückgang der Unfälle, weil mit der Geschwindigkeit wenn nicht die Zahl, so doch die Schwere von Unfällen abnimmt. Neue technische Optionen könnten sich auftun – wird da der Elektroantrieb nicht konkurrenzfähig? – und das Auto würde an Gefährlichkeit für Fußgänger und Radfahrer einbüßen. Sogar der gesellschaftliche Aufwand, den das Autofahren kostet, ließe sich zurückstutzen, weil langsamere Fahrzeuge mit weniger Versicherungsagenturen, Gerichtssitzungen und Polizeikontrollen auskämen. Der Ausweg aus der Klemme zwischen sinkendem Nutzen und steigenden Belastungen führt über eine kluge Beschränkung des technischen Übermaßes; das Tempomobil hat keinen Platz in einer natur- und menschenfreundlichen Gesellschaft.

Die heutige Automobilflotte ist in grotesker Weise übermotorisiert, mit aller Verschwendung an Energie, Materialverbrauch, Sicherheitsausstattung, die sich daraus ergibt. Beschleunigungswerte und Spitzengeschwindigkeiten werden gehandelt, als ob die Wagen jeden Tag ein Langstreckenrennen auf der Autobahn durchzustehen hätten. Dabei

verbringt aber ein Auto im Schnitt 80% seiner Betriebszeit im Stadtverkehr, mit einer Durchschnittsgeschwindigkeit um die 25 km/h!
Von ihrer tatsächlichen Verwendung her, sind Autos eher Nahver-
kehrsmittel, die es nicht viel weiter als zu einer gemütlichen Reisegeschwindigkeit bringen: Tempomobile auf die Straßen zu schicken, ist
daher ebenso rational wie mit Kanonen auf Spatzen zu schießen. Der
Drang zur Hochmotorisierung hat mit Transporterfordernissen eben-
soviel zu tun wie gotische Kathedralen mit Wetterschutz; Tempomobile sind der materielle Ausdruck der Fortschrittsreligion, der zukunftsversessenen Gesellschaft, die mit leichter Hand das Heute
dem Morgen opfert. Einer gemächlichen Gesellschaft hingegen
kommt es auf einen intensiven und pfleglichen Umgang mit der
Gegenwart an; sie kann auf voranstürzende Hast verzichten, weil sie
nicht von der Furcht getrieben ist, daß ihr etwas entgeht. In einer
Kultur der Gelassenheit wirkt der sportlich triumphierende Fahrer
nur mehr lächerlich, zeigt er doch vor aller Augen, daß ihm ein Defizit
im Nacken sitzt. Die Gesellschaft des 19. Jahrhunderts trieb zur Eile,
weil sie Rückständigkeit fürchtete; eine selbstbewußte Gesellschaft
des 21. Jahrhunderts kann sich wieder langsamere Geschwindigkeiten
leisten.

Kürzere Wege

Die Nachrüstung der Autos mit Spitzentechnik bietet keinen Schutz –
im Gegenteil – vor der Umweltkrise zweiter Ordnung, die mit der
Vollmotorisierung sich bemerkbar macht: nämlich die Erosion jener
Nahräume, die zu einer nicht-motorisierten Lebensweise einladen.
Die Entfernungen wachsen, das Leben zerfasert sich im Raum, und die
Nachbarschaft degeneriert zur Durchgangsstrecke: es schwindet eine
für Fußgänger und Radfahrer gedeihliche Umwelt. Im Zukunftsentwurf einer gemächlichen Gesellschaft spielt auch hier die Geschwindigkeit eine Schlüsselrolle. Entfernungen sind gewachsen, weil man
schneller fahren konnte; warum sollen nicht, wenn man langsamer
fährt, die Distanzen wieder schrumpfen? Eine Niedergeschwindig-
keits-Gesellschaft wird jedenfalls zu kürzeren Wegstrecken anregen
und dazu beitragen, jene verhängnisvolle Entwicklung abzubremsen
und sogar ein Stück zurückzudrehen, die der Ferne die Vorherrschaft

über die Nähe einbrachte. Die Wiederbelebung der Nähe aber ist die Voraussetzung, um den Zwang zum Auto abzubauen.

Der Nähe gegenüber der Ferne wieder zu ihrem Recht zu verhelfen, heißt zuallererst, geschwindigkeitsbefriedete Zonen zu schaffen. Kinder können wieder auf der Straße «Himmel und Hölle» spielen oder Opas und Omas unter den Bäumen ihr Schwätzchen halten, wenn die Diktatur der Durchlässigkeit untergraben und der Straßenraum nicht mehr auf schnelle Durchfahrt hin zugeschnitten ist; Radler und Fußgänger können aufatmen und haben wieder etwas zu schauen und erleben, wenn die Autos bedächtig ihren Weg suchen und Bäume, Bänke und Brunnen wieder Platz beanspruchen können; der Gebrauch der eigenen Beine lohnt sich wieder, wenn Geschäfte, Kneipen und Betriebe in die Nachbarschaft zurückwandern. Die Anläufe zur Verkehrsberuhigung in den letzten Jahren sind zaghafte Ansätze, dem Auto das Monopol auf die Straße zu nehmen und eine friedliche Koexistenz des motorisierten und des nichtmotorisierten Verkehrs zu ermöglichen. «Tempo 30» in Städten befreit auch den öffentlichen Nahverkehr von dem aberwitzigen Konkurrenzdruck – in monströsen U-Bahn-Bauten zu besichtigen – es mit dem Auto an Schnelligkeit aufnehmen zu müssen. Die Verkehrsberuhigung findet ihre konsequente Fortsetzung in der großflächigen ökologischen Umgestaltung von Stadtvierteln, wo Verkehrsflächen entsiegelt, begrünt und den Bewohnern zur vielfältigen Nutzung zurückerstattet werden und eine kleinteilige Wirtschaftsstruktur Fuß faßt, deren dichtes Angebot einen Alltag der kurzen Wege erleichtert.

Ein solcher Umbau der Nähe zur Heimat bricht mit einem Grunddogma der ruhelosen Gesellschaft: daß Fortschritt heißt, den Widerstand der Entfernung zu verringern und den Raum durchlässiger zu machen. Das Recht, einen fremden Ort aufsuchen zu können, tritt hinter das Recht, einen eigenen Ort haben zu dürfen zurück; die Bewohnbarkeit der Nähe wird nicht mehr der Erreichbarkeit der Ferne geopfert. Die neue Wertschätzung der Nähe kommt dabei nicht von ungefähr; sie ist eingebettet im Bild von einer lokal zentrierten Ökonomie, die ihren Stolz nicht mehr in erster Linie aus dem Export in die Ferne, sondern aus dem dichten, auf mehr Eigenständigkeit zielenden Austausch in der Nähe bezieht. Wer für die Zukunft eine national und global hochverflochtene Gesellschaft im Auge hat, der kann nicht von Tempo und Durchlässigkeit lassen; wer aber – und darin liegt die tiefe Kluft zu den Superindustrialisten – auf eine örtlich verdichtete, aber international entflochtene Ökonomie setzt, der kann sich Bedächtigkeit leisten und auf der Integrität der Nähe bestehen.

Eine Politik der neuen Freiheit

Langsamere Geschwindigkeiten und kürzere Wege sind die Eckpfeiler einer Politik, die es darauf anlegt, den Dirigismus der Autogesellschaft abzubauen. Denn das Projekt der Vollmotorisierung auf Höchstleistungsniveau hat nur eine Zukunft, wenn ihm die Lebensrechte der Natur und die Freiheitsrechte der halben Bevölkerung geopfert werden. Der Respekt vor der Natur wie auch das Recht auf unmotorisierte Bewegungsfreiheit wird sich nicht anders gewährleisten lassen, als Geschwindigkeiten und Entfernungen auf ein mittleres Niveau zurückzuschrauben. Jenseits einer Schwelle industrialistischen Wachstums läßt sich die Lebensqualität nur mehr durch eine Begrenzung des Ausstoßes erhöhen, weil damit erst der freie Raum für nicht-ökonomische Leistungen wiederhergestellt werden kann. Im Falle des Verkehrs: nicht der blinde Durchbruch nach vorne, sondern die souveräne Selbstbegrenzung schafft neue Gestaltungsspielräume; langsame Geschwindigkeiten und kurze Wege können zu einem Aufschwung an Lebensqualität führen, weil sie die Natur unversehrt lassen und der Eigenfortbewegung zu neuer Macht verhelfen.

Insbesondere geht es einer Politik der Gemächlichkeit darum, schrittweise die Optionen zu verbreitern, ein Leben ohne Auto wählen zu können, ohne sich damit zu viele Nachteile einzuhandeln. Langsamere Geschwindigkeiten und kürzere Wege sind Voraussetzungen, um eine neue Art von Freiheitsrecht zu garantieren: nämlich das Recht, ohne Auto nicht diskriminiert zu werden. Dieses Recht schützt die nicht-motorisierte Mobilität und sichert somit ein hohes Niveau der Zugänglichkeit auch für jene Mehrheit, die gerade nicht hinter dem Steuer sitzen kann oder darf. Ja, noch mehr steht mit diesem Freiheitsrecht auf dem Spiel: es hält für den Bereich der Mobilitätsbedürfnisse die Option offen, mit weniger Geld, aber doch angenehm zu leben. Um den Weg zu einer weniger lohnarbeits- und konsumintensiven

Gesellschaft, die dennoch keine Einbuße an Lebensqualität bedeutet, nicht zu verbauen, muß der Zwangskonsum abgebaut werden. Lebensumstände, die einen nicht auf Gedeih und Verderb zum Auto zwingen, halten die Zukunft einer nach-ökonomischen Gesellschaft offen. Nicht ohne Ironie hat der Arbeitskreis Verkehr des BBU die Maximen einer solchen Politik der neuen Freiheit in Anlehnung an das Grundgesetz formuliert:

«Artikel 3 (Gleichheit vor dem Gesetz)
(1) Alle Menschen sind auch vor dem Straßenverkehrsgesetz gleich.
(2) Fußgänger, Radfahrer, Benutzer öffentlicher Verkehrsmittel und Autofahrer sind gleichberechtigt.
(3) Niemand darf wegen seines gewählten Verkehrsmittels, seiner Fortbewegungsart, seiner Geschwindigkeit oder seines körperlichen Zustandes benachteiligt oder bevorzugt werden.
Artikel 4 (Freiheit der Verkehrsmittelwahl)
(1) Die Freiheit der Verkehrsmittelwahl wird gewährleistet.
(2) Niemand darf durch bauliche, rechtliche oder andere Maßnahmen zur Benutzung eines Automobils gezwungen werden.
Artikel 11 (Freizügigkeit)
(1) Alle Deutschen genießen Freizügigkeit im ganzen Bundesgebiet.
(2) Niemand darf dazu gezwungen werden, zum Zwecke der Berufsausübung, des Einkaufs, der Freizeitgestaltung und der körperlichen und geistigen Erholung weite Wege zurücklegen müssen.»[107]

ANMERKUNGEN

1 Theo Wolff: Vom Ochsenwagen zum Automobil. Geschichte der Wagenfahrzeuge und des Fahrwesens von ältester bis neuester Zeit. Leipzig 1909, S. 159 f.

2 Zitiert in: H. Seper: Damals als die Pferde scheuten. Die Geschichte der österreichischen Kraftfahrt. Wien 1968, S. 17 f.

3 L. Baundry de Saunier: Grundbegriffe des Automobilismus. Wien – Leipzig 1902, S. 7.

4 Otto Julius Bierbaum: Yankeedoodlefahrt und andere Reisegeschichten. München 1910, S. 467 f.

5 Otto Julius Bierbaum: Eine empfindsame Reise im Automobil. Von Berlin nach Sorrent und zurück an den Rhein. München 1903, S. 268 f.

6 Allgemeine Automobil-Zeitung, 1906, Nr. 17, S. 33.

7 Otto Julius Bierbaum: Eine empfindsame Reise im Automobil, a.a.O., S. 278 f.

8 ebd., S. 285.

9 Allgemeine Automobil-Zeitung, 1908, Nr. 5, S. 33.

10 Eugen Diesel: Autoreise 1905. Leipzig 1941, S. 190 f.

11 Michael Freiherr von Pidoll: Der heutige Automobilismus. Ein Protest und Weckruf. Wien 1912, S. 36 ff.

12 ebd., S. 63 f.

13 Sämtliche Belege aus: Felici Maissen: Der Kampf um das Automobil in Graubünden 1900–1925. Chur: Automobilclub der Schweiz 1968.

14 Zitiert in: William Plowden: The Motor Car and Politics 1896–1970. London: Bodley Head 1971, S. 95.

15 Allgemeine Automobil-Zeitung, 1911, Nr. 3, S. 33 f.

16 Zitiert in: Allgemeine Automobil-Zeitung, 1908, Nr. 10, S. 41.

17 Baundry de Saunier, a.a.O., S. 14.

18 Allgemeine Automobil-Zeitung, 1908, Nr. 11, S. 39.

19 Allgemeine Automobil-Zeitung, 1908, Nr. 10, S. 38.

20 Allgemeine Automobil-Zeitung, 1909, Nr. 11, S. 27.

21 Allgemeine Automobil-Zeitung, 1906, Nr. 5, S. 74.

22 Der deutsche Automobilbesitzer, 1928, Nr. 1, S. 3.

23 Elegante Welt, 1926, Nr. 21, S. 25 f.

24 L'automobile, cette folie! Lausanne: Edita Vilo 1982, S. 112.

25 Automobil-Revue, 1923, Nr. 7, S. 126.

26 Zitiert in: Sylvie Van de Casteele-Schweitzer: André Citröen: L'aventurier de l'industrie. In: L'histoire, 1983, Nr. 56, S. 13.

27 L. Betz: Das Volksauto. Rettung oder Untergang der deutschen Automobilindustrie. Stuttgart 1931, S. 45 u. 73.

28 H. Kluge: Kraftwagen und Kraftverkehr. Kritische Bemerkungen über die bisherige und zukünftige Entwicklung des Kraftwagens und des Kraftverkehrs. Kalsruhe 1928, S. 30.

29 Le Corbusier: Feststellungen zu Architektur und Städtebau. Frankfurt 1969, S. 222.

30 Die Straße 1939, S. 242.

31 Zitiert bei K. Kaftan: Der Kampf um die Autobahnen. Berlin 1955, S. 21.

32 Zitiert ebd., S. 130.

33 Die Straße 1936, Nr. 1, S. 8 f.

34 Die Straße 1936, Nr. 19.

35 Völkischer Beobachter, 9. 3. 1934.

36 ebd.

37 Wilfried Bade: Das Auto erobert die Welt. Biographie des Kraftwagens. Berlin 1938, S. 356.

38 Zitiert von H. Glaser in: F. Grube – G. Richter: Das Wirtschaftswunder. Unser Weg in den Wohlstand. Hamburg 1983, S. 181.

39 Das Auto 1950, H. 9, S. 289.

40 ebd., S. 282.

41 Zitiert in: Walter H. Nelson: Die Volkswagen-Story. Biographie eines Autos. München 1966, S. 171.

42 Auto, Motor, Sport 1962, H. 18, S. 25.

43 ebd., S. 28.

44 Zitiert in: Emma Rothschild: Paradise Lost. The Decline of the Auto-Industrial Age. New York: Random House 1974, S. 38.

45 Zitiert in: Thomas Krämer-Badoni / Herbert Grymer / Marianne Rodenstein: Zur sozioökonomischen Bedeutung des Automobils. Frankfurt 1971, S. 239.

46 J. W. Korte (Hg.): Stadtverkehr – gestern, heute und morgen. Berlin–Göttingen–Heidelberg 1959, S. 9.

47 Die kommunalen Verkehrsprobleme in der Bundesrepublik Deutschland. Ein Sachverständigenbericht und die Stellungnahme der Bundesregierung. Essen 1965, S. III.

48 Robert Brenner: So leben wir morgen. München–Gütersloh–Wien 1972, S. 95.

49 O. J. Bierbaum: Eine empfindsame Reise im Automobil, a.a.O., S. 269 f.

50 ebd., S. 20.

51 Zitiert in: Manfred Riedel: Vom Biedermeier zum Maschinenzeitalter. Zur Kulturgeschichte der ersten Eisenbahnen in Deutschland. In: Archiv für Kulturgeschichte 43 (1961) 100–123, S. 119.

52 Bierbaum, a.a.O., S. 292 f.

53 J. H. v. Brunn: Das Auto ist ein Stück mehr Freiheit. Rede vor der VDA-Mitgliederversammlung. Baden-Baden, 27. 9. 1974.

54 Zitiert in: Hans-E. Lessing (Hg.): Fahrradkultur 1. Der Höhepunkt um 1900. Reinbek 1982, S. 5.

55 L. Bertz zitiert in Lessing, a.a.O., S. 6.

56 ebd., S. 20.

57 Wilhelm Wolf: Fahrrad und Radfahrer. Leipzig 1890 (Nachdruck 1979), S. 5.

58 Eugen Diesel: Autoreise 1905, a.a.O., S. 19.

59 John Updike: Hasenherz, Reinbek 1976.

60 Berliner Tageblatt v. 4. 1. 1909.

61 DER SPIEGEL 1971, Nr. 53. Umfrage «Der Deutsche und sein Auto».

62 H. J. Berger – G. Bliersbach – R. G. Dellen: Macht und Ohnmacht auf der Autobahn. Dimensionen des Erlebens beim Autofahren. Frankfurt 1973.

63 H. G. Bentz: Alle meine Autos. Herrenfahrers Lust und Leid, München 1980, S. 11.

64 B. Biehl u. a.: Einstellungen und Verhalten gegenüber Geschwindigkeitsbeschränkungen auf Autobahnen. In: Zeitschr. f. Verkehrssicherheit 16 (1970), S. 285 f.

65 Zitiert in: R. Wendorff: Zeit und Kultur. Geschichte des Zeitbewußtseins in Europa. Opladen 1980, S. 552.

66 L. Mumford: Mythos der Maschine. Frankfurt 1977, S. 532.

67 Zitiert in Riedel, a.a.O., S. 111.

68 Zitiert in: Wendorff, a.a.O., S. 556.

69 Paul Siebertz: Karl Benz. Ein Pionier der Verkehrsmotorisierung. München–Berlin 1943, S. 181.

70 Frankfurter Rundschau, 2. 7. 1983.

71 Der Motor – Tourist Nr. 1, 1929, S. 8.

72 Spiegel-Umfrage 1971, Nr. 53.

73 Eugen Diesel: Wir und das Auto. Denkmal einer Maschine, Leipzig 1933, S. VIII.

74 Die Zeit v. 31. 7. 1981.

75 Peter Schneider: Lenz. Eine Erzählung. Berlin 1973, S. 31 f.

76 Peter Helling: Das Problem der geplanten Obsoleszenz. Dargestellt am Beispiel der Automobilindustrie. Freie Universität Berlin: Unveröff. Diplomarbeit, 1979, S. 40.

77 Jean-Paul Cerou – Jean Baillou: La société de l'éphémère. Grenoble. Presses universitaires 1979, S. 59.

78 Allensbacher Jahrbuch für Demoskopie. Allensbach 1977.

79 H. G. Bentz, a.a.O., S. 11.

80 Bierbaum: Eine empfindsame Reise, a.a.O., S. 28 f.

81 Der Motor – Tourist, 1929, Nr. 9, S. 8.

82 Der Automobilfahrer, 1931, Nr. 5, S. 67 f.

83 Bierbaum: Eine empfindsame Reise, a.a.O., S. 281.

84 Zitiert in: James J. Flink: The Car Culture. Cambridge: MIT Press 1976, S. 39 f.

85 ebd., S. 34.

86 Der Motor – Tourist, 1929, Nr. 13, S. 4.

87 Die Auto-Schau. Das illustrierte Jahrbuch für Freunde und Käufer des Automobils. Berlin 1934/35, S. 95.

88 Allg. Automobil-Zeitung 1906, Nr. 31.

89 Illustrierte Automobil-Revue, Bern, 1923, Nr. 6.

90 Der Automobilfahrer 1931, Nr. 10, S. 148.

91 Allg. Automobil-Zeitung, 1906, Nr. 17. S. 33.

92 Das Neue Universum 30 (1909), S. 4 f.

93 John Updike: Bessere Verhältnisse. Reinbek 1983, S. 7.

94 *Die Zeit* 1983, Nr. 32.

95 Berliner Illustrierte Zeitung 1926, Nr. 21, S. 645.

96 *Die Zeit* 1971, Nr. 28.

97 Vorwärts-Spezial, August 1981, S. 18 f.

98 Jürgen Dahl in: Die Zeit 1973, Nr. 46.

99 Ivan Illich: Die sogenannte Energiekrise oder: Die Lähmung der Gesellschaft. Reinbek 1974. S. 45.

100 Frankfurter Rundschau, 1980, Nr. 145.

101 Ernest Callenbach: Ökotopia – Notizen und Reportagen von William Weston aus dem Jahre 1999. Berlin o. J.

102 Brigitte 11/1982, S. 85 f.

103 Werner Bergengruen: Eine Lanze für das Fahrrad. In: Peter Francke (Hg.): Lob des Fahrrads. Zürich: Sanssouci 1974, S. 28.

104 Frankfurter Rundschau v. 18. 2. 1984.

105 Elektor, April 1980, S. 24.

106 Frankfurter Rundschau v. 29. 1. 1983.

107 Informationsdienst Verkehr, Hrsg. vom Arbeitskreis Verkehr im BBU, Berlin, Nr. 12, Juli 1983.

LITERATUR

Allensbacher Jahrbuch für Demoskopie. Allensbach 1977

Anders, Günter: Die Antiquiertheit des Menschen, Band II, München 1980

Arnoux, Louis et al: Energy in Transport. The Nature and Sources of Personal Mobility Needs, University of Auckland 1980

Attali, Jacques: Histoires du temps. Paris 1982

Bade, Wilfried: Das Auto erobert die Welt. Biographie des Kraftwagens. Berlin 1938

Ballerstedt, Eike: Zieldimensionen und Indikatoren der Verkehrsversorgung. In: W. Zapf (Hg.): Lebensbedingungen in der Bundesrepublik. Frankfurt 1977

Baudelot, Christian – Establet, Roger – Toiser, Jacques: Qui travaille pour qui? Paris 1979

Bardou, Jean-Pierre / Chanaron, Jean-Jacques / Fridenson, Patrick / Laux, James M.: The Automobile Revolution. The Impact of an Industry. Chapel Hill 1982

Bataille, Georges: Die Aufhebung der Ökonomie. München 1975

Baundry de Saunier, L.: Grundbegriffe des Automobilismus. Wien – Leipzig 1902

Beduhn, Ralf: Die Roten Radler: Illustrierte Geschichte des Arbeiterradfahrerbundes «Solidarität», Münster 1983

Bergengruen, Werner: Eine Lanze für das Fahrrad. In: Peter Francke (Hg.): Lob des Fahrrads. Zürich 1974

Berger, H. J. – Bliersbach, G. – Dellen, R. G.: Macht und Ohnmacht auf der Autobahn. Dimensionen des Erlebens beim Autofahren. Frankfurt 1973

Berger, Michael D.: The Devil Wagon in God's Country. The Automobile and Social Change in Rural America 1893–1929. Hamden, Conn. 1979

Betz, L.: Das Volksauto. Rettung oder Untergang der deutschen Automobilindustrie. Stuttgart 1931

Biehl, Bernhard – Klebelsberg, Dieter v. – Seydel, Uwe: Einstellungen und Verhalten gegenüber Geschwindigkeitsbegrenzungen auf Autobahnen. In: Zeitschrift f. Verkehrssicherheit 16 (1970) 247–292

Bierbaum, Otto Julius: Eine empfindsame Reise im Automobil. Von Berlin nach Sorrent und zurück an den Rhein. München 1903

Bierbaum, Otto Julius: Yankeedoodlefahrt und andere Reisegeschichten. München 1910

Bliersbach, Gerhard: Warum wir so leicht in Fahrt geraten. Zur Psychopathologie des Autofahrens. In: Psychologie heute, November 1979

Boltanski, Luc: Les usages sociaux de l'automobile: concurrence pour l'espace et accidents. In: Actes de la recherche en siences sociales, Mars 1975, S. 25–49

Bongard, Willi: Fetische des Konsums. Portraits klassischer Markenartikel, Hamburg 1964

Bremer, Robert: So leben wir morgen. Der Roman unserer Zukunft. München–Gütersloh–Wien 1972

Brühning, Eckard: Zum Verkehrsverhalten in Abhängigkeit vom gefahrenen Fahrzeugtyp. In: Straßenverkehrstechnik, 3/1973, 85–90

Burckhardt, Lucius: Landschaftsentwicklung und Gesellschaftsstruktur. In: F. Achleitner (Hg.): Die Ware Landschaft. Eine kritische Analyse des Landschaftsbegriffs. Salzburg 1977, S. 9–15

Callenbach, Ernest: Ökotopia, Notizen und Reportagen von William Weston aus dem Jahre 1999, Berlin o. J.

Casteele-Schweitzer, Sylvie Van de: André Citroën: l'aventurier de l'industrie. In: L'histoire 1983, Nr. 56, S. 13

Ceron, Jean-Paul – Baillou, Jean: La société de l'éphémère. Grenoble 1979

Dahrendorf, Ralf: Gesellschaft und Demokratie in Deutschland. München 1965

Daumier, Honoré: Les transports en commun. Paris 1976

Dettelbach, Cynthia D.: In the Driver's Seat. The Automobile in American Literature and Popular Culture. Westport, Conn. 1976

Dieckmann, H.: Das Auto als Traumsymbol. In: Analytische Psychologie 7 (1976), S. 20–35

Diesel, Eugen: Wir und das Auto. Denkmal einer Maschine. Leipzig 1933

Diesel, Eugen: Autoreise 1905. Leipzig 1941

Douglas, Mary – Isherwood, Jason: The World of Goods. Towards an Antropology of Consumption. New York 1978

Dupuy, Jean-Pierre – Gerin, François: Produktveraltung – Auto und Medikament. In: Technologie und Politik, Nr. 1, Reinbek 1975

Duve, Freimut (Hg.): Verkehr in der Sackgasse – Kritik und Alternativen. Technologie und Politik 14, Reinbek 1979

Eckermann, Erik: Vom Dampfwagen zum Auto. Reinbek 1981

Eichberg, Henning: Leistung, Spannung, Geschwindigkeit, Sport und Tanz im gesellschaftlichen Wandel des 18./19. Jahrhunderts. Stuttgart 1978

Eichberg, Henning: Die «Revolution des Automobils». Materialien zu einer kritischen Technikhistorie, die das Verschwinden der Sachen mitdenkt. In: ders.: Die historische Relativität der Sachen. Münster 1984

Engelhardt, Thomas: Stunde des Weckers. In: Aufriss-Begleitheft zur Ausstellung Industriekultur. Nürnberg 1982

Ewen, Stuart: Captains of Consciousness. Advertising and the Social Roots of the Consumer Culture. New York 1976

Fleischer, Arnulf: Zur Modell- und Innovationspolitik der Automobilhersteller. In: G. Bodenstein – H. Leuer (Hg.): Geplanter Verschleiß in der Marktwirtschaft. Frankfurt–Zürich 1977, S. 466–505

Flink, James J.: America Adopts the Automobile, 1895–1910, Cambridge 1970

Flink, James J.: The Car Culture. Cambridge 1976

Francke, Peter (Hg.): Lob des Fahrrads. Zürich 1974

Frankenberg, Richard v.: Geschichte des Automobils. Künzelsau 1973

Garbrecht, Dietrich: Gehen. Plädoyer für das Leben in der Stadt. Weinheim–Basel 1981

Glaser, Hermann: Maschinenwelt und Alltagsleben. Industriekultur in Deutschland vom Biedermeier bis zur Weimarer Republik Frankfurt 1981

Grauhan, Rolf-Richard – Linder, Wolf: Politik der Verstädterung. Frankfurt 1974

Grube, Frank – Richter, Gerhard: Das Wirtschaftswunder. Unser Weg in den Wohlstand. Hamburg 1983

Harmelle, Claude: Les piqués de l'aigle. Saint Antonin et sa région (1850–1940). Révolutions des transports et changement social. Paris 1982

Heinze, Wolfgang G.: Verkehr schafft Verkehr. In: Berichte zur Raumforschung und Raumplanung 23 (1979) H. 4/5

Helling, Peter: Das Problem der geplanten Obsoleszenz. Dargestellt am Beispiel der Automobilindustrie. Dipl. Arbeit, FU-Berlin 1979

Henning, Hansjoachim: Kraftfahrzeugindustrie und Autobahnbau in der Wirtschaftspolitik des Nationalsozialismus 1933–1936. In: Vierteljahresschrift für Sozial- und Wirtschaftsgeschichte 65 (1978), S. 217–242

Hickethier, K. – Lützen, W. D. – Reiss, K.: Das deutsche Auto. Volkswagenwerbung und Volkskultur. Steinbach 1974

Hirsch, Fred: The Limits to Growth. Cambridge, Mass. 1978

Hoyos, C. Graf – Pupka M. v.: Motivorientierte Aspekte der Verkehrspsychologie. Köln 1977

Illich, Ivan: Die sogenannte Energiekrise oder: Die Lähmung der Gesellschaft, Reinbek 1974

Jungwirth, Nikolaus – Kromschröder, Gerhard: Die Pubertät der Republik. Frankfurt 1978

Kaftan, Kurt: Der Kampf um die Autobahnen. Geschichte und Entwicklung des Autobahngedankens in Deutschland von 1907–1935 unter besonderer Berücksichtigung ähnlicher Pläne und Bestrebungen im übrigen Europa. Berlin (West) 1955

Kluge, H.: Kraftwagen und Kraftverkehr. Kritische Bemerkungen über die bisherige und zukünftige Entwicklung des Kraftwagens und des Kraftverkehrs. Karlsruhe 1928

König, René: Kleider und Leute. Zur Soziologie der Mode. Frankfurt 1967

Korte, J. W. (Hg.): Stadtverkehr – gestern, heute und morgen. Berlin–Göttingen–Heidelberg 1959

Krämer-Badoni, Thomas / Grymer, Herbert / Rodenstein, Marianne: Zur sozio-ökonomischen Bedeutung des Automobils. Frankfurt 1971

Kuke, Paul: Hitler und das Volkswagenprojekt. In: Vierteljahreshefte für Zeitgeschichte 8 (1960), S. 341–383

Kutter, Eckhard: Mobilität als Determinante städtischer Lebensqualität. In: W. Lentzbach (Hg.): Verkehr in Ballungsräumen. Köln–Berlin 1975

Lärmer, Karl: Autobahnbau in Deutschland 1933–45. Zu den Hintergründen. Berlin 1975

L'année automobile: L'automobile, cette folie! Lausanne 1982

Lartique, Jacques H.: Photo-Tagebuch unseres Jahrhunderts. Luzern–Frankfurt 1970

Lay, Lothar (Hg.): Bruno Paul. München 1974

Leiss, William: The Limits to Satisfaction. An Essay on Needs and Commodities. Toronto 1976

Lessing, Hans-Erhard (Hg.): Fahrradkultur 1. Der Höhepunkt um 1900, Reinbek 1982

Linder, Staffan B.: Warum wir keine Zeit mehr haben. Frankfurt 1973

Linder, Wolf / Maurer, Ulrich / Resch, Hubert: Erzwungene Mobilität. Alternativen zur Raumordnung, Stadtentwicklung und Verkehrspolitik. Köln/Frankfurt 1975

Lötschburg, Winfried: Von Reiselust und Reiseleid. Eine Kulturgeschichte. Leipzig 1977

Mai, Ekkehard: Das Auto in Kunst und Kunstgeschichte. In: T. Buddensieg – B. Rogge: Die Nützlichen Künste. Berlin 1980

Maissen, Felici: Der Kampf um das Automobil in Graubünden 1900–1925, Chur 1968

Mander, Helmut: Automobilindustrie und Autosport. Die Funktionen des Automobilsports für den technischen Fortschritt, für Ökonomie und Marketing von 1894 bis zur Gegenwart. Frankfurt 1978

Mc Lellan, John: Bodies Beautiful. A history of car styling and craftmanship. London 1975

Mellinghoff, Hans: Aufbruch in das mobile Jahrhundert. Verkehrsmittel auf Plakaten. Dortmund 1981

Mende, Hans Ulrich v.: Styling-automobiles Design. Stuttgart 1979

Mühlmann, H.: Luxus und Komfort. Wortgeschichte und Wortvergleich. Diss. Bonn 1975

Mumford, L.: Mythos der Maschine. Frankfurt 1977

Nash, Dennison: The Rise and Fall of an Aristocratic Tourist Culture, Nice 1763–1936. In: Annals of Tourism Research 6 (1979), S. 61–75

Nelson, Walter H.: Die Volkswagen-Story. München 1966

Overy, J.: Cars, Roads and Economic Recovery in Germany, 1932–38. In: Economic History Review 28 (1975), S. 466–483

Päch, Susanne: Süße Technikutopien. In: Kultur & Technik 6 (1982) S. 92–96

Petsch, Joachim: Geschichte des Auto-Design. Köln 1982

Pfafferott, Ingo: Psychische Einflußgrößen für die Einhaltung oder Übertretung einer Geschwindigkeitsbeschränkung. Dissertation Univ. Köln 1974

Pichois, Claude: Vitesse et vision du monde. Neuchâtel 1973

Pidoll, Michael, Freiherr v.: Der heutige Automobilismus. Ein Protest und Weckruf, Wien 1912

Plowden, Stephen: Taming Traffic. London 1980

Plowden, William: The Motor Car and Politics 1896–1970. London 1971

Poll, Helmuth: Ausflug nach Utopia. Der einzelne und sein Fahrrad. In: Aufriss. Begleitheft zur Ausstellung Industriekultur. Schriftenreihe des Centrum Industriekultur Nürnberg. Heft 2, 1982

Polster, Bernd: Tankstellen. Die Benzingeschichte. Berlin 1982

Poulain, Hervé: L'art et l'automobile. Zoug (Suisse) 1973

Projektgruppe «Energie und Gesellschaft»: Szenario Auto 2000. Wege zu einem ökologisch und sozial verträglichen Automobilverkehr. Technische Universität Berlin, Fachbereich 02, Schlußbericht 1984

Rauck, Max – Volke, Gerd – Paturi, Felix R.: Mit dem Rad durch zwei Jahrhunderte. Das Fahrrad und seine Geschichte. Aarau 1979

Rennert, Jack: 100 Jahre Fahrradplakate, Berlin 1974

Reulecke, Jürgen: Vom blauen Montag zum Arbeiterurlaub. Vorgeschichte und Entstehung des Erholungsurlaubs für Arbeiter vor dem Ersten Weltkrieg. In: Archiv für Sozialgeschichte 16 (1976) S. 205–248

Riedel, Manfred: Vom Biedermeier zum Maschinenzeitalter. Zur Kulturgeschichte der ersten Eisenbahnen in Deutschland. In: Archiv für Kulturgeschichte 43 (1961), S. 100–123

Robert, Jean: Le temps qu'on nous vole. Contre la société chronophage. Paris 1980

Rothschild, Emma: Paradise Lost. The Decline of the Auto-Industrial Age. New York 1974

Sahlins, Marshall: Culture and Practical Reason. Chicago 1976

Saka, Pierre – Menu, Jean – Dauliac, Jean-Pierre: Histoire de l'automobile en France. Paris 1982

Schaeffer, K.H. – Sclar, Elliott: Access for All. Transportation and Urban Growth. Harmondsworth 1975

Schivelbusch, Wolfgang: Die Geschichte der Eisenbahnreise. Zur Industrialisierung von Raum und Zeit im 19. Jahrhundert. München 1977

Sedgwick, Michael: Die schönsten Autos der 30er und 40er Jahre. Düsseldorf – Wien 1982

Sedgwick, Michael: Die schönsten Autos der 50er und 60er Jahre. Düsseldorf – Wien 1983

Seherr-Thoss, H. Chr. Graf von: Die deutsche Automobilindustrie. Eine Dokumentation von 1887 bis heute. Stuttgart 1974

Scitovsky, Tibor: The Joyless Economy: An Inquiry into Human Satisfaction and Consumer Dissatisfaction. New York 1976

Seper, H.: Damals als die Pferde scheuten. Die Geschichte der österreichischen Kraftfahrt. Wien 1968

Siebertz, Paul: Carl Benz. Ein Pionier der Verkehrsmotorisierung. München – Berlin 1943

Simsa, Paul: Freude am Fahren. BMW – Charakter einer Automobilmarke. Düsseldorf – Wien 1983

Sombart, Werner: Luxus und Kapitalismus. Berlin 1922

Spörli, Siro: Seele auf Rädern. Psychologie auf der Straße. Olten 1972

Stommer, Rainer (Hg.): Reichsautobahn. Pyramiden des Dritten Reichs. Marburg 1982

Stone, Norman: Europe Transformed 1878–1919. London 1983

Voswinckel, Peter: Arzt und Auto. Das Auto und seine Welt im Spiegel des Deutschen Ärzteblattes von 1907 bis 1975. Münster 1981

Wachtel, Joachim: Facsimile – Querschnitt durch frühe Automobilzeitschriften. München – Bern – Wien 1970

Walter, Jens: Noch zehn Pfennig bis zur Endstation. Der öffentliche Nahverkehr in Geschichte und Gegenwart. In: Frankfurter Rundschau v. 5. 6. 1976

Wendorff, Rudolf: Zeit und Kultur. Geschichte des Zeitbewußtseins in Europa, Opladen 1980

Wettich, Hans: Die Maschine in der Karrikatur. Ein Buch zum Siege der Technik. Berlin 1916

Weymar, Thomas: Ein Volk auf Achse. In: Wechselwirkung 5 (November 1983), S. 22 f.

Wik, Reynold M.: Henry Ford and Grass-roots America. Ann Arbor 1972

Williams, Raymond: Keywords. A Vocabulary of Culture and Society. London 1976

Wolf, Wilhelm: Fahrrad und Radfahrer. Leipzig 1980 (Nachdruck 1979)

Wolff, Theo: Vom Ochsenwagen zum Automobil. Geschichte der Wagenfahrzeuge und des Fahrwesens von ältester bis neuester Zeit. Leipzig 1909

BILDNACHWEISE

Daimler-Benz Museum, Stuttgart-Untertürkheim: S. 18 u. 19
Jacques H. Lartique: Photo-Tagebuch unseres Jahrhunderts. Luzern – Frankfurt (C. J. Bucher Verlag) 1970: S. 27, 155, 158
Volkswagen AG., Wolfsburg: S. 73
Vereinigte Motor-Verlage, Stuttgart: S. 86
People's Police London 1980: S. 144
Hervé Poulain: L'art et l'automobile. Zug 1973: S. 134, 137, 179, 199, 207
Robert Rodale: S. 201 u. 261

Die Entzauberung
der Fortschrittsmythen

Bücher von IVAN ILLICH
bei Rowohlt

Rowohlt

E. F. Schumacher

Die Rückkehr zum menschlichen Maß
Alternativen für Wirtschaft und Technik
«Small is Beautiful».

Mit einem Beitrag Small is Possible –
Mittlere Technologie in der Praxis – von George McRobie.
Deutsch von Karl A. Klewer. 316 Seiten. Kartoniert

«Small is Beautiful»

«Schumachers Buch läßt aufhorchen. Da schreibt einer, der
tut, was er schreibt, da spricht einer mit der gleichen Selbst-
verständlichkeit über Probleme der kapitalistischen Wirtschaft, wie er die Bibel zitiert; da hält einer dem Glaubens-
bekenntnis des Kapitalismus die Lehren des Buddha entgegen
– und bleibt dabei sachlich, überzeugend und glaubwürdig.
Die Zeit war reif für dieses Buch.»
Hessischer Rundfunk

Rat für die Ratlosen
Vom sinnerfüllten Leben
Deutsch von Karl A. Klewer
199 Seiten. Kartoniert

«Hier liegt ein lesenswertes, fast philosophisches Werk vor,
das vehement gegen die Monopolisierung des menschlichen
Denkens anschreibt unter dem Motto: ‹Nichts anderes treibt
den Menschen zum Philosophieren als das Verlangen
nach Glückseligkeit.›»
Südwest Presse

Rowohlt